el libro de la anti timidez

DR. BERNARDO J. CARDUCCI

el libro de l anti timidez

Traducción
Lucía de Stoia

EDITORIAL ATLANTIDA
BUENOS AIRES • MEXICO

Diseño de tapa: Claudia Bertucelli
Diseño de interior: Natalia Marano

*Nota del editor: Los conceptos y expresiones contenidos en este libro
son de exclusiva responsabilidad del autor, y por lo tanto sus opiniones
no necesariamente reflejan el punto de vista del editor.*

Título original: SHYNESS
Copyright©1999 by Bernardo J. Carducci, Ph. D.
Copyright©Editorial Atlántida S.A., 2000.
Derechos reservados para México: Grupo Editorial Atlántida Argentina
de México S.A. de C.V. Derechos reservados para los restantes países
de América latina: Editorial Atlántida S.A.
Primera edición publicada por EDITORIAL ATLANTIDA S.A.,
Azopardo 579, Buenos Aires, Argentina.
Hecho el depósito que marca la Ley 11.723. Libro de edición argentina.
Impreso en España. Printed in Spain. Esta edición se terminó de imprimir
en el mes de mayo de 2000 en los talleres gráficos
Rivadeneyra S.A., Madrid, España.

I.S.B.N. 950-08-2325-X

Este libro está dedicado a Edward, mi padre, y a la memoria de Mary, mi madre; a Jan, mi esposa, y a Rozana, mi hija. Ninguno de ellos ha sido jamás tímido cuando se trató de brindarme su amor y su apoyo.

Índice

Agradecimientos

Además de los miles de individuos que a lo largo de los últimos veinte años me han escrito o hablaron conmigo acerca de su timidez, existen algunas personas especiales cuya amistad hizo posible este libro. Son ellas: Marie Benz, Jan Carducci, Rozana Carducci, la familia Carducci, Jane Clark, Sue Campo, Mark Clark, Melissa Clark, Kathie Festo, Kimberly Gonzales, Joan Goldstein, Robin T. Marks, Nicole Moodie, Neil Pergament, Andrew Riconda, Michelle Wendy Vorob, Sara Whitely, Gayle "Kremer" Sallee, Melvyn M. Koby, J. David Lynch, Nancy Gores, Lauren Kennedy, la familia Kaiser, el *Writer's Room*, Vito Scalfani, Lateefah Torrence, Bernard Dunleary, John Burke, la familia Wheatly, Nancy Totten y Hillary J. Epstein. Por último, ninguna mención de esta lista de amigos estaría completa sin reconocer a la "mejor amiga" de *El libro de la antitimidez*: Lisa Kaiser. En su carácter de investigadora asociada, Lisa ha desempeñado un papel principal en el desarrollo de muchos de los importantes elementos conceptuales y pragmáticos de *El libro de la antitimidez*. Cada vez que fue necesario, Lisa no dejó de formular preguntas inquisidoras que me ayudaron a clarificar mis propias ideas. Desde su compromiso con la propuesta inicial del libro y los primeros borradores del manuscrito, las contribuciones literarias e intelectuales de Lisa a *El libro de la antitimidez* han sido ilimitadas. Los individuos tímidos se beneficiarán por muchos años con la creativa y perspicaz participación de Lisa en este libro.

Otras dos personas muy especiales se han convertido en una

parte importante de mi vida desde que empecé a pensar en este trabajo. Elyse Cheney, mi agente, fue la primera que sugirió la posibilidad de escribir *El libro de la antitimidez*. Ella me guió a través de las etapas preliminares del proyecto con toda la pericia, energía y autoridad requeridas para idear y poner en marcha la obra. En Harper-Collins, mi más profunda gratitud para Megan Newman, mi editor. Megan me proporcionó la clase de apoyo, retroalimentación y confianza que uno desearía encontrar en un editor, pero que siempre da por sentada en un verdadero amigo. Me complace decir que, mientras trabajaba con *El libro de la antitimidez*, Megan sobrepasó mis expectativas en lo primero y siempre se convirtió en lo segundo. Ha sido un regocijo trabajar con una persona de ese calibre.

Todos estos amigos han contribuido para que *El libro de la antitimidez* viera la luz, cada uno en su propia manera especial. A todos ellos les digo ¡gracias! No habría podido hacerlo sin ustedes.

BJC

Introducción

Si eres tímido no estás solo. Una de las tretas que la timidez practica sobre la mente es que crea sentimientos de aislamiento. Pero las personas tímidas no están solas. Forman casi la mitad de la población, y alrededor del 95 por ciento de todos nosotros conocemos por experiencia propia lo que significa ser tímido en algunas situaciones. También sabemos que la timidez no se define simplemente como "la falta de respuesta apropiada en situaciones sociales", como alguna vez se dijo. No es introversión, ser taciturno, padecer de pánico oratorio, o ser la que nunca sacan a bailar. *El libro de la antitimidez* aborda éstos y muchos otros mitos y datos erróneos acerca de la timidez mediante el examen y la síntesis de lo que se conoce sobre la timidez, de una manera tan práctica que le hará posible utilizar esta información en sus propias experiencias cotidianas. Al proporcionar una comprensión profunda de la timidez y explicar cómo utilizar este conocimiento, *El libro de la antitimidez* esclarecerá a las personas que sienten que están aisladas del mundo y las habilitará para manejarse entre la gente.

El libro de la antitimidez desafiará también a las personas tímidas a que hablen por sí mismas. Junto con explicaciones de casos reales de timidez, proporcionará estrategias para que los tímidos ensanchen sus zonas de bienestar en las actividades más comunes pero significativas, tales como educar, noviar, hablar en público, trabajar, viajar y explorar la red. *El libro de la antitimidez* le proporcionará los principios básicos para comprender su propia y singular timidez.

La Parte I del libro presenta una visión personalista de la timidez mediante un enfoque sobre la experiencia general del problema. Tratará las preguntas formuladas con mayor frecuencia acerca de la timidez, lo ayudará a evaluar su propia timidez, a desenmarañar los mitos más comunes y los conceptos erróneos sobre la timidez, le presentará una nueva visión sobre la timidez a fin de ayudarlo a entender la suya, y le proporcionará estrategias para responder con éxito a ella.

La Parte II presenta una visión holística al dedicarse a la timidez del cuerpo, la mente y el yo. Trata la manera en que el cuerpo puede crear síntomas tímidos; los errores de pensamiento asociados con la timidez de la mente; los conceptos personales erróneos que contribuyen a la timidez del yo, además de respuestas alternativas eficaces para estas tres dimensiones de la timidez.

La Parte III presenta una visión del ciclo vital de la timidez al explorar la posibilidad de haber nacido tímido, la expresión de la timidez durante la infancia y la adolescencia, y el disturbio de la timidez en la edad adulta. Se presentan estrategias para educar al niño tímido, comprender y ayudar al adolescente tímido, y para navegar en aquellas situaciones sociales que con más frecuencia provocan timidez en los adultos.

La Parte IV presenta una visión global de la timidez al examinar la timidez en el contexto del amor, el trabajo, la cultura y la tecnología. Se proponen estrategias para establecer y mantener relaciones íntimas, para responder a las interacciones diarias con los colaboradores, para adaptarse a la diversidad cultural, y para hacer frente a los desafíos de los rápidos cambios que se producen en la tecnología.

Como puede verse, *El libro de la antitimidez* no trata solamente sobre la timidez en general. Trata sobre "su" timidez y cómo comprenderla y responderle con éxito de una manera personal, holística, evolucionista y global. Un enfoque semejante demuestra la verdadera complejidad de la timidez y refleja mi convencimiento de que los individuos tímidos pueden vivir, trabajar y amar con éxito mediante la continua ampliación de su zona de bienestar, en un ambiente global siempre cambiante.

Si usted es tímido o vive o trabaja con una persona tímida, o está enamorado de una persona tímida, *El libro de la antitimidez* tiene mucho que ofrecerle. Empecemos su viaje hacia la antitimidez: un enfoque novedoso y audaz.

Bienvenido a la timidez exitosa

"Cuando converso con alguien, por lo general me pongo nervioso y me siento incómodo. Hablo muy rápido, pronuncio las palabras entre dientes, tartamudeo. Mi voz no es lo bastante alta como para que los demás me oigan, de modo que me repito constantemente."

"De un modo ególatra, supongo que los demás notan y critican mi conducta mucho más de lo que es probable que hagan. Fijo normas en extremo exigentes para conmigo mismo, y espero una suavidad, calidad y facilidad de interacción que una persona no tímida ni se soñaría."

"De joven era muy callado con los extraños y en sociedad. Me convertía en una persona totalmente distinta cuando estaba con mi familia y mis amigos. Poseo un gran sentido del humor y mucha personalidad, pero uno y otra parecen desaparecer en público. Hoy tengo un conflicto en aumento y sufro de fatiga interior durante las situaciones sociales."

"La vida es un infierno cuando no se puede ni hablar por miedo a decir algo estúpido."

"Cuando era más joven, la gente pensaba de mí que era presumido y no me tenía simpatía. Eso duele mucho."

"Un par de años atrás me operaron de las encías. ¡Encontré esa perspectiva menos irritante para mis nervios que concurrir a una fiesta que se celebraba alrededor de la misma fecha!"

Éstas son las voces de personas cuya timidez les causa dolor y limita sus opciones. Pero la timidez es un rasgo multidimensional y multifacético de la personalidad. Dado que dos personas tímidas no son iguales, su propia timidez no tiene por qué ser penosa. A lo largo de este libro sabrá de otras personas que, como usted, tratan de entender su timidez a fin de vivir una exitosa vida de tímido.

¿Cómo se hace para llevar una vida exitosa siendo tímido? No significa convertirse en un extrovertido. Más bien significa comprender de qué manera la timidez influye en los aspectos más importantes de la vida cotidiana y qué se puede hacer al respecto. Vivir una vida exitosa y ser tímido no es diferente de otros éxitos; está llena de riesgos y posibilidades, de nuevas experiencias y frustraciones, de desafíos y recompensas.

La Parte I de este libro le dará una comprensión básica de la timidez y lo ayudará a interpretar su propia y singular experiencia. En el Capítulo 1 nos ocuparemos de las preguntas acerca de la timidez que se formulan con mayor frecuencia, a fin de penetrar sus misterios. En el Capítulo 2, el examen de la vida del tímido lo ayudará a explorar las diversas dimensiones de su propia timidez; dicho autoconocimiento es el primer paso hacia la confianza en uno mismo y para vivir una exitosa vida de tímido.

En el Capítulo 3 investigaremos y bajaremos del pedestal los mitos y conceptos erróneos más comunes acerca de la timidez. Es interesante mencionar que, como he descubierto, son en particular los individuos tímidos, los que les dan mucho crédito, lo cual constituye un obstáculo serio para la capacidad de vivir una exitosa vida de tímido.

El Capítulo 4 ofrece una nueva visión de la timidez, basada en tres principios fundamentales. Estos principios pueden formar la base para las decisiones que usted tome a fin de garantizarle una exitosa vida de tímido.

Este libro no trata de cambiar su personalidad; trata de ayudarlo a comprender la experiencia singular de su propia timidez. Leerlo será como cualquier otra empresa que cambia la vida: comenzar un nuevo trabajo, visitar un país extranjero, mudarse a un nuevo barrio, iniciar un romance. Es posible que usted experimente una sensación de incertidumbre, pero también de esperanza y excitación. Estoy aquí para ofrecerle una hoja de ruta y servirle de guía.

Bienvenido a El libro de la antitimidez: un enfoque novedoso y audaz.

1

Penetrando en los misterios de la timidez

La timidez, una de las experiencias humanas más comunes, está preñada de misterios. Tome en cuenta los siguientes hechos poco conocidos:

- Los niños tímidos son propensos a tener la cara más angosta que sus pares extrovertidos.

- Las personas tímidas tienen más probabilidades de padecer de alergias y fiebre del heno que los no tímidos. También tienen un sentido del olfato mucho más afinado.

- Las personas tímidas son más propensas a ser concebidas durante los meses de febrero y marzo, cuando los días se acortan y las noches se alargan.

- Los niños blancos tímidos son más propensos a tener ojos azules que castaños, y los niños blancos intrépidos son más propensos a tener ojos castaños que azules.

- Los humanos no somos la única especie que experimenta timidez. Los científicos han estudiado ganado tímido, como también gatos, peces y perros tímidos.

- La timidez varía de un país a otro. Los niños israelíes parecen ser los menos tímidos, mientras que los japoneses y taiwaneses son los más tímidos.

- La mayor parte de la timidez está oculta. Sólo un pequeño porcentaje de personas tímidas muestra de manera evidente que está ansiosa. Sin embargo, ocultar la propia timidez no disminuye el sufrimiento que causa.

- Personas tan diversas y exitosas como Robert Frost, Eleanor Roosevelt, Bob Dole, Al Gore, Carol Burnett, Johnny Mathis, Barbara Walters, Johnny Carson, David Letterman, Barbara Hershey, Jennifer Jason Leigh, Sting, el príncipe Alberto de Mónaco y la difunta princesa Diana (la inteligente, la audaz, la hermosa, la rica, la regia y la famosa) se han identificado como tímidas.

Tales son algunos de los aspectos más intrincados y fascinantes de este complejo rasgo humano. La mayoría de nosotros nos hemos topado con la timidez en nuestra vida cotidiana: cuando hemos odiado el primer día del jardín de infantes, al enfurruñarnos en nuestro cuarto como adolescentes porque tenemos miedo de invitar a salir a una chica, al quedarnos mudos cuando conocemos a alguien, al sufrir un serio ataque de nervios antes de una presentación en público. La timidez nos impacta a todos: casi la mitad de la población se describe como tímida, mientras que entre el 75 y el 95 por ciento de nosotros ha sido tímido en algún momento de su vida.

Las tendencias tímidas son universales porque es inherente a la naturaleza humana ser cauteloso, temer el rechazo, desear amor, afecto y aceptación; y, por supuesto, refugiarse en el aislamiento cuando nos sentimos presionados por las exigencias del mundo exterior. Muchas personas tímidas han encontrado maneras de llevar una vida exitosa a pesar de esas tendencias inhibitorias; otras, en cambio, se dejan guiar por sus sentimientos y se lamentan por su vida social menguada.

Aunque la timidez puede ser enajenante, no nos convierte en marcianos. De hecho, la timidez está tan difundida que ya no puede ser considerada una "enfermedad social" como alguna vez lo fue; más bien se trata de un rasgo complejo de la personalidad que forma parte de nuestra condición humana.

Con todo, invasora como es, todavía está impregnada de misterio y a menudo de dolor. Por cierto, ya sea en una fiesta de casamiento, en un avión o en una cena informal, cuando la gente descubre que soy un experto en timidez confiesa la suya y, entonces, es invariable que me acose a preguntas: ¿Qué es la timidez? ¿Cuál es su causa? ¿Nacemos tímidos o adquirimos timidez más tarde en la vida? ¿Existe una cura para la timidez?

Basado en mis más de veinte años de investigación en el campo de la psicología de la personalidad, la lectura y comprensión de las investigaciones de otros, y en mi correspondencia con miles de personas que se autotitulan tímidas, este libro intentará penetrar algunos de los misterios de la timidez mediante la respuesta a éstas y muchas otras preguntas.

¿QUÉ ES LA TIMIDEZ?

Aunque hay muchas teorías, nadie sabe con precisión qué es la timidez. Y a pesar de haber estudiado este rasgo durante más de dos décadas, yo también sigo desconcertado y aterrorizado por su poder. La timidez puede evolucionar a lo largo de la vida e influir en todos los aspectos de la existencia: planes, aspiraciones y realización de una carrera; noviazgo y matrimonio; crianza de los hijos; y hasta en el uso de tecnología. Cambia a medida que uno madura y se topa con nuevos desafíos y, para muchos, es simplemente un modo de vida.

Lo que solemos identificar como timidez es la incomodidad e inhibición de comportamiento que ocurre en presencia de otros. Se presenta de la manera más evidente como mutismo. Cortedad. Sonrojo. Tartamudeo. Ansiedad. El término "inhibición" describe la conducta tímida evidente que en efecto podemos observar: quedarse callado y apartarse de la gente y de ambientes estimulantes.

De acuerdo con Jerome Kagan, un erudito de Harvard, las personas tímidas se inhiben cuando se atascan con la novedad, el desconocimiento de alguna situación social. Les preocupa cómo se desempeñarán y cómo serán percibidas en esos escenarios incontrolables e imprevisibles. De hecho, muchas personas tímidas se apegan a rutinas estrictas armadas con lo experimentado y verdadero, a fin de reducir la incertidumbre y la novedad en su vida cotidiana. Esta táctica evasiva engendra seguridad, pero también limita las experiencias vitales y no hace nada por mitigar la timidez.

La ansiedad social es otro aspecto de la timidez. Se trata de la aprensión provocada "antes" de una situación social cuando se quiere causar buena impresión ante una audiencia real o imaginaria pero se duda de poder lograrlo. Aunque la timidez incluye esta ansiedad predesempeño (una especie de terror social), también abarca conducta, pensamientos y sentimientos durante y después de las interacciones.

Muchas veces la gente confunde timidez con introversión, pero los introvertidos no son necesariamente tímidos. Poseen la capacidad de conversación y el amor propio necesarios para relacionarse de manera exitosa con los demás, pero sencillamente prefieren estar solos. La soledad los vigoriza. La ansiedad por el desempeño, la turbación y las ideas contraproducentes tan comunes entre los tímidos no se dan en los introvertidos. Las personas tímidas, por el contrario, desean con desesperación que otros las noten y acepten, pero parecen carecer de la capacidad y los pensamientos, sentimientos y actitudes que podrían ayudarlos a manejarse en las situaciones sociales.

Este deseo de estar con otras personas se llama sociabilidad. Sólo porque usted es tímido no significa que no sea sociable; de hecho, es allí donde surgen muchos problemas. Lo que causa tanto dolor es el conflicto entre el deseo de contacto social y la inhibición. Su sociabilidad puede influir en cuánto "desea" usted estar con otros, pero no en cómo manejar ese contacto.

En consecuencia, la timidez no es una enfermedad social como la fobia social o el trastorno de la personalidad evitativa. Estas enfermedades psíquicas interfieren en la vida cotidiana; las personas que las padecen no pueden estar con otras y por lo general se las trata con medicación y psicoterapia. La timidez no está catalogada en *Diagnostic and Statistical Manual of Mental Disorders - IV* [Manual diagnóstico y estadístico de desórdenes mentales, IV] (que los profesionales de la salud mental usan cuando diagnostican a sus pacientes), porque no se trata de una enfermedad mental sino sólo una faceta normal de la personalidad. Las personas tímidas, en su mayor parte, no evitan a los demás sino que más bien los buscan a pesar de tener dificultad para hacer conexiones.

La timidez, pues, es mucho más que no ser capaz de mantener una charla insignificante en un cóctel, o tener miedo de hablar en público, o tener una baja autoestima. Afecta a un conjunto de conductas, pensamientos y emociones. Va mucho más a fondo y se siente con más intensidad que su bastante sencillo resultado final: la reticencia.

La timidez afecta a todo el ser: el cuerpo, la mente y el yo. Cuando usted se siente tímido, el pulso se le acelera y sus manos se tornan frías y viscosas, mientras las mejillas se le encienden de embarazo y se le revuelve el estómago. También su mente trabaja horas extra. Sus pensamientos giran de manera obsesiva en torno de cómo está manejando la situación social en que se halla, a tal grado que no puede prestar atención a lo que en realidad se dice, y entonces no puede participar. La timidez influye en cómo piensa de usted mismo, en su identidad. Siente una pared entre usted y los demás. Se convierte en una característica definida, en una parte de su yo.

Jenny, un ama de casa canadiense, me describió con doloroso detalle cómo vivía su timidez:

> Mi timidez se expresa de la manera más angustiante. Quiero extender la mano y hacer contacto, y ser reconocida como un miembro de la raza humana, pero no parezco ser capaz de salvar la barrera. Aun cuando la gente trata de ser cordial y tranquilizadora, me resulta difícil hacer contacto visual. Cuando se llega a una conversación amistosa, mi mente se pone en blanco. Me quedo ahí muda, llena de aflicción. Si se me escapan algunas palabras, salen fragmentadas o incoherentes. La mayor parte del tiempo no digo nada y después vuelvo a casa lista a punto de explotar por todas las cosas que quedaron sin decir. A veces mi frustración es enorme.

Puesto que mucho de la timidez está imbuida del alma humana, los estudiosos pueden en realidad no entenderla nunca a través de los procedimientos normales de investigación. Sólo somos capaces de comprenderla cuando escuchamos a personas tímidas como Jenny. En efecto, la mejor definición de timidez es por entero subjetiva: "Si piensas que eres tímido, lo eres". Cuando se habla de timidez, la percepción es realidad, y cada percepción es tan única como individuos hay.

¿QUÉ CAUSA LA TIMIDEZ?

No existe una sola causa para la timidez sino muchas causas diversas, incluidas la química y la reactividad cerebral (podemos pensar en esto como temperamento innato, trato duro de maestros o compañeros de clase, padres sobreprotectores, percepciones personales erradas, escasa adaptabilidad, intolerancia para la ambigüedad, aspecto físico, transiciones de la vida (como ir a la escuela, el divorcio, un nuevo empleo), y hasta expectativas culturales. Y algunas personas sólo son simplemente más sensibles respecto de su conducta y más fáciles de perturbar que otras. Yo llamo a esto factor de perturbación.

La timidez proviene de un entrelazamiento de naturaleza y educación; evoluciona a medida que crecemos y enfrentamos nuevas circunstancias y desafíos. Algunas personas atraviesan fases tímidas; a algunas se les pasa con la edad; otras, por desengaño, pérdida u otras turbulencias pierden la esperanza y se retraen.

El libro de la antitimidez explorará todas las causas de timidez conocidas, identificará lo que tienen en común, y lo ayudará a investigar el significado más profundo de la timidez para usted en el mundo real.

¿LA GENTE NACE TÍMIDA?

Absolutamente no. Y tampoco existen "genes tímidos". Como la timidez está relacionada con la conciencia del yo, lo más temprano que puede surgir es a los dos años de edad, cuando los niños toman conciencia de ellos mismos como entidades distintas. Los psicólogos llaman a esta comprensión tener "sentido del yo". Los bebés todavía no poseen un sentido del yo, de modo que no pueden ser tímidos.

Algunos bebés, sin embargo, son muy reactivos. Se muestran en extremo sensibles a la estimulación y se acongojan cuando se sienten abrumados por personas, objetos o situaciones desconocidas. Pero ni siquiera esta innata inclinación temperamental hacia la timidez los condena a una vida de aversión social. Mucho depende de la educación y de las experiencias de vida. La timidez hunde sus raíces en la neurobiología: el funcionamiento del cerebro. Al menos tres centros cerebrales orquestan la respuesta de todo el cuerpo que reconocemos como sentirse tímido. Usted puede pensar en ello como una respuesta generalizada de temor. Cubriré con mayor detalle estos temas en los capítulos 5 y 8.

¿EXISTE UNA CURA?

No hay ninguna píldora ni terapia mágica para curar la timidez porque no se trata de una enfermedad. La timidez tampoco es un defecto de carácter que debería ser corregido. No existe ninguna causa específica de timidez que pueda ser identificada y eliminada. No obstante, usted puede vencer la timidez a su propio ritmo y no necesita diagnóstico ni un tratamiento clínico, incluso si piensa que su caso es más agudo que el de cualquier otra persona. Una vez que ponga su timidez en perspectiva, tendrá más confianza en su capacidad para hacerle frente.

En el peor de los casos, la timidez es una fuente de malestar personal que emana de las elecciones que usted hace. A lo largo de este libro explicaré de qué manera puede hacer elecciones que reducirán su timidez con su correspondiente malestar, y de qué manera puede ayudar a sus hijos, seres queridos, amigos y colaboradores si son tímidos.

Para comprender la timidez en su totalidad necesitamos considerar sus consecuencias, sus costos y su valor.

EL ALTO COSTO DE LA TIMIDEZ

La timidez no parecería ser norteamericana. Después de todo, somos el país de los libres y el hogar de los valientes. Desde aquellos primeros colonos y exploradores que vinieron a estas costas hace quinientos años hasta nuestro liderazgo en la exploración espacial, los Estados Unidos han sido asociados con gente valerosa y aventurera, lista para ir adonde otros temen pisar. Nuestra cultura todavía valora el individualismo vigoroso. Los atributos personales tenidos en alta estima social incluyen liderazgo, seguridad, dominio, carisma, independencia y coraje. De ahí el estigma asociado con la timidez.

En nuestra sociedad prestamos la mayor atención a las personas que son verbalmente expresivas, dinámicas y sociables. Escogemos como héroes y heroínas a atletas, políticos, personalidades de la televisión, estrellas del rock... todos expertos en llamar la atención sobre sí mismos: Madonna, Howard Stern, Roseanne, Dennis Rodman. Las personas que tienen más probabilidades de ser exitosas son aquellas capaces de captar la atención de los demás y se sienten cómodas con ello.

Lo que menos quieren las personas tímidas es ser el centro de atención. El niño tímido de la escuela primaria podría no pedir ayuda a la maestra. El estudiante universitario tímido es renuente a plantear un asunto en clase. El empleado de edad adulta se siente demasiado turbado como para hacer una presentación formal ante aquellos que otorgan los ascensos, y el pretendiente tímido está demasiado abochornado como para ser el primero en salir a la pista de baile. En todos los casos, la timidez socava la capacidad de captar la atención de aquellos que podrían contribuir al éxito. En una cultura donde todo el mundo se enamora de un triunfador, ser tímido es como inscribirse en una carrera pedestre con plantillas de plomo.

Consideremos los hallazgos del profesor Thomas Harrell, de la Escuela de Comercio de Stanford. Para hallar a los mejores pronosticadores de éxito en los negocios, reunió los legajos de los graduados de la Escuela Stanford, incluso sus transcripciones y cartas de recomendación. Con diez años fuera de la escuela, los graduados fueron clasificados de los más a los menos exitosos en base a la calidad de sus trabajos.

Harrell encontró que el único pronosticador consistente y significativo de éxito (entre estudiantes que, admitido, eran brillantes) era la fluidez verbal... Exactamente lo que la típica persona tímida cortada no puede ostentar. Los que poseen fluidez verbal son capaces de venderse a sí mismos, vender sus servicios y sus compañías... todas habilidades críticas para dirigir una sociedad mercantil. Piense en Lee Iacocca. Es probable que las personas tímidas sean aquellas que están detrás de las candilejas, las que diseñan los autos, los programas y las computadoras... hechos impresionantes pero empleos que no se pagan tan bien como el de director ejecutivo.

Pero los costos de la timidez calan más hondo que el éxito material y toman diferentes formas a lo largo de la vida.

Una infancia tímida puede dar por resultado una serie de oportunidades perdidas. Piense en el jovencito que quiere jugar al fútbol pero no puede juntar lo necesario para convertirse en parte de un grupo. Si sus padres no encuentran la manera de ayudarlo a superar su aprensión respecto de los otros, puede deslizarse hacia actividades más solitarias aun cuando desee ser sociable. Lo cual, además, reduce sus probabilidades de desarrollar habilidades sociales y confianza en sí mismo.

Muchas veces los niños tímidos soportan bromas y exclusión.

Porque son tan reactivos, constituyen blancos perfectos para los matones. ¿Quién mejor para se escarnecido que alguien que se asusta y llora con facilidad?

La timidez puede predisponer a una persona a pensamientos distorsionados. Los individuos aislados permiten que sus temores y sentimientos se emponzoñen o se magnifiquen. No hay nadie a su alrededor que corrija su juicio erróneo.

La soledad es una consecuencia natural de haber pasado décadas apartándose de los otros por miedo a la vida social. El aislamiento puede llevar a la declinación mental y física. En efecto, una reciente investigación ha demostrado que tener una variada red social puede mejorar el sistema inmunológico y hasta prevenir resfríos.

La timidez conlleva el potencial para el abuso del alcohol y las drogas como lubricantes sociales. Philip Zimbardo, de la Universidad de Stanford, ha descubierto que los adolescentes tímidos sienten más presión de sus pares a beber o consumir drogas que los adolescentes menos tímidos. Abusan de esas sustancias para sentirse menos conscientes de ellos mismos y lograr un mayor sentido de pertenencia.

La timidez está vinculada a dificultades sexuales. Dado que a las personas tímidas les cuesta expresarse, comunicar sus necesidades y sus deseos sexuales les resulta especialmente difícil. Actuar con ansiedad también puede hacer abrumadora la perspectiva de practicar el sexo. Como las personas tímidas tienden a no pedir ayuda, es probable que todos los problemas ocasionados por la turbación y la duda sobre uno mismo queden sin ser tratados.

Las personas tímidas pierden tiempo en deliberar y vacilar en situaciones sociales. Como me dijo un empleado del correo en sus tardíos cuarenta años: "Cuando me siento tímido no puedo pensar; y si pienso en algo que decir, quiero decirlo exactamente en el momento correcto, y para entonces el momento correcto ha pasado".

De acuerdo con Zimbardo, parte del problema reside en el hecho de que los tímidos no viven en el presente, sino que están obsesionados con el pasado y el futuro. Una persona tímida es probable que piense en lo bien que le ha ido al principio en conversaciones pasadas y cómo después se ha deteriorado. Como dice el doctor Zimbardo: "Son personas que no pueden disfrutar el momento porque todo está envuelto en preocupaciones del pasado (un archivo Smithsoniano del mal) que reestructuran el presente".

También pueden preocuparse por las futuras consecuencias de sus palabras: "Si le pregunto de dónde es, se aburrirá y pensará que soy estúpido".

Es triste, pero muchas personas tímidas optan por menos en la vida porque no saben cómo actuar sin inhibiciones. Una mujer de cincuenta años me escribió: "Tengo miedo de conseguir un nuevo empleo porque entonces tendré que probarme a mí misma, y tengo miedo de no gustarles a los empleadores y empleados. Además, como no creo que seré contratada, me quedo en un empleo que es aburrido y no me hace sentir realizada. Me siento asfixiada".

Y un joven estudiante de psicología de Canadá escribió: "La timidez arruina básicamente mis posibilidades de ser feliz y exitoso, de tener un buen empleo y de casarme. Es deprimente y doloroso".

Una vida "asfixiada" o "arruinada" constituye un precio terrible por un rasgo de personalidad que se puede modificar. Y, con diferentes opciones, se puede modificar. Como me escribió una secretaria retirada de Nueva York: "La edad me ha dado la sabiduría para superar en gran parte mi timidez. Hace muchos años comprendí que había sido bendecida con un marido angelical, una familia fantástica y amigos, y que era sana, bien parecida, limpia, honesta, decente, inteligente y una persona fiel. ¡De modo que al diablo con esta timidez!".

EL VALOR OCULTO DE LA TIMIDEZ

Pese al dolor que ocasiona, la timidez debe haber tenido una función positiva para la evolución del género humano, o no habría perdurado como un rasgo de la personalidad.

Algunos eruditos han vinculado la timidez al instinto de pelear o huir, nuestra reacción física a las amenazas. Eones atrás, ese instinto nos ayudó a responder a los depredadores físicos, tales como un búfalo a la carga o un oso bramador. Nuestros ancestros tenían dos opciones: arrojar una lanza o huir. Mientras que un individuo más agresivo podía atacar a la bestia amenazante, la cautela inherente a la huida no tiene ninguna función importante para la supervivencia. Sin ninguna duda, la timidez nos ha sacado de más de un apuro con bestias peligrosas.

Mientras que el instinto de pelear o huir todavía beneficia a los contemporáneos muy evolucionados al protegernos de las amenazas físicas modernas, como un auto fuera de control y sin dirección, también influye sobre nuestras respuestas a las amenazas mentales o emocionales que podrían dañar nuestra identidad personal o autoestima. Por ejemplo, podemos sentirnos amenazados por un jefe gruñón, por una mujer hermosa en un club nocturno, por un camarero de vinos petulante en un restaurante fino, o por un nuevo colaborador. Podemos temer que estas personas nos rechacen o nos hagan sentir inadecuados, y entonces somos cautelosos respecto de ellas. De manera instintiva sentimos que acercarnos a esas personas es de alguna manera peligroso para nuestra propia imagen y dignidad.

De acuerdo con el psicólogo Jonathan Cheek del Wellesley College, la timidez "situacional" (por ejemplo ser tímido cuando se conoce a un nuevo colaborador o a una mujer hermosa) "puede ayudar a facilitar la vida cooperativa; inhibe conductas que son socialmente inaceptables". En una palabra, nos mantiene a raya. La mayoría de nosotros muestra algún grado de inhibición social; pensamos por anticipado en lo que vamos a decir o hacer y en las consecuencias de nuestra conducta. Esto nos impide ponernos en ridículo o herir los sentimientos de otros.

Las personas tímidas parecer estar muy atentas a sus errores y los efectos de su conducta y sus palabras, pero esto también puede ser valioso. Piense en lo que sucede cuando alguien es insensible a esos aspectos: ofende a otros, domina las conversaciones y exhibe demasiado de su vida privada. Hasta puede mentir cuando lo miran a los ojos, porque no le importa las consecuencias de sus actos. Francamente, nuestra sociedad sería un desenfreno total si no tuviéramos algún sentido de responsabilidad y un saludable temor a la vergüenza.

Si da un paso en falso, la persona tímida puede retraerse. Esto también puede ser beneficioso, sobre todo si se retrae para estar con gente con la cual se siente cómoda, con las personas que la aceptan de modo incondicional. Si se confía con ellas respecto de sus errores e inseguridades, construye intimidad. Puede pedir consejo, ensayar una disculpa o una estrategia, o tal vez sólo obtener una prueba de realidad. Quién sabe... Tal vez un amigo le diga que el "error" no era un error, después de todo.

Una retirada puede ser provechosa si se la utiliza de manera sabia y constructiva, como una oportunidad para evaluar en privado lo que hicimos mal, para reagrupar y desarrollar un nuevo plan de acción. Puede ser una oportunidad para el aprendizaje y la reflexión. Nadie quiere repetir sus errores. Eso sí, no debería ser una oportunidad para fustigarnos.

A menudo las personas tímidas son oyentes talentosos. Si pueden vencer sus presiones autoinducidas por elaborar una respuesta ingeniosa, pueden resultar magníficos en la conversación, ya que prestarían verdadera atención (la peor parte viene cuando se espera una respuesta). Doreen Arcus, de la Universidad de Harvard, explica que es probable que los niños tímidos sean especialmente responsivos. Los padres de los niños que tiene en estudio le dicen que "incluso de pequeño parecía ser sensible, empático y buen oyente". Al parecer son buenos amigos, y sus amigos les son muy fieles y los valoran bastante.

Un bibliotecario de Indiana, de treinta y dos años, me escribió que él considera la timidez un rasgo deseable: "Si bien no me gusta la timidez en mí mismo, pienso que es una cualidad atractiva en otros. Me gustan las personas tímidas, tal vez porque para mí son más fáciles de abordar y para relacionarme con ellas".

Para que una sociedad funcione bien es preciso desempeñar una variedad de roles. Hay un lugar para el individuo tímido callado, más reflexivo, que no salta donde los ángeles temen pisar ni intenta robar el resplandor de los otros. No todos podemos ser líderes o exploradores; la mayoría debemos rezagarnos y ser parte de la multitud. Las personas tímidas, en su mayor parte, forman la masa de quienes, racional y prudentemente, aplican los frenos a los impulsos violentos de nuestra sociedad. Las personas tímidas observan, esperan y analizan, y sus observaciones nos ayudan a comprender nuestro yo público y nuestra alma.

Un poquito de timidez puede ser buena para usted y para la sociedad. Pero demasiada no beneficia a nadie.

DE QUÉ MANERA PUEDE AYUDAR ESTE LIBRO

El libro de la antitimidez trata sobre las opciones y las chances, las posibilidades y oportunidades, los riesgos y recompensas inherentes a la vida, no sólo para las personas tímidas sino para todos nosotros. Quiero recalcar las opciones que lo ayudarán a llevar una exitosa vida de tímido. Pero hagamos una distinción entre cambiar usted y cambiar sus opciones. No le pido que se ponga una máscara en público o que no haga caso de sus instintos. Eso sí, quiero que haga opciones inteligentes. Ahora mismo, la timidez puede arrogarse el control de su vida, es la que toma todas sus decisiones. Eso no es justo ni honesto. Más importante aún, no es el modo en que la vida tiene que ser vivida.

No es tarea fácil cambiar una conducta tímida de toda la vida, y usted debería estar preparado para alguna que otra incomodidad inicial. Pero el éxito es posible. Lo he visto una y otra vez. Usted puede tomar mejores decisiones en su vida cotidiana si utiliza estrategias que lo ayuden con los desafíos inmediatos o con los sueños a largo plazo.

Para hacerlo, siga los pasos que llamo de las cuatro íes: identificación, información, incorporación e implementación.

Identificación

Si usted va a un taller mecánico y sólo se lamenta: "Mi auto está roto", el operario no estará en condiciones de arreglarlo. "Roto" puede significar cualquier cosa desde la transmisión al carburador o la correa de distribución. ¿Cómo puede él cambiar lo que no entiende o reconoce? Pero si usted le explica que el auto no arranca, eso disminuye el número de posibilidades, de manera tal que él podrá trazar algún curso de acción: controlará la batería, el mecanismo de arranque y los fusibles.

Lo mismo puede decirse en cuanto a ayudarse a vencer su timidez. ¿Cómo puede cambiar lo que no entiende? Antes de empezar, necesita estar seguro de que trata de arreglar lo que no está bien. El primer paso es identificar de qué manera la timidez afecta su vida y su personalidad.

Un hombre tímido me dijo: "Soy socialmente incompetente. Nunca llego a ninguna parte. He renunciado a las mujeres, así de simple".

Después se lanzó a un extenso discurso sobre las frustraciones que le provocaba su timidez: las mujeres empiezan a removerse y a mirar en derredor al cabo de unos pocos minutos de conversación, nunca consigue una segunda cita, y está solo.

Después de escucharlo discurrir acerca de sus problemas, que él creía innatos e intratables, me di cuenta de que ese hombre no era en absoluto incompetente en lo social. Sabía cómo conversar con la gente en el trabajo, tenía muchos amigos y parecía llevarse bien con todos. Sólo no era bueno para hablar con las mujeres que le resultaban atractivas. En esas ocasiones se obsesionaba con impresionarlas y sonaba como un descarado sabelotodo pero cortado. No era extraño que las mujeres lo rechazaran.

Yo le dije así: "Como ve, usted se esfuerza demasiado por causar una buena impresión. Quiere vivir de conformidad con algún ideal a fin de gustar a la gente, pero el efecto secundario es que también está molesto por la evaluación. Se siente ansioso, y piensa que es socialmente incompetente porque está "actuando". Enfréntelo. Si usted representa un acto sólo para causar una buena impresión, tendrá que seguir actuando durante toda la relación. No vale la pena. Además, es una tarea imposible. No se puede actuar todo el tiempo".

El examen de la vida tímida que se hace en el Capítulo 2 lo ayudará a identificar las áreas de su vida más afectadas por la timidez. Se trata de un magnífico primer paso en su pesquisa para comprender y cambiar.

Información

Usted necesita información confiable, como la recabada de la investigación que presentaré en este libro. La timidez no es inmutable. Se puede trabajar con ella y cambiar la conducta, los pensamientos y los sentimientos. La información que disipa los mitos sobre la timidez puede ayudarlo a separar entre lo que es real en su situación y aquello que no lo es. Por último, la información apropiada lo ayudará a tomar decisiones acerca de cómo cambiar su conducta.

Incorporación

Es importante incorporar la verdad sobre la timidez en las decisiones de su vida, no importa lo grande o insignificante que sea. Incorporación significa aumentar el conocimiento de uno mismo. Usted no quiere negar, escapar de su timidez u obsesionarse con ella. Por el contrario, es más provechoso incorporar la timidez en su propia identidad, en su sentido del yo. Una vez que tenga ese conocimiento de sí mismo estará en mejor posición para tomar buenas decisiones.

Implementación

Identificado el problema, obtenida la información confiable y elegidas las estrategias potenciales, usted ya está listo para el paso final: ponerse al mando de su timidez. Por cierto, no es suficiente saber qué hacer y cómo hacerlo; también se debe tolerar el cambio.

El cambio puede ser difícil al principio, pero a lo largo de este libro le diré cómo proceder. También le mostraré de qué manera se aplican las cuatro íes a situaciones del mundo real que pueden ocasionarle problemas en el trabajo, en el aula y en las relaciones íntimas.

UNA PALABRA SOBRE EL CAMBIO

Cuando intentamos una nueva manera de ser —dejar de fumar, seguir una dieta, empezar un nuevo trabajo—, podemos arrancar con ímpetu porque estamos motivados, pero descubrimos que en el término de horas o días el seguimiento se hace duro. Esto sucede cuando experimentamos antojo de nicotina, deseo de chocolate o ansiedad, y entonces extendemos la mano hacia un cigarrillo o una barra de chocolate, o bien nos retiramos a nuestro cubículo. Esa conducta regresiva es fácil, pero muchas veces constituye una mala idea.

Al ocuparse de la timidez es importante recordar que la conducta y las sensaciones pueden empeorar antes de mejorar. Es natural que nos sintamos incómodos mientras tomamos bríos para una nueva manera de ser. Si tratamos de hablar con nuevas personas, hasta podemos sentirnos más conscientes de nosotros mismos que lo habitual, porque intentamos un actividad que sentimos diferente y desconocida.

Esa regresión se debe a que nuestra fuerza de voluntad sea débil o porque no sepamos qué hacer. Simplemente, no pensábamos que nuestro nuevo contrato sobre la vida fuera tan difícil. Porque nuestras expectativas son irreales, no anticipamos los problemas y, en consecuencia, no elaboramos estrategias sólidas para atravesar los momentos difíciles. Cuando nuestro intenso malestar nos toma por sorpresa, nos damos por vencidos y huimos hacia la relativa seguridad de nuestros viejos hábitos.

Con tiempo y voluntad, sin embargo, usted comprobará que, si deja pasar esos retrocesos iniciales, el cambio se hace más fácil. Tal vez debería tomar una lección de los bebés que están aprendiendo a caminar. Sería mucho más fácil para ellos seguir gateando que caerse cuando tratan de levantarse sobre unas piernas inestables y dar esos primeros pasos vacilantes. Pero con el apoyo de una familia cariñosa y el sentido de perseverancia en la esencia de nuestro ser, los bebés aprenden a caminar y después a correr. Gatear, aunque relativamente implica poco esfuerzo, es mucho menos satisfactorio.

Si usted está decidido a ocuparse de manera efectiva de su timidez, es posible que lo logre a través de su primer encuentro con un extraño sin padecer una abrumadora ansiedad. Pero el segundo o tercer encuentro podría resultar incómodo y embarazoso. No debe detenerse ahí, sin embargo, porque acaba de pasar lo peor. Puede que la cuarta conversación sea más fácil, pero nunca lo sabrá hasta que no llegue a ella. Por desgracia, muchas personas tímidas desisten antes de llegar tan lejos.

ESPERANZA PARA UNA VIDA DE TÍMIDO EXITOSA

Es hora de que usted empiece a vivir una exitosa vida de tímido, una vida que no ignora el dolor y el sufrimiento que puede ocasionar la timidez, pero que incorpora a ella alternativas realistas y racionales. Hemos de considerar la complejidad y la profundidad de la timidez en su totalidad, desde la infancia hasta sus relaciones adultas con la familia, los amigos, maestros, amantes, colaboradores, jefes; desde problemas de carrera, cultura y tecnología.

Este libro constituye una dosis de realidad, un antídoto para las falsas percepciones de la timidez. Enumeraré una serie de perspectivas históricas, académicas, médicas, culturales y psicológicas para proporcionar un contexto al consejo práctico. Explicaré la timidez desde sus posibles orígenes genéticos hasta sus más amplias ramificaciones sociales, utilizando fuentes que van desde estudios científicos hasta relatos personales de individuos tímidos. Disiparé los conceptos falsos acerca de este difundido y casi universal rasgo de la personalidad y le brindaré la información, los conocimientos y las estrategias para que usted se comprenda y se acepte. Juntos vamos a resolver muchos misterios sobre la timidez para que usted pueda romper su ciclo y empezar a vivir una sana y exitosa vida de tímido.

Hablaré para personas cuya timidez es demasiado intensa como para hablar por ellas mismas. Este libro es una lección de vida para todas las personas tímidas y para aquellos que viven, trabajan y juegan con ellas; que las aconsejan, que las quieren. Confío en que, una vez que usted entienda la verdad sobre lo que significa ser tímido, estará mejor equipado para liberarse.

Me gustaría que tome más conciencia y se acepte y acepte su

timidez, que confíe en sus propias percepciones y valore sus sensaciones. La timidez no se refiere a quién es usted o qué creen los demás acerca de usted. Se refiere a las opciones que hace y los actos que lleva a cabo. Para tener una exitosa vida de tímido usted debe, por sobre todas las cosas, confiar en sí mismo para hacer nuevas opciones y actuar con confianza.

2

Identificar la propia timidez

Cuando usted lea este libro, es probable que desee llevar un diario de la vida de un tímido. Ello podrá ayudarlo a identificar con precisión cuando se siente muy tímido y reparar en qué hace al respecto. Podrá analizar situaciones, ensayar conductas e ideas alternativas, además de rastrear sus triunfos mientras da los pasos conducentes a una exitosa vida de tímido. A lo largo de este libro sugeriré ejercicios escritos para su diario. Puede empezar por anotar sus respuestas al "Informe sobre la vida de un tímido".

La timidez es un asunto demasiado rico, complejo y personal como para captarlo a través de un simple tanteo. El propósito del Informe es ayudarlo a comprender su timidez más que a evaluarla, categorizarla o clasificarla.

Este estudio apareció primero (en forma abreviada) en un artículo que escribí en 1995 para *Psychology Today* en colaboración con Philip Zimbardo. Después de reunir los últimos hallazgos sobre la timidez a esa fecha, solicitamos a los lectores que completaran un cuestionario y me lo enviaran por correo.

El artículo dio en el clavo. Entre 1979 y 1994, ya había compilado datos sobre la timidez provenientes de más de 1.800 individuos. De repente, y como resultado de ese artículo, más de mil respuestas inundaron mi oficina en el término de un mes. Estaban llenas de percepciones asombrosas y viscerales y muchas veces iban acompañadas de notas personales pidiendo ayuda. Mi análisis de la información reunida en base a todos esos cuestionarios forma la espina dorsal de este libro.

El examen de esa investigación podrá ser su primer paso para enfrentar su timidez. Al responder las preguntas con la verdad, usted empezará a identificar de qué manera la timidez está afectando su vida y su personalidad. Cuando avance en la lectura del libro, vuelva a este Informe como un medio de identificación y también como fuente de información para ayudarlo con la incorporación y la implementación posteriores.

INFORME SOBRE LA VIDA DE UN TÍMIDO

Por favor, conteste las preguntas siguientes con la mayor honestidad posible.

PRIMERA PARTE
Marque con un círculo lo que más se ajuste a su situación.

1. ¿Se considera una persona tímida?
   Sí   No

2. En caso afirmativo, ¿ha sido siempre tímido?
   (¿Ha sido tímido antes y lo es todavía?)
   Sí   No

3. En caso negativo, ¿ha habido algún momento en su vida en el que haya sido tímido?
   Sí   No

4. ¿Con qué frecuencia experimenta (o ha experimentado) sensaciones de timidez?
   a) Todos los días.
   b) Casi todos los días.
   c) A menudo, casi día por medio.
   d) Una o dos veces por semana.
   e) En ocasiones, menos de una vez por semana.
   f) Raras veces, una vez por mes o menos.

5. Comparado con sus pares (de similar edad, sexo y antecedentes), ¿cuán tímido es usted?

a) Mucho más tímido.

b) Más tímido.

c) Más o menos igual.

d) Menos tímido.

e) Mucho menos tímido.

6. ¿Cuán deseable es ser tímido para usted?

a) Muy indeseable.

b) Indeseable.

c) Ni una cosa ni la otra.

d) Deseable.

e) Muy deseable.

7. ¿Su timidez es (o fue) siempre un problema personal para usted?

a) Sí, muchas veces.

b) Sí, a veces.

c) Sí, en ocasiones.

d) Raras veces.

e) Nunca

8. ¿Qué clase de personas lo vuelven tímido? Marque con un círculo todo lo que se aplique a su caso.

a) Mis padres.

b) Mis hermanos.

c) Otros parientes.

d) Amigos.

e) Extraños.

f) Extranjeros.

g) Autoridades en virtud de sus conocimientos (superioridad intelectual, expertos).

h) Autoridades en virtud de su rol social (oficiales de policía, maestros, superiores en el trabajo).

i) Personas de edad (que son mucho mayores que yo).

j) Niños (que son mucho menores que yo).

k) Personas del sexo opuesto, en un grupo.

l) Personas del sexo opuesto, en forma individual.

m) Personas del mismo sexo, en un grupo.

n) Personas del mismo sexo, en forma individual.

9. ¿Cuál cree que es la causa de su timidez?
  a) Nací tímido.
  b) Abuso emocional.
  c) Abuso físico.
  d) Padres sobreprotectores.
  e) Deficiente/inconsistente disciplina paterna/materna.
  f) Experiencias emocionales negativas con pares durante mi infancia.
  g) Experiencias emocionales negativas con individuos de autoridad (maestros, entrenadores, etc.) durante mi infancia.
  h) Haber sido forzado cuando niño a participar en ciertas actividades públicas (recitales de danza o de música, deportes, juegos).
  i) Desorganización de la familia (muerte de un progenitor, mudanzas frecuentes).
  j) Otros hermanos.
  k) Divorcio de los padres.
  l) Nuevo casamiento de los padres.
  m) Experiencias emocionales negativas durante mi joven adultez en relación con pares (compañeros de cuarto, condiscípulos, clubes/fraternidades, colaboradores).
  n) Me turbo con facilidad.
  o) Experiencias emocionales negativas durante mi joven adultez en relación con individuos en posición de autoridad (profesores, supervisores).
  p) Falta de habilidad social.
  q) Falta de confianza.
  r) Me abrumo con facilidad.
  s) Padres tímidos.
  t) Excesiva turbación.
  u) Padres perfeccionistas, críticos o exigentes.
  v) Progenitor del sexo opuesto huraño o indiferente.
  w) Progenitor del mismo sexo huraño o indiferente.
  x) Otras explicaciones no mencionadas arriba.
     Explique: _____

     _____

     _____

y) No sé qué es lo que causa mi timidez.

10. ¿En qué aspectos de su vida privada le ha ocasionado un problema su timidez?
    a) Conocer nuevas personas.
    b) Hacer amigos.
    c) Salir con una persona del sexo opuesto.
    d) Establecer relaciones íntimas.
    e) Otros aspectos de mi vida privada:

    _____

    _____

    _____

11. ¿En qué aspectos de su vida estudiantil le ha ocasionado problemas su timidez?
    a) Emitir opinión en clase.
    b) Participar en organizaciones/deportes estudiantiles.
    c) Planear o asistir a acontecimientos patrocinados por la escuela (bailes, juegos, carreras).
    d) Pedir cartas de recomendación.
    e) Solicitar consejo/ayuda de los maestros fuera de la clase.
    f) Hacer preguntas durante la clase.
    g) Participar en discusiones y proyectos grupales.
    h) Exponer frente a la clase.
    i) Hacer amistad con condiscípulos.
    j) Pedir ayuda de otros condiscípulos.
    k) Estudiar con otros condiscípulos.
    l) Otros aspectos de mi vida estudiantil:

    _____

    _____

    _____

12. ¿En qué aspectos de su vida profesional le ha ocasionado problemas su timidez?
    a) Hablar con colaboradores.
    b) Emitir opinión en reuniones.
    c) Pedir un ascenso y/o aumento de sueldo.
    d) Hacer vida social con colaboradores durante el almuerzo o después del trabajo.
    e) Hacer vida social con clientes.

f) Expresar mis ideas en privado a colaboradores o clientes.

g) Exposiciones públicas para colaboradores o clientes.

h) Participación en organizaciones profesionales y/o grupos de enlace.

i) Tomar la delantera. Promover mis negocios o servicios entre quienes no me conocen.

j) Otros aspectos de mi vida profesional:

_____

_____

_____

13. ¿Piensa que su timidez puede ser vencida?

Sí No Indeciso

14. ¿Está dispuesto a trabajar seriamente para vencerla?

a) Sí, rotundamente.

b) Sí, tal vez.

c) No estoy seguro.

d) No.

15. ¿Qué medidas ha tomado ya para vencer su timidez? Marque con un círculo todo lo que corresponda.

a) Traté de salir para conocer gente (clubes nocturnos, bailes, fiestas, cafés, librerías).

b) Traté de entablar conversación con individuos que no conozco pero que me gustaría conocer.

c) Leí libros de autoayuda.

d) Hice psicoterapia individual.

e) Me asocié a un club u organización recreativa o de fitness (club de tenis, equipo de softbol, club de navegación a vela, gimnasio, grupo de caminantes).

f) Hice terapia de grupo

g) Asistí a salones de Internet y/o grupos de discusión.

h) Me automediqué (consumí alcohol y/o drogas ilegales).

i) Traté de cambiar el modo de pensar sobre mí mismo.

j) Cambié mi aspecto físico.

k) Asistí a seminarios o talleres sobre la timidez.

l) Serví como voluntario.

m) Me incorporé a organizaciones profesionales relaciona-
n) das con mi trabajo o carrera.

Me inscribí en una agencia de encuentros o de formación
o) de parejas.

p) Me uní a un grupo religioso o espiritual.

q) Asistí a talleres o seminarios de autoestima.

Me sometí a entrenamientos de relajación, meditación o
r) biorretroalimentación.

s) Tomé medicamentos prescriptos.

t) Asistí a cursos para el manejo del estrés.

Otras medidas:

_____

_____

_____

Segunda parte

Puede que usted desee explorar con mayor detalle sus experiencias de timidez. En su diario, o en una hoja de papel, conteste las
preguntas siguientes de la manera más completa posible.

1. Describa los factores que crea hayan contribuido a su ti-
    midez.

2. Describa de qué manera se manifiesta su timidez.

3. Describa qué problemas le ha ocasionado su timidez en su
    vida privada, social y/o profesional.

4. Describa qué ha intentado hacer para vencer su timidez.

5. Describa si utiliza Internet para habérselas con su timidez y
    de qué manera lo hace.

6. ¿Hay algo relacionado con su timidez de lo que desearía
    saber más?

7. ¿Qué otra cosa le gustaría decir acerca de su timidez?

TERCERA PARTE

Me encantaría conocer sus experiencias con la timidez. Si está dispuesto a sumarse a nuestro creciente cuerpo del conocimiento de las personas tímidas y sus vidas, por favor envíeme los resultados de su Informe. Le ruego incluir información demográfica a los fines de la investigación. Por supuesto, sus respuestas se mantendrán en la más absoluta reserva.

Edad:

Fecha de nacimiento:

Sexo: masculino   femenino

Ocupación:

Identificación étnica:

Educación:

Por favor envíe sus respuestas a:
Bernardo J. Carducci, Ph.D.
The Shy Life Enrichment Institute
P.O. Box 8064
New Albany, IN 47151-8064
EE.UU.
E-mail/website: www.carducci.com/shylife

3

Mitos y datos erróneos
sobre la timidez

A lo largo de mis muchos años de estudio y trabajo con personas tímidas, he comprobado que muchas de ellas están limitadas por sus propias percepciones falsas.

"Soy tímido, no puedo evitarlo y no hay nada que pueda hacer al respecto. No tengo otra alternativa que sentirme tímido, un extraño en la sociedad humana que no puede estar entre otros. ¡Y ni hablar de conocer gente nueva! No puedo funcionar cuando estoy con ella; no puedo revelar quién soy en realidad. Es demasiado riesgoso, así que me mantengo apartado. ¿Para qué exponerme al inevitable rechazo cuando otras personas se den cuenta de que no soy una compañía muy buena? La mejor opción es apartarse."

Esto no es verdad. Si usted es tímido tiene opciones, incluida la opción de no llevarse de su timidez. Usted no es un extraño antisocial; sólo opta por llevarse por sus tendencias tímidas y comprar los muchos mitos sobre la timidez que abundan en nuestra sociedad.

Estos mitos acerca de la timidez nos confunden a todos. Es más, cuando usted cree en ellos y los incorpora a su sentido de identidad, se convierten en fuente de mucho dolor y desazón. Son mitos que pueden convertirlo en una "persona tímida", alguien que debe comportarse de una determinada manera y vivir en un determinado estilo de vida para permanecer fiel a ellos. Y eso le duele, porque es algo fraudulento y limitativo.

Al exponer algunos de los mitos más comunes sobre la timidez, podemos empezar a reparar el daño que causan y reemplazarlos con la verdad.

"LOS BEBÉS TRANQUILOS Y COMPLACIENTES SON TÍMIDOS. SIEMPRE SERÁN TÍMIDOS, PORQUE NACIERON ASÍ."

Usted evoca imágenes de bebés dóciles y sometidos y cree que son tímidos, pero no lo son. A decir verdad, aquellos que tienen más probabilidades de desarrollar timidez son criaturas muy reactivas y bastante vocingleras. Además, no existen "personas tímidas por naturaleza". Puede que estén "predispuestas" a la timidez, pero su destino no es forzosamente ser tímidas toda la vida.

Como expliqué en el Capítulo 1, la timidez implica un sentido del yo, también conocido como concepto del yo, identidad o conciencia de uno mismo. Para ser tímido, usted debe tener una identidad que pueda comparar con la de otras personas. Se trata de una tarea intelectual compleja, ya que usted debe pensar: "Soy yo, y tengo algunos rasgos que algunas personas tienen y otras no; usted es usted, y algunos de sus rasgos son iguales a los míos, mientras que otros son diferentes".

Esta noción de un yo independiente debe hallarse presente antes de que un niño pueda ser tímido o, en cuanto a eso, tener alguna otra característica de personalidad. Aparece cuando el niño tiene entre quince y dieciocho meses. Es cuando se mira en un espejo y descubre que la imagen que ve es, en efecto, la suya. Él ya no es más una extensión de sus padres o hermanos.

Pero tener un sentido del yo y ser capaz de hacer comparaciones son sólo los primeros pasos hacia la timidez. La conciencia de uno mismo —preocupación por la evaluación de los otros sobre usted y sus actos— aparece alrededor de los dos o tres años. Antes de eso, una criatura eructará todas las veces que se le antoje, o llorará cada vez que se sienta triste o frustrada. No le importa cómo reaccionen los demás a sus berrinches, de manera que los suelta cuando siente que debe hacerlo. Los chicos no son pequeños salvajes, sólo son personas libres de conciencia de sí mismo.

Como todos los padres saben, los niños entran en una guerra de voluntades al llegar a los terribles dos años. No se trata de terquedad sino de la comprensión emergente del niño de lo que significa ser consciente de uno mismo. Los niños de dos años tratan de afirmar su voluntad y el control de sus actos cuando toman conciencia de cómo reaccionan los demás a su conducta. Empiezan a acostumbrarse a vivir por las reglas de los demás después de desembarazarse de la conciencia de ellos mismos.

Una vez que el pequeño elabora un sentido del yo y de autoconciencia, podrá ser considerado tímido si permanece lejos de personas o lugares nuevos y se vuelve reservado acerca de sus preocupaciones, porque su mente, su cuerpo y su alma le dicen que actúen de esa manera.

"LOS NIÑOS TÍMIDOS ESTÁN DESTINADOS A SER ADULTOS TÍMIDOS."

La timidez no es como tener ojos azules o crecer para ser tan alto como otros miembros de la familia. La altura y el color de los ojos son rasgos genéticos —meramente físicos—, mientras que la timidez es física, intelectual y emocional. La dinámica del cuerpo, la mente y el yo significa que la timidez no es predestinada.

Todos estamos hechos de varias características que parecen intrínsecas de nuestra identidad, nuestra expresión de la individualidad y nuestra visión del mundo. Pero, miradas más de cerca, observará que algunas de esas características pueden ser alteradas aun cuando puedan parecer indelebles y predestinadas.

Piense en el corredor olímpico. Su estructura física le proporciona el potencial para ser un campeón, pero el potencial no puede cumplirse sin la exigencia y la decisión (de su yo) y la capacidad de responder al entrenamiento de su instructor (a través de su mente). Un corredor no es sólo piernas largas y descarga de adrenalina. Los mejores atletas son también inteligentes y empeñosos.

Lo mismo vale para la timidez. Aun si alguien tuviera una predisposición física a ser tímido, los otros factores —una mente y un yo tímidos— deben estar presentes para que un niño aparentemente tímido se convierta en un adulto tímido.

"LA TIMIDEZ ES MÁS FUERTE QUE YO."

Las confesiones y recuerdos detallados, y muchas veces dolorosos, que he escuchado en el curso de mi investigación revelan que muchos creen que la timidez controla su vida. He aquí apenas una muestra de lo que me dicen:

- "Me limita y limita mis posibilidades. Siento miedo y al mismo tiempo sé que es disparatado, pero no puedo controlar esa sensación".

- "La timidez es como una burbuja que no puedo hacer estallar".

- "A veces siento que estoy atrapado en una prisión mental".

- "Es una desgracia que la gente en nuestra sociedad mire con desprecio al tímido. Muchos no podemos remediar la manera en que hemos sido engendrados o criados".

No se trata sólo de que muchas personas tímidas crean que la timidez es más poderosa que ellas, sino que sienten que están solas o que hay algo innato en ellas que está mal. Y lo que es peor, creen que no pueden cambiar.

Pero he aquí lo que una persona tímida —una gerente de ventas— me escribió acerca de cómo controla su timidez y su ansiedad: "Para vencer mi timidez, inicié mi propio negocio y comencé a hacer retiros y talleres. No tengo ningún temor cuando hago lo que me gusta. No estoy preocupada por mi timidez. No siento que la sufra tanto. Cuando me siento incómoda, busco una zona de bienestar. Cuando me siento en verdad nerviosa y abochornada, sonrío y digo que soy un poco tímida. Una vez que lo he dicho, no me siento tan sola".

Usted es más fuerte que la timidez y puede hacerla a un lado mediante un cambio en su manera de pensar, sentir y comportarse.

"SOY LA ÚNICA PERSONA TÍMIDA QUE CONOZCO."

La timidez es en sumo grado común. En efecto, casi la mitad de nuestra población afirma ser tímida, porcentaje que ha aumentado en los últimos veinte años. Tal vez más asombroso sea el descubrimiento de que entre el 75 y el 95 por ciento de la gente se ha sentido tímida en algún momento de su vida. No importa en qué contexto o definición, casi todo el mundo ha experimentado timidez. De modo que si usted es tímido, no está solo. De hecho, si se encuentra en un ómnibus repleto o en un cine y mira a izquierda y derecha, las chances son de que alguna de las personas próximas a usted también sea tímida. A través de mi investigación he compilado algunas estadísticas sobre la difusión de la timidez:

- Casi el 50 por ciento de nuestra población confiesa ser tímida.

- Alrededor del 89 por ciento de las personas tímidas afirma que lo ha sido toda su vida.

- De las personas que son tímidas en la actualidad, el 75 por ciento lo fue en algún momento del pasado.

- Sólo el 11 por ciento de nuestra población afirma que es tímida ahora y que no lo ha sido nunca en el pasado.

- Alrededor del 21 por ciento de las personas tímidas sienten timidez todos los días o casi todos los días, mientras que alrededor del 60 por ciento sienten timidez al menos una vez por semana.

- Alrededor del 78 por ciento de las personas tímidas creen que pueden vencer la timidez, mientras que el 3 por ciento dice que no es capaz de hacerlo.

La penetración de la timidez en nuestra ajetreada sociedad nos sorprende porque muchas veces es invisible. Las tres situaciones más comunes que provocan timidez son:

- Estar rodeado de extraños.

- La presencia de personas en posiciones de autoridad en virtud de su rol o conocimientos.

- Estar con miembros del sexo opuesto, ya sea en forma individual o en grupo.

Usted tal vez piense que es el único tímido en el mundo porque la timidez lo induce a aislarse. Pero si no habla con amigos sobre sus dudas y temores, probablemente no se dé cuenta de que otras personas tienen las mismas sensaciones. Y como usted no se abre, puede que no consiga el apoyo que necesita de sus seres queridos.

Además, cuando mira una habitación llena de extraños, puede que no repare en los individuos más reservados. En cambio se detiene en las personas más abiertas y habladoras que se dirían son capaces de hablar con cualquiera y en cualquier parte. Porque se compara con personas extrovertidas, usted se siente un fracaso. Entonces se rehúsa a hablar, sin permitirse nunca relajarse y animarse a conocer nuevas personas.

Estas falsas percepciones y comparaciones deficientes pueden frenarlo en su camino. Pero hay "elecciones". Usted "elige" sus ideas y usted "elige" la gente con la cual se compara. Puede escoger otras ideas y otras actitudes para reducir la incomodidad de la timidez.

"LA TIMIDEZ ESTÁ TODA EN SU CABEZA."

La timidez no es un defecto mental, una tacha de la personalidad, una neurosis o un desorden emocional. Es un rasgo característico de la personalidad que involucra el cuerpo, la mente y el yo de todo individuo tímido. De hecho, en situaciones inciertas, excita todo el ser hasta las neuronas más pequeñas del cerebro. Porque se siente incómodo cuando está en las garras de la timidez, puede que se cuestione y tenga sentimientos contradictorios sobre su identidad y su autoestima.

Si la timidez sólo ocurriera en su cabeza, sería fácil de aliviar. Lo único que tendría que hacer sería pensar ideas diferentes para poner fin a su sufrimiento. Pero como la timidez está tan arraigada en lo profundo, remedios de efecto rápido tales como ejercicios respiratorios o pensar ideas positivas ("Ve a tu lugar feliz") no funcionarán nunca porque son superficiales. No se dirigen a sus pensamientos y sentimientos más profundos.

Usted necesita ataques a largo plazo, que lo ayuden a pasar por los inevitables momentos difíciles. Necesita un plan que pueda incorporar en su mente, su cuerpo y su yo para ayudarlo con la especial y singular manera que usted tiene para experimentar timidez.

Este libro no ofrece soluciones simples que al final están condenadas a fallar. Por el contrario, yo le proporciono información correcta y estrategias que sí funcionan. Valoro la complejidad de la vida a largo plazo. No quiero ayudarlo a que sólo se convierta en un "corredor de sociedad", capaz de desempeñarse nada más que en un número limitado de situaciones durante un breve período. Quiero que sea como un corredor de larga distancia que puede manejar cualquier terreno, no importa lo duro que sea o por cuánto tiempo.

"TODAS LAS PERSONAS TÍMIDAS SE PARECEN."

La mayoría de la gente piensa que conoce a la persona tímida prototípica: la que se aparta en la escuela superior de danza; el colaborador que no responde a su mirada; tal vez usted mismo antes de entrar en una fiesta que está en su apogeo. Pero la timidez tiene muchas caras.

Puede sentirse tímido por dentro y sin embargo presentar un rostro diferente al mundo exterior. Una mujer de treinta y tantos años me dijo: "Mi timidez va y viene, depende de la situación. La mayoría de las personas que conozco se niegan a creer que soy tímida, pero yo me conozco bien y, al parecer, ellas no. Por momentos es difícil, pero me las arreglo y la oculto bastante bien. Si le digo a alguien: 'Estaba hecha un paquete de nervios', siempre me contestan: 'Bueno, no parecías ni actuabas como con nervios'. Puede que no lo haya mostrado, pero se me retorcía el estómago".

Muchas personas tímidas declaran ser aprensivas en cuanto a su conducta en público, pero confiadas respecto de su desempeño en el trabajo o su capacidad como padres. Sólo no saben qué hacer en las situaciones sociales.

También me dicen que los demás los califican a menudo de solitarios, esnobs, fríos, desagradables o altaneros. Estas percepciones nocivas pueden hacer más difícil aún que alguien se exprese con personas que no conoce. Por ejemplo, un estudiante graduado en Hawai manifestó: "La gente dice que me encuentro a disgusto con ellos cuando nos vemos por primera vez, en lugar de verme como una persona tímida".

Y una estudiante universitaria de Nebraska escribió: "Sé que me ven como antipática y hasta esnob. Me han dicho que soy atractiva y parezco el tipo que debería ser extrovertida y segura, pero que eso contrasta con mi manera de ser. Yo pienso que un esnob es alguien que se cree mejor que los demás, y yo, en cambio, pienso que una persona tímida como yo es alguien que cree que todos los demás son mejores que ella".

Sabemos que las personas tímidas pueden ser audaces porque tenemos muchos ejemplos de "tímidos extrovertidos", un término acuñado por Philip Zimbardo. Pienso en David Letterman, de un famoso programa de televisión de trasnoche. Aunque su desempeño frente a una audiencia en el estudio y dirigido a innumerables televidentes parece relajado y espontáneo, Letterman es conocido por ser inflexible durante la planificación e instrumentación de cada una de sus actuaciones nocturnas. Dedica poco tiempo a hacer vida social, salvo con un pequeño círculo de amigos, y raras veces asiste a acontecimientos sociales.

Muchas veces la audacia inoportuna es también un mecanismo de defensa de las personas tímidas. Como explicó un hombre: "Intento ocultar mi timidez manifestando hostilidad. Con frecuencia hago cosas tontas, ofensivas".

Muchas personas tímidas eligen esas estrategias contraproducentes. La más común es la que he dado en llamar extroversión forzada. Esto significa obligarse a ir a fiestas o estar en compañía de otras personas sin antes haber puesto en marcha estrategias apropiadas que lo ayuden.

La solución a corto plazo de la extroversión forzada resulta muchas veces contraproducente. Ir a fiestas lo rodeará de personas, pero no le dará una manera de habérselas con su timidez en medio de un gentío. En consecuencia, puede volverse más tímido y abandonar el lugar con una sensación de desilusión y fracaso. Hasta puede dejar de asistir por completo a convites y suponer que no está hecho para llevar una vida social.

Los investigadores han identificado tres tipos de timidez. Cada uno de ellos está asociado con pensamientos, conductas y sentimientos contrastantes.

El tímido en público

"Siempre he sido así —dijo Chrissie, una mujer casada, madre de dos hijos y que trabaja como recopiladora de datos en el Medio Oeste—. Desde muy chica nunca fui capaz de hablar con facilidad. La mente se me pone en blanco y no se me ocurre nada que decir."

Chrissie encuentra mucho más fácil ser insignificante.

"La gente ya me conoce como callada. Sería una gran sorpresa que yo emitiera una opinión, de manera que a veces directamente no digo nada. Si estoy en un grupo me siento aprensiva, nerviosa, y no me puedo sentar tranquila y relajada."

Chrissie admitió que, aun cuando participa de las conversaciones, la hace infeliz la forma en que las encara: "Tengo miedo de disentir de todos u ofenderlos. Supongo que temo incomodarlos. También me resulta realmente difícil hacer llamadas telefónicas. Tengo que obligarme a hacerlo".

La vida que lleva Chrissie acomoda y refuerza su timidez. Su esposo es bastante extrovertido y, aunque se siente incómoda cuando está con los amigos de él, le gusta su tendencia a la sociabilidad: "Necesito a alguien que me ayude con eso y me haga más habladora y abierta".

Ella pasa sus días con sus hijos, que son extrovertidos (se alegra de ello). Trabaja en el segundo turno y permanece silenciosa la mayor parte del tiempo: "No tengo necesidad de mostrarme comunicativa en el trabajo y no debo tratar con otras personas. Se nos permite usar audífonos a fin de que podamos escuchar música o la televisión mientras trabajamos. No converso demasiado. Están acostumbrados a mi manera de ser y no esperan que me una a ellos".

Las personas tímidas en público, como Chrissie, son visiblemente ansiosas. Eligen no hablar, se embarcan en diálogos internos que las paralizan, se rehúsan a establecer contacto visual y usan su timidez como una excusa para rehuir los desafíos. Se las puede distinguir a kilómetros de distancia. Es interesante destacar que las personas tímidas en público tienen en realidad más en común con las extrovertidas buscadoras de atención, que están demasiado concentradas en ellas mismas y en sus necesidades. Explicaré por qué en el Capítulo 6.

El tímido crónico

Otra manera de interpretar la experiencia de Chrissie es decir que se trata de una tímida crónica. Los tímidos crónicos son esas personas que declaran haber sido tímidas durante todo el tiempo que pueden recordar. En efecto, manifiestan que es la única manera de vivir que conocen. Sus recuerdos de toda la vida contribuyen al mito de que las personas nacen tímidas, ya que nunca pueden recordar un momento en que no lo fueran. Afrontan la timidez durante la mayor parte de los encuentros sociales, y maestros, padres, amigos y seres queridos les aplican la etiqueta de tímidas. Les resulta imposible imaginar una vida libre de timidez porque ese sentimiento impregna todo lo que hacen, desde ponerse en la fila en el supermercado hasta tomar decisiones en su carrera.

Los tímidos crónicos a menudo llevan una existencia atormentada. A través de mis investigaciones he comprobado que experimentan timidez con mayor frecuencia que otras personas tímidas, y se manifiestan de esa manera en muchísimas más situaciones. Se perciben como más tímidos que sus pares. Experimentan la timidez como un problema personal con más frecuencia y creen que son menos capaces de vencer su timidez que otros.

Aunque muchos individuos tímidos crónicos creen que no podrán cambiar jamás, he comprobado que sí pueden.

El tímido secreto

Patrick es un tipo divertido. Tiene muchos amigos, una imaginación rápida y una sonrisa amplia. Fue presidente de su clase en la facultad, consiguió un buen trabajo, y es por añadidura un talentoso bailarín de swing.

Patrick es muy bueno para hablar; le pagan para hacerlo como organizador de seminarios en las escuelas públicas. Pero a veces le faltan las palabras.

"Simplemente no tengo nada que decir —me dijo—. No significa que no me guste alguien. Es sólo que no quiero hablar cuando me siento tímido. Me pregunto: '¿Por qué iban a querer hablar conmigo? No tengo nada que decir que les interese'".

El humor tímido (como él lo llama) obedece a un molde. Patrick lo compara con lo que experimentan los jugadores de básquet cuando saben que van a perder. Tiran abajo el partido para negarle al otro equipo el placer de ganar. Patrick se retrae cuando quiere negarse el placer que por lo general le proporciona estar con otros.

"Soy tímido cuando tengo un mal día —explicó—. Me pongo de un humor que me convierte en tímido si algo sale mal en el trabajo, porque pensaré mucho en eso y así se eternizará."

Si bien él tiene alguna idea acerca de por qué se siente tímido, de todos modos lo confunde. Por una parte manifiesta que siempre ha sido extrovertido, pero por la otra sabe que es tímido. Sus amigos tampoco entienden sus verdaderos sentimientos, tal vez porque él los oculta: "Si estoy con uno de esos humores y la gente nota que no me muestro comunicativo y ameno, digo: 'En verdad estoy cansado'. Si me encuentro en un grupo suele ser más fácil, porque no estoy obligado a hablar. Siempre tengo conmigo algo para leer y todo el mundo sabe que soy un lector ávido, de manera que me disculpan. Si estoy en el departamento de alguien, es seguro que escudriñaré los estantes de libros y hasta leeré alguno si me ha llamado la atención. Es una grosería, pero lo hago".

Las personas tímidas en secreto como Patrick —los tímidos extrovertidos mencionados arriba— pueden ser ruidosas cuando no se hallan paralizadas por pensamientos tímidos. Nadie a su alrededor sospecharía que son tímidas, pero lo sienten en la piel. Muchos actores, presentadores de talk shows, políticos, maestros y comediantes son tímidos en secreto y sólo se sienten cómodos cuando representan un papel con diálogos escritos.

Los tímidos secretos han aprendido a actuar de manera abierta siempre que se encuentren en un ambiente controlado. Un político que puede hablar a partir de un texto preparado en una campaña política puede turbarse al llegar el momento de las preguntas y respuestas. Una profesora puede sentirse cómoda siempre que discuta su área de experiencia, pero puede congelarse en una reunión universitaria. Como me dijo un actor aficionado: "Cuando estoy fuera del escenario soy totalmente reservado. Soy incapaz de sacudirme el terror y me convierto en un saco de nervios. En el escenario, en cambio, soy exuberante y me siento lleno de confianza".

El tímido transitorio

Estos individuos actúan con timidez y se sienten tímidos durante ciertos períodos de su vida, por lo general cuando terminan una fase y empiezan otra, tal como entrar en la universidad, iniciar un nuevo trabajo, o empezar a salir con alguien después de un divorcio. Ésta es una respuesta común y normal a situaciones inciertas, inseguras e imprevisibles. En estas situaciones amenazadoras exhiben todas las características del tímido en público. Pero una vez que se han habituado y están en condiciones de habérselas con sus nuevos desafíos, se vuelven menos tímidos y más confiados, en ellos mismos y en sus aptitudes.

Steve es un tímido de transición: "No me considero cerrado para relacionarme —explicó mientras estábamos sentados en el parque—. Sólo que es difícil. No puedo mostrarme ante alguien tal como soy, desde el principio. Eso para mí no funciona".

La timidez es para él tanto un viejo como un nuevo problema. Ha sido siempre tímido, pero durante años no le molestó. El día en que hablamos, sin embargo, se sentía un poco confundido. Apenas repuesto de una ruptura, encontraba dificultoso hacer conexiones para salir, una tarea difícil para cualquiera. Steve explicó:

> Las primeras citas pueden desbarajustarme. Tomemos el caso de anoche. Tuve una cita con alguien que apenas conocía. Al principio me dominaban los nervios, porque estaba allí sentado y pensaba: "No puedo conectarme con Wendy". En algunos casos siento alguna conexión, pero, o bien pienso que la mujer no la siente, o que no le resulto atractivo. Por lo general siento que no estoy conectado de la manera en que debería, aun cuando sé que tenemos mucho en común, al menos en la superficie.
>
> Pero con el tiempo se me pasaron los nervios. Me senté y pasé un buen momento. Creo que también Wendy debe haberse relajado.

Las personas tímidas transitorias son capaces de entrar y salir de su timidez a medida que se sienten más cómodas con su situación.

El tímido exitoso

La persona tímida exitosa tiene las riendas en su mano. Es consciente de su timidez pero no deja que le impida vivir una vida plena. Incorpora su timidez a sus experiencias cotidianas anticipándose a cuándo se sentirá tímida, aceptando que a veces lo estará, y resolviendo sus sensaciones mediante estrategias que le harán pasar los momentos duros. No se siente mal por ser tímida y no permite que su timidez la frene en la persecución sus sueños.

Matthew, un escritor en sus tempranos treinta años, es una persona tímida exitosa. Ha sido tímido durante tanto tiempo como puede recordar: "No sé si es autoinducida o si sólo he nacido así —dijo—. Mi madre dice que empezó temprano, en el jardín de infantes, donde me quedaba solo y resolvía rompecabezas en el rincón en vez de jugar con los otros chicos. Empecé la escuela primaria un año más tarde de lo debido porque, cuando ella me llevó la primera vez a la escuela, armé tal escándalo que me mantuvieron distante durante un año".

Pero la tendencia de Matthew a ser feliz en soledad cambió cuando se hizo mayor. Como adolescente, necesitaba soltarse. Pasó de ser lo que su madre pensaba de un "galán" plácido a un tipo salvaje y loco para poder abandonar su timidez.

"Actuaba como un loco cuando estaba borracho —dijo—, y la gente parecía gustar más de mí. En el secundario adquirí fama de loco y salvaje cuando bebía y mostré un costado de mí que en realidad nadie había visto antes."

Aunque fueron divertidos, los días de jolgorio de Matthew no duraron. En la universidad descubrió que le gustaba escribir y que eso le permitía expresar sus sentimientos con libertad: "Escribir era en cierto modo como beber pero sin alcohol. Era una salida que no implicaba tanto abuso, al menos abuso físico", dijo entre risas.

Aunque todavía se considera tímido, ahora, en la adultez, Matthew ha encontrado maneras de atravesar la mayor parte de las situaciones duras. Sobresalió en la escuela y ganó premios por su literatura, encontró empleos en el ambiente editorial que se ajustan a su tipo de personalidad, se apoyó en sus buenos amigos de su antiguo barrio y ha tenido una serie de relaciones monógamas a largo plazo a lo largo de sus años veinte. La timidez no se ha materializado mucho en su vida privada; si no está escribiendo, alterna con personas que lo entienden y aceptan su modo de ser.

También aprendió a prepararse para habérselas con su timidez, sobre todo cuando se llegaba a la primera lectura en público de su obra: "Durante algunas semanas practicaba en casa leer mi breve historia en voz alta —confió—, una vez por la mañana y una vez por la noche. La leía para algunos de mis amigos y era terrible. En comparación, la verdadera lectura salió de maravillas. Después de la primera página no estaba en absoluto nervioso. En realidad fue una de las experiencias más positivas que he tenido en todo el año. Sólo durante los primeros pocos minutos me paralicé de terror".

A Matthew le sorprendió recibir mucha realimentación positiva de la audiencia, porque creía que no lo había hecho bien: "No creo que vaya a vencer por completo mi nerviosismo, pero la lectura no estuvo tan mal, y es algo que tengo que hacer si quiero ser un escritor".

Matthew se muestra igualmente filosófico cuando se refiere a su timidez y a cómo afecta la imagen que tiene de sí: "No creo estar tan sometido por la timidez como para que arruine o dañe por completo mi vida —dijo—. Creo que me he aceptado bastante así como soy. No es terrible. No es lo peor del mundo".

De hecho, Matthew puede ver el valor de la timidez dado que siente que sus percepciones como persona tímida ayudan a su literatura y profundizan su comprensión de la naturaleza humana.

"Creo que me ha hecho más consciente de mí mismo, más analítico, y eso es bueno. También es probable que me haya hecho más compasivo."

Mi meta en este libro es ayudarlo a comprender que usted puede ser tímido a veces, pero que no debe permitir que su timidez limite su vida. Al igual que con Matthew, puede darse cuenta de que la timidez no es una maldición que pesará sobre usted por el resto de sus días.

"MI TIMIDEZ ES PRODUCTO DE UNA BAJA AUTOESTIMA."

Un artista de Nueva York me escribió: "Siento que mi baja autoestima tiene que ver más que un poco con los efectos debilitantes de mi timidez. Daría cualquier cosa por ser extrovertido y exitoso económica y socialmente".

Un cajero de Georgia de veinticinco años tenía sentimientos similares: "Mi timidez me ha hecho sentir muy mal y muy solo en el pasado. Nada me hubiera gustado más que tener confianza en mí mismo y autoestima para ser capaz de hablar con cualquiera en cualquier momento y en cualquier lugar. Creo que eso me permitiría no sólo vivir una vida más feliz sino también una vida mejor, más plena".

Los individuos tímidos muchas veces apuntan a la baja autoestima como la causa de su malestar. Y la baja autoestima entra en juego cuando la reflejan en sus habilidades sociales. Sin embargo, a veces ese concepto personal negativo es de su propia hechura.

He comprobado, por ejemplo, que los individuos tímidos se fijan pautas imposibles para ellos. Si usted abriga expectativas irracionalmente altas, puede sentir que cualquier cosa menos que ser el alma de la fiesta no le viene bien. Cuando no ha ganado por encima de la multitud, cree que ha fracasado lastimosamente. Se vuelve hipercrítico de su desempeño e incapaz de relajarse en la conversación.

En verdad, queda tan atrapado en la autocrítica y tan concentrado en su diálogo interno, que es incapaz de escuchar a los demás. Y de ese modo pierde terreno. Como lo expresó una mujer: "A veces las palabras fluyen, pero son inadecuadas porque la conversación se ha mudado hacia alguna otra cosa".

Las conversaciones más animadas pueden encontrarse dentro de uno mismo.

Además, en algunas situaciones no es la baja autoestima sino un exagerado concepto de uno mismo lo que impide a las personas tímidas relacionarse con otras. He descubierto que, en su gran mayoría, no se creen indignas de que la gente hable con ellas, pero se quejan de que los demás no se dan cuenta de lo interesantes y maravillosas que son. Esperan que los otros descubran los aspectos ocultos y fascinantes de su personalidad: los demás deben hacer las presentaciones, introducirlas en la conversación, hacer todo el trabajo en situaciones sociales. La carga de la facilitación social recae sobre los demás.

"LA TIMIDEZ ES UNA SENTENCIA A PRISIÓN PERPETUA."

Un jardinero que promediaba la treintena me escribió esta triste carta:

> Vivo una vida solitaria y en cierto modo aislada. Tuve miedo de dejar la casa de mis padres para vivir solo porque, si bien no tengo una relación verdaderamente estrecha con ellos, estoy bastante cómodo en su casa y no me siento tan solo. Además, estoy en extremo indeciso respecto de mi sueño de ser maestro, debido a esta infernal timidez mía. En suma, de un modo virtual la timidez estorba todos los aspectos de mi vida que tienen una dimensión social.

Personas tímidas me han dicho en forma reiterada: "¡No puedo evitarlo! Nací tímido y no hay nada que pueda hacerle!". Esto no es así. La timidez no es una sentencia vitalicia o una marca indeleble de nacimiento. Es una serie de elecciones que de manera gradual cimentan su estilo de vida. Este hombre joven, por ejemplo, ha elegido seguir viviendo con sus padres para renunciar a la compañía de otras personas, abandonando así su sueño de convertirse en maestro. Estas elecciones no fueron decretadas.

La timidez se convierte en un hábito arraigado sólo después de que usted se ha entregado a ella con demasiada frecuencia. Si quiere ser más feliz, no tiene que reexaminar su identidad. Sólo tiene que hacer elecciones distintas a fin de no quedar atrapado.

Me gusta pensar que la timidez tiene mucho en común con las alergias. La fiebre del heno no es una enfermedad fatal, pero sí una fuente de molestias. Una vez diagnosticada, sin embargo, quienes son alérgicos al polen pueden hacer elecciones apropiadas en cuanto a su conducta y minimizar su sufrimiento. No necesitan vivir en burbuja plástica sanitaria sino mantenerse alejados de los jardines en flor, de los campos primaverales y de las florerías. Pueden disfrutar de la vida una vez que han aprendido a controlar su exposición a aquello que les provoca incomodidad.

Piense en *El libro de la antitimidez* como su antihistamina para la timidez, un remedio para manos sudorosas y corazón acelerado. Así como las personas alérgicas siguen siendo alérgicas después de tomar su medicación, usted seguirá siendo tímido después de leer este libro. Sólo que no sufrirá por su timidez, y será exitoso para controlarla.

Las personas tímidas exitosas comprenden de qué manera la timidez hace impacto en sus vidas, de la misma manera como las personas con fiebre de heno entienden de qué manera las alergias los afectan. Miden su exposición a situaciones dificultosas y cimentan resistencias al ser más conscientes de ellas mismas. Trazan el derrotero de su vida con más claridad cuando entienden el papel de la timidez. Aceptan su timidez... en cuerpo, mente y yo.

La clave de su éxito proviene de sus elecciones. En lugar de ir a ruidosos clubes nocturnos o fiestas porque "es lo que se estila", pasan el tiempo en ambientes más íntimos: la casa de un amigo, una cafetería o una confitería del barrio, o una reunión de especial interés. Tampoco se aíslan en su oficina doméstica o frente al televisor. En lugar de eso, las personas tímidas exitosas establecen amistades lentamente, de manera que puede crecer un sentido de comodidad y de confianza mutua en forma natural. Asumen responsabilidades basadas en sus talentos, en vez de dejar que sus temores y dudas íntimas las repriman.

En la esencia de un individuo tímido exitoso hay una genuina comprensión, duramente ganada, de lo que significa ser tímido en un mundo que fomenta los mitos y conceptos erróneos acerca de la timidez.

"SÓLO LOS EXTROVERTIDOS SON FELICES."

Tal vez el mito más poderoso de todos es aquel que afirma que sólo las personas sociables y extrovertidas son felices y tienen una vida plena. Como me escribió un estudiante de colegio secundario de Florida: "¡Quiero estallar y hacer que todos sepan que estoy aquí! ¡Quiero ser como mis amigos locos que consiguen supernotas, supercompinches, superamigos, éxito en todo lo que hacen y dicen! ¡Felicidad!".

Las personas que aceptan este mito creen que la timidez les impide vivir la vida que están destinadas a vivir:

"Si no fuera tímido podría..."

"Si no fuera tímido haría..."

"Si no fuera tímido debería..."

Como Chrissie y el jardinero frustrado, creen que están condenados a una vida de silencioso aislamiento. Suponen que son menos interesantes o competentes que las personas no tímidas. Se excusan de la vida al declinar invitaciones, evitar riesgos, y huir de situaciones sociales que los hacen sentir incómodos. Ven su timidez como una enfermedad o una disposición innata sobre la cual no ejercen ningún control. Saben que la timidez los perseguirá hasta el fin de sus días.

Las personas tímidas exitosas pueden ver a través de este mito. Reconocen que la mayoría de las personas sienten timidez en algunas ocasiones y que esas sensaciones son temporarias y normales. Reclaman su poder desde la timidez cuando se concentran en cualquier cosa que se les enfrente... desde una situación de tan poca monta como presentarse a un nuevo colaborador hasta una tan abrumadora como tener que hacer un nuevo grupo de amigos debido a una caminata a campo traviesa. Y lo más importante es que no se concentran en los problemas y síntomas de la timidez. En cambio se concentran en soluciones y estrategias.

Las personas tímidas exitosas son sinceras con ellas mismas. Pueden identificar sus temores e inseguridades y desarrollan estrategias para terminar con ambos. A la inversa, quienes ceden a su timidez no pueden verse con claridad. Quedan atrapados en una red de falsas percepciones.

Una vez que se ha comprado un mito, deben seguirle otros. Usted puede decirse que simplemente no sirve para estar con gente y nunca trata de refutarlo. Con el tiempo los mitos se imponen. Usted no puede acercarse a amigos y seres queridos porque los mitos lo silencian. No se entiende a usted mismo y está preocupado por ocultar su timidez, de modo que no espera que algún otro lo entienda o acepte.

Estos mitos no sólo lo separan de los otros; lo separan de su verdadero yo. Las percepciones de uno mismo basadas en mitos son muy diferentes de quien usted desea ser. Por ejemplo, puede querer sentirse cómodo mientras habla con personas nuevas, pero se cree incapaz de involucrarlas en la conversación. El psicólogo Carl Rogers notó que la separación entre el yo ideal y el yo real ocasiona ansiedad.

Puede interpretar su ansiedad como temor y duda íntima, lo cual podría llevarlo a que deje de hacer cualquier cosa que lo ponga ansioso. Pero la ansiedad no es en sí misma algo malo. De hecho, Rogers creyó que la ansiedad es sólo una señal de advertencia de que se debería hacer algo para aliviarla. La mejor manera de lograrlo es expresar el verdadero yo.

¿Cómo haría eso un ansioso social, una persona tímida? Puede observar a otras personas que son buenas conversadoras e imitarlas. Concentrarse en sus anteriores éxitos sociales en lugar de detenerse en sus fracasos. Y podría usar su ansiedad como un escalón al conocimiento de sí mismo en lugar de verla como una valla insalvable.

De hecho, a lo largo de este libro explicaré cómo puede volver a poner en cuadro su ansiedad de modo que no le corte las piernas de manera constante. Para escapar de esos mitos que lo atan y que restringen su verdadero potencial, usted necesita reexaminar sus presunciones sobre usted mismo y su timidez. En verdad, las presunciones de las personas que sufren de timidez son radicalmente distintas de las que tienen los tímidos exitosos.

Presunciones del tímido infeliz

- Me pongo nervioso cuando estoy con personas desconocidas porque me juzgan.

- No quiero hablar mucho porque, cuanto menos diga, menos seré criticado.

- Quiero estar con otros, pero no tengo nada que decir.

- Nadie se pone nervioso o está ansioso. Soy el único desdichado en las fiestas. Todos se divierten excepto yo.

- Toda la gente del lugar puede ver lo incómodo que me siento.

- Siempre que hay una pausa en la conversación o ésta se empantana, el culpable soy yo.

- No sirvo para unirme a una conversación cuando ya está en marcha. Cuando interrumpo, todo el mundo para de hablar y me mira fijo.

- Paso muy malos momentos al hablar con personas nuevas, de modo que en general soy un fracaso.

- Eché a perder conversaciones pasadas; debería haber dicho esto, pero en cambio dije aquello...

Con semejante monto de presión interna, es fácil ver que uno mal puede tener éxito en sociedad o llevar una vida feliz, según sea el caso. Esas generalizaciones que crean escenografías apocalípticas de Juicio Final magnifican en idéntica proporción cualquier paso en falso que uno pueda dar. Cuando usted les da crédito, carga con toda la culpa de cualquier cosa que pueda salir mal en una situación dada, sea o no suya la responsabilidad. Usted pone tanta presión sobre sí mismo para refrenarse de decir algo impropio, que empieza a actuar como si fuera un diplomático tratando de negociar un delicado cese del fuego.

Estas presunciones no sólo ocasionan catástrofes más allá de cada "¡ejem!", sino que convierten toda conversación en una verdadera evaluación. Lo cierto es que no son sus palabras las que están en juicio... ¡Es usted! En lugar de llevar a cabo tan sólo un intercambio social básico, usted se prepara para ponerse a prueba en cada oportunidad. Pone en juego todo su yo cada vez que abre la boca. En lugar de pasar el tiempo charlando sobre lo atestado que está el lugar, usted piensa: "De veras, de veras quiero caerle simpático mientras hablo con usted de las condiciones atmosféricas que hay aquí adentro".

Como verá a continuación, el tímido exitoso tiene presunciones bastante diferentes respecto de sus intercambios sociales.

Presunciones del tímido exitoso

- Tengo cosas interesantes que decir y la mayoría de la gente se dará cuenta.

- La mayoría de la gente es cordial y me concederá el beneficio de la duda si me ruborizo, me quedo mudo o no puedo encontrar una respuesta vigorosa.

- No tengo que ganarle a toda la gente que conozco o ser el alma de la fiesta, para pasar un buen momento.

- Casi todo el mundo se pone ansioso al conocer personas nuevas o si tiene que hablar en público. La mayoría de las personas que están aquí también deben estar nerviosas.

- Sé cómo hacer para sentirme cómodo en una situación incómoda.

- Espero con interés unirme a una conversación en curso. Hay mucho que aprender de una respuesta aguda.

- Soy un buen oyente y no trato de distraerme a causa de mi bochorno, mi ansiedad o por las presiones que puedan surgir del hecho de hablar con alguien a quien en cierto modo siento superior a mí.

- Cuando admito ante los demás que me siento tímido o nervioso, me sosiego.

- Una conversación normal tiene mucho de dar y recibir y está llena de silencios, pausas y comienzos y malentendidos.

- No espero establecer una corriente de simpatía instantánea con la mayor parte de las personas. Estoy dispuesto a llegar a conocer a alguien haciéndole preguntas, compartiendo información acerca de mí, y tomándome tiempo para que una relación evolucione.

- Si no hago buenas migas con alguien, no me detengo en ello. No se puede ser amigo de todos.

- Me preparo para nuevos encuentros estableciendo expectativas realistas para mí mismo.

- Trato de dejarme llevar por el corazón, porque he aprendido que mis sueños son importantes para mi felicidad.

Las personas tímidas exitosas tienen visiones más realistas, claras, clementes y precisas de la timidez y del control que ejercen sobre ella. Comprenden que deben crear estrategias factibles para modificar una situación específica. No dejan que sus miedos e inseguridades se desaten, pues saben que disponen de opciones.

Por consiguiente, las personas tímidas exitosas ya no son víctimas de la timidez o de un mundo cruel que no las comprende. Son solamente personas reales que han encontrado su propio poder. Es mi intención ayudarlo a que encuentre el suyo.

En su Diario de la vida de un tímido

Reflexione sobre los mitos a los que ha dado crédito durante años. ¿Cómo puede cambiar su visión de la timidez en base a sus nuevos conocimientos? ¿Cómo puede ayudarse para ser un tímido exitoso?

4

Una nueva visión
de la timidez

Numerosos grandes intelectos han intentado comprender el enigma de la timidez. Charles Darwin, el genio de la teoría de la evolución, vinculó las respuestas físicas de la timidez, tales como enrojecer, con la vergüenza. Afirmó que cuando sentimos timidez nos "retiramos a las sombras" del silencio y el aislamiento a fin de ocultar lo que hemos hecho mal y de lo cual nos avergonzamos.

Es interesante mencionar, empero, que Darwin manifestó una afectuosa preocupación por su hija, que se volvió tímida para con él cuando regresó de una larga expedición. Para ayudarla a salir de ese estado, Darwin sintió que él y otras personas de su casa debían refrenarse de llamar la atención sobre ese hecho. Creyó que la alharaca la haría más consciente de ella misma y menos capaz de expresarse con libertad. Por el contrario, recomendó mostrarle compasión y darle tiempo para que se acostumbrara a él.

Freud también se interesó por el fenómeno de la timidez. De acuerdo con la visión psicoanalítica, el problema no es tanto que las personas tímidas se tienen demasiado en menos, sino que tienen un concepto demasiado elevado de ellas mismas. Freud creía que los tímidos son personas narcisistas que interpretan todo a la luz de ellas mismas. No hablan porque su atención se enfoca hacia adentro, no sobre aquellos con los cuales deberían hablar. Sienten todos los ojos encima de ellas y no se dan cuenta de que sólo son un rostro en la multitud.

La teoría psicoanalítica rastrea las raíces de la timidez narcisista hasta intentos frustrados de satisfacer necesidades primarias universales, inconscientes urgencias de comida, sexo, compañía y amor durante la infancia. Las personas tímidas no recibieron de sus padres lo que necesitaban, de modo que se aman con exceso para compensar el temprano abandono emocional. No se expresan porque están demasiado ocupadas en amarse a sí mismas y en asegurarse de que son siempre perfectas. En consecuencia, viven dentro de su cabeza aunque se encuentren rodeadas de una muchedumbre.

Disiento de esta teoría. No hay nada inherente, seria o neuróticamente malo con las personas tímidas. Si sus padres no fueron bastante amantes no es culpa de ellas. Si no pueden resolver sus conflictos —y todos tenemos conflictos internos—, lo imperfecto es la resolución y no la persona. Concuerdo en que es valioso echar una mirada a las tempranas experiencias internas —el cuerpo, la mente y el yo—, pero es erróneo culpar a las personas tímidas por serlo.

Carl Jung, que se apartó de Freud y desarrolló su propia teoría de la personalidad, también estaba preocupado por la forma en que se expresan las personas. Jung sostuvo que todos tenemos dos "actitudes" acerca de nuestro lugar en el mundo: introvertida y extrovertida. Estas orientaciones existen dentro de nosotros en una proporción variable; algunas personas son más extrovertidas, en tanto que otras son más introvertidas.

Jung sentía que, para alcanzar una personalidad sana, debemos crear un equilibrio entre esas dos actitudes que nos permita expresar ambas. No es de extrañar que las personas tímidas tengan más tendencia hacia la introversión, de modo que su energía se aleja de los demás y se vuelve hacia ellas mismas en el aislamiento. Pero raras veces son del todo introvertidas, ya que, como todo el mundo, también se sienten motivadas para formar parte del mundo social.

EL DILEMA DE LA TIMIDEZ

Darwin, Freud y Jung, los tres trataron de resolver el dilema de la timidez. ¿Por qué ciertas personas anhelan estar con otras pero no pueden hacerlo? Al cabo de años de investigación, he llegado a la conclusión de que sus explicaciones son fascinantes pero limitadas. Antes que resultado de la vergüenza, el narcisismo o la introversión, la timidez parece tener tres temas. Estos temas se desprenden de los muchos testimonios e investigaciones que he leído, y otorgan sentido a toda la variada información relativa a los intercambios sociales tímidos:

1. Las personas tímidas están atrapadas en un conflicto de acercamiento/evitación.

2. Las personas tímidas son por lo general lentas para entrar en calor con nuevas personas, lugares y situaciones.

3. Las personas tímidas necesitan establecer y extender las zonas de bienestar en su vida cotidiana.

Estos problemas explican la conducta tímida durante las interacciones interpersonales. Se aplican tanto a la mayor parte de las tareas sociales, tales como sostener una charla con un colaborador, como a tomar decisiones que cambian la vida, por ejemplo, iniciar una familia o decidir una carrera. Constituyen las reglas básicas que usted debería tener presente mientras se debate con encuentros sociales difíciles.

Una vez que entienda cómo opera la conducta tímida y cuándo es más probable que salga a la superficie, puede planificar para el futuro, hacer elecciones en cuanto a qué medidas tomar, y capacitarse para liberarse de los mitos. Usted se convertirá en un tímido exitoso porque comprenderá la mecánica de la conducta tímida y hará elecciones que le permitirán liberarse de su tiranía. Exploremos más a fondo estos temas.

EL CONFLICTO APROXIMACIÓN/EVITACIÓN

A algunas personas les resulta bastante fácil estar con otras. Pueden acercarse a amigos, vecinos y hasta a extraños porque tienen interés y curiosidad por la gente, se sienten cómodas en una multitud, y aprenden sobre sí mismas y sobre el mundo mediante el intercambio de información social.

Otras reúnen información al observar a sus vecinos. No se comprometen con la gente porque son felices solas. Estos introvertidos clásicos disfrutan con su aislamiento. Un estudiante universitario introvertido de Pensilvania me escribió: "La vida social no es tan importante para mí. Una charla insustancial en una fiesta no es lo que yo considero pasar un buen momento. Prefiero estar en casa leyendo un buen libro o conversando con amigos".

Pero a veces estos dos deseos —acercarse a la gente y evitarla— se dan al mismo tiempo en el mismo individuo (sobre todo cuando se aborda un desafío poco común como buscar un nuevo empleo, iniciar un nuevo programa o conocer nuevas personas), y ello ocasiona una lucha interna de voluntades. El corazón le dice que esté con otras personas, mientras que su cabeza, en forma simultánea, le ordena evitarlas. Usted necesita contacto social, pero duda de su capacidad para tener éxito en eso. Quiere ser aceptado y comprendido pero se contiene de expresarse por completo. Como tiene miedo de que lo juzguen, se refrena de mostrarse por entero. No puede resolver qué hacer, de modo que se congela en sus deseos contradictorios. Está atrapado en las garras del conflicto acercamiento/evitación.

Amy se encontró en esta incómoda situación cuando asistió a la boda de su amiga. Sabía que tendría que hablar con otros invitados pero no estaba segura de cómo iba a hacerlo. Al principio miró en derredor en busca de una cara conocida, y la decepcionó no poder encontrar ninguna. Sin embargo, si no se presentaba a por lo menos un extraño, se sentía condenada a pasar toda la noche sola. Si bien no quería estarlo, todavía la atemorizaba lo que pudiera pasar si empezaba a hablar con el apuesto hombre parado al lado de ella en la fila, esperando para saludar a los novios. Los siguientes pensamientos rondaron por la mente de Amy: "¿Luzco bien? ¿Cómo tengo el pelo? ¿Mi vestido? No debería haberme puesto estos zapatos. Son viejos y me hacen sentir torpe. Me pregunto si él lo habrá notado. ¿Debería hablar con él? ¿Qué le digo? ¿Por qué un hombre como él iba a prestar atención a una persona como yo? ¿Qué diablos podría decirle? No soy más que una compañera de facultad de Kathy. Nunca seré capaz de interesar a este hombre en nada que yo diga. Me gustaría hablar con él; es muy atractivo. Tal vez podría pedirle algunos consejos. Oh, lo más probable es que sólo piense que soy molesta".

Este diálogo interno refrenó a Amy de pronunciar una sola palabra, porque además de consumir toda su energía, también la afectó en la totalidad de su yo. Llena de inseguridad, nerviosismo y dudas, estaba demasiado preocupada por su estado interno como para iniciar una conversación. Permaneció en silencio porque temía parecer tonta. Por fuera se mostró tímida, incómoda y ansiosa; por dentro estaba que ardía.

Varios eruditos han rastreado la timidez hasta este conflicto de acercamiento/evitación. Para minimizar su ansiedad por este debate interno, uno puede volverse silencioso y distante. Pero la retirada es peligrosa, ya que los demás pueden interpretarla erróneamente como alejamiento. Una mujer me escribió: "Soy una persona muy cordial una vez que la gente llega a conocerme, pero ése es precisamente el problema. Tengo miedo de parecer una esnob o peor, porque no hablo mucho. No atraigo a la primera impresión, pero raras veces tengo una segunda oportunidad para mostrar que soy una persona agradable".

Esta mujer no está sola. Mis investigaciones me ha demostrado que la timidez causa la mayor angustia cuando uno contempla el contacto inicial, el primer paso para entablar una conversación. Más de la mitad de los doscientos participantes de un estudio manifestó tener dificultades con este paso, pero menos del 10 por ciento denunció la timidez como un problema en sus relaciones íntimas. Esto me lleva a concluir que, para la mayoría de las personas tímidas, una vez que logran superar el conflicto inicial, la timidez deja de impedirles ser ellas mismas.

El factor riesgo

¿Por qué la gente queda atrapada en el conflicto acercamiento/evitación? Creo que tiene que ver, en parte, con el temor a correr riesgos.

Si usted es tímido, puede que vea a los demás como peligrosos, y estar con ellos sería un riesgo que no puede permitirse. Claro que no le causarán un daño físico, pero usted nunca ha estado en esa situación con esa persona y no sabe a qué atenerse. Como Amy, puede temer el rechazo; lo haría sentirse peor aún respecto de usted mismo.

Además, así como no puede predecir lo que harán los otros, no puede prever cómo reaccionará usted. Teme decir algo estúpido u ofensivo, ser incapaz de concebir una respuesta ingeniosa, tartamudear o turbarse. ¿Por qué correr el albur? El mero acto de hablar puede representar un gran riesgo, de modo que lo evita manteniéndose lejos de las personas nuevas y relacionándose sólo con aquellas que conoce bien.

"En situaciones sociales por lo general me quedo en un rincón y sólo hablo con los que se acercan a mí o con quienes ya son amigos."

La evitación del riesgo puede convertirse en un principio organizador de su vida cotidiana: usted toma su café en la misma cafetería todas las mañanas, mantiene contacto social con el mismo grupo de siempre, habla con los mismos pocos colaboradores, y así sucesivamente. Por desgracia, protegerse del riesgo puede volverse más importante que su desarrollo personal y social. Un contador público de Nueva York vivía preso de su temor a correr riesgos y al rechazo. Al respecto escribió: "Aun cuando he experimentado rechazo real en abundancia y he sobrevivido bastante bien, tengo miedo de ser rechazado casi tan pronto como distingo a alguien que parece tener tiempo y deseo de hablar conmigo. Ese temor persiste durante los primeros dos o más años que conozco a alguien".

A decir verdad, todo logro, todo desafío implica algún riesgo y provoca ansiedad. Cada paso hacia la realización personal significa que es preciso dar uno y tal vez hasta dos pasos atrás. Por desgracia, mientras usted se pasa el tiempo evitando con prudencia nuevos desafíos sociales, está demasiado preocupado en pensar cómo ayudarse. La ansiedad se apodera de usted y poco a poco lo abate.

Es muy natural desear lo que se teme y temer lo que se desea, pero no es saludable seguir deseando mientras no se hace nada para vencer esos temores; como aquel abogado de Carolina del Norte, de treinta y siete años, que escribió: "No tengo vida social y nunca la he tenido. Cuando veo a alguna mujer que pienso me gustaría conocer, en vez de presentarme, mi mente fantasiosa hace su aporte y la conozco de esa manera. Es más fácil que un acercamiento real".

Si usted constantemente golpea la balanza de su vida a favor de la evitación, su ansiedad, su falta de logros y su armadura protectora corroerán con el tiempo su verdadero yo. Además, las recompensas por correr riesgos apropiados pueden ser enormes. Un estudiante secundario del estado de Nueva York, que dominó su temor a correr riesgos, escribió: "Trato de ponerme en situaciones en las que puedo no sentirme cómodo. Si empiezo a tartamudear cuando quiero expresarme, aminoro la marcha y me relajo. He notado progresos importantes. Es una verdadera sensación de liberación ver que la timidez empieza a desaparecer".

Todo en la vida implica riesgos; sólo la muerte es segura y está libre de tensión. Para ayudarlo a determinar cómo ve los encuentros sociales, conteste a esta serie de preguntas relativas al riesgo interpersonal.

DETERMINAR SU TOLERANCIA AL RIESGO

En una escala de 1 ("en absoluto, no característico de mí") a 5 ("totalmente característico de mí"), califíquese en las siguientes afirmaciones:

1. Es fácil para mí acercarme a totales desconocidos en una reunión social e iniciar una conversación.
No característico   1 2 3 4 5   Característico

2. Me gusta ser el centro de la atención.
No característico   1 2 3 4 5   Característico

3. Si disiento de alguien, se lo hago saber.
No característico   1 2 3 4 5   Característico

4. No me importa ser uno de los primeros en salir a la pista de baile.
No característico   1 2 3 4 5   Característico

5. Por lo general no me preocupa ser rechazado por lo que hago o digo en público.
No característico   1 2 3 4 5   Característico

6. Si alguien me atrae, se lo hago saber.
No característico   1 2 3 4 5   Característico

7. No me importa ir solo a una reunión social.
No característico   1 2 3 4 5   Característico

8. Espero conocer gente nueva en las reuniones sociales.
No característico   1 2 3 4 5   Característico

9. No me preocupa dar un paso en falso, porque la mayoría de las personas olvidarán lo que hice mal.

No característico   1   2   3   4   5   Característico

10. Por lo general no oculto mis sentimientos cuando me relaciono con otras personas.

No característico   1   2   3   4   5   característico

Cuanto más alto sea su puntaje (25-50), más probable es que asuma riesgos con otras personas. Cuanto más bajo (10-24), es más probable que evite nuevos encuentros porque cree que son demasiado imprevisibles y peligrosos.

La clave es asumir riesgos calculados al planear los desafíos. Más abajo le mostraré de qué manera.

La ansiedad es un maestro poderoso

Si teme arriesgarse y queda atrapado en el conflicto acercamiento/evitación, es probable que nunca se demuestre a sí mismo que puede, de hecho, conocer con éxito a nuevas personas. Una de las dificultades es que el conflicto no se resuelve con sólo darle la espalda y quedarse callado. Por desgracia, la ansiedad se agrega a la confusión y puede intensificar la timidez, reforzar su retirada e inhibir futuras relaciones.

En su Diario de la vida de un tímido

Escriba sobre el sentido que tiene para usted asumir un riesgo.

Explore situaciones en las cuales tuvo miedo de arriesgarse pero lo hizo de todos modos. Tal vez ocurrieron en el mundo de los negocios o del deporte. ¿Cómo terminaron? ¿Puede extraer enseñanzas de esos ejemplos?

Usando las cuatro íes —identificación, información, incorporación e implementación—, escriba sobre el valor de asumir riesgos sociales. ¿Qué significaría para usted en términos de conocer nuevas personas y vencer viejos temores?

- Identificación: Visualícese en una situación "arriesgada" en la que normalmente se sentiría ansioso.

- Información: Escriba qué necesita saber para ser exitoso en la situación. ¿Cómo tendría que actuar? ¿A qué se parecería su conducta? ¿Necesitaría estar bien informado sobre ciertos aspectos?

- Incorporación: ¿Cómo incorporaría esta información en su vida? ¿Qué haría en esta situación? ¿Cómo se acercará a la gente? ¿Con qué estilo se siente cómodo? ¿Cómo se comportaría si no tuviera más miedo de correr este riesgo? Mantenga en su mente esa imagen positiva y vea si puede dejarse guiar por ella la próxima vez que se encuentre en una situación que provoca ansiedad.

- Implementación: Ahora involúcrese en la situación y lleve a cabo lo que ha preparado.

He aquí de qué manera trabaja la ansiedad. Thomas invitó a Scott, su compañero de trabajo, a una fiesta. Scott se presentó solo. Estaba nervioso porque no conocía a nadie y sentía que no le resultaba fácil hablar con gente nueva. Se quedó toda la noche en un costado de la habitación y no alternó con nadie excepto Thomas, que estaba ocupado haciendo de anfitrión. Scott dio unas cuantas vueltas por ahí, mudo de terror, esperando que otros se le acercaran y llevaran el peso de la conversación. Esto se conoce como "holgazanería social".

Al cabo de casi una hora, el ruido, el gentío, el caos y la ansiedad se hicieron abrumadores para Scott, de modo que se despidió de Thomas con una inclinación de cabeza y se fue. Al principio se sintió aliviado porque había escapado de la fiesta y, de ese modo, redujo su ansiedad. Pero camino a su casa empezó a reprocharse por ser tan incapaz con la gente. No había conocido a nadie. Mientras se atacaba, compró una caja de seis latas de cerveza y pasó por un video. Al llegar a casa, todavía enojado, se estacionó en el sofá frente al televisor.

Cuando Thomas lo invitó a un partido de béisbol el fin de semana siguiente, Scott dijo que estaba ocupado. Pasó ese fin de semana navegando por Internet y dejándose atrapar en una fiesta privada de películas de su favorito Clint Eastwood.

La ansiedad de Scott, potenciada por tres estrategias principales de aprendizaje, debilitaron su conducta de acercamiento y reforzaron su tendencia a la evitación. En circunstancias normales utilizamos esas estrategias cada vez que afrontamos un obstáculo que debemos vencer: dividir fracciones, andar en bicicleta, escribir a máquina, practicar yoga. Scott, lástima es decirlo, las aplicó para perpetuar su conflicto de acercamiento/evitación.

Las tres estrategias de aprendizaje

1. **Refuerzo positivo.** Esto significa gratificarse por hacer lo que uno se ha propuesto. Por haber reducido su ansiedad, Scott se recompensó disfrutando de su cerveza, alquilando sus películas preferidas, pasando el rato con Internet y librándose de otra situación amenazadora...: el partido de béisbol. Se palmeó la espalda por haber hecho placentero su tiempo en soledad.

2. **Refuerzo negativo.** Consiste en eliminar lo que molesta. Scott eliminó de su vida las situaciones que provocan ansiedad al mantenerse a prudente distancia de la interacción social. Hizo holgazanería social en la fiesta, se fue temprano y declinó la invitación de Thomas a un partido de béisbol.

3. **Castigo.** Equivale a censurarse por comportarse mal. El castigo duele, pero es efectivo. Scott se reprendió por haber dejado la fiesta, lo cual subrayó que era un fracaso con la gente. No se concedió los beneficios del contacto personal, no importa lo inocuo que hubiera sido (¿cuán amenazante puede ser un partido de béisbol?), porque creyó que no lo merecía. Pensó que sólo lograría estropear cualquier intento, no importaba cuál.

Estas estrategias de aprendizaje reforzaron la conducta evitativa de Scott al enseñarle a rehuir situaciones sociales —simplemente no valían el desasosiego que causan— y debilitar su tendencia a acercarse a la gente. Son herramientas que pueden convertir de modo efectivo una situación evitativa en un modelo de aislamiento tímido sostenido. Una única experiencia negativa se convierte en hábito cuando en forma reiterada se opta por huir cuando uno se siente inseguro. Y puesto que en situaciones sociales usted sólo sabe ser ansioso y no puede cumplir con su deseo de acercarse a la gente, se pone el rótulo de tímido y actúa de conformidad.

Pero puede hacer diferentes elecciones si utiliza estos mismos tres principios de aprendizaje. Scott, por ejemplo, habría podido usar esas herramientas para fortalecer su conducta de acercamiento y desaprender la evitación.

Al usar un refuerzo positivo, Scott podía darse cuenta de que, para ser exitoso, no tenía por qué ser el centro de atención en una fiesta. Podía haberse recompensado por cualquier acercamiento social que llevara a cabo. El solo hecho de ir a una fiesta por una hora podía ser un motivo de celebración, comparado con una noche a solas tirado en un sofá. En lugar de rumiar: "Soy un fracasado porque sólo estuve una hora allí", él habría podido pensar: "Vaya, una hora es mejor que nada, ¿no? Tal vez la próxima vez me quede una hora y media".

Al usar un refuerzo negativo, Scott podía optar por eliminar, no lo que lo pone incómodo, sino lo que lo pone cómodo: evitación y soluciones a corto plazo para aliviar su ansiedad. Podía resolver decir que sí a las oportunidades sociales y aferrarse a su propósito, porque al final la ansiedad disminuiría a medida que se hubiera aclimatado. Por ejemplo, en lugar de esperar una presentación formal habría podido caminar hasta el otro lado del salón, donde se estaba jugando una partida de naipes. Allí habría podido observar y, con el tiempo, hasta habría podido unirse al juego o simplemente comentarlo. La presión de conocer extraños habría disminuido a medida que interactuaba con el grupo respecto del juego.

Scott también habría podido modificar sus expectativas al minimizar la intensidad de cualquier cosa que intentara evitar. Si hubiera comprendido que no tenía que hacer nuevas amistades cada vez que salía, también su ansiedad en cuanto a las presentaciones habría disminuido.

Entonces Scott habría podido reducir el castigo siendo menos severo en cada interacción. Aunque toda su autovalía no estaba en juego cada vez que abría la boca, él actuó como si así fuera. Habría podido recordarse que, de haber dicho algún desatino durante una conversación, en realidad no habría importado; la otra persona probablemente lo habría olvidado.

También habría podido reprimir su charla consigo mismo para impedir que se derramara sobre su autoestima. Es difícil acallar estas vueltas destructivas de la cinta magnetofónica, pero se debe y se puede hacer (le mostraré cómo en el Capítulo 6).

La timidez es un proceso dinámico, no una profecía que se cumple sola o un rótulo inamovible. El conflicto acercamiento/evitación es poderoso, pero sólo se vuelve debilitante cuando está inculcado en el cuerpo, la mente y el yo. Scott no era tímido por naturaleza; sólo hacía elecciones que reforzaban su conducta tímida.

LOS LENTOS PARA ENTRAR EN CALOR

Además de los sentimientos encontrados que suscita el conflicto acercamiento/evitación, usted puede experimentar ambivalencia con respecto a su sentido de control personal. De hecho, puede sentir que no tiene ningún control sobre usted mismo y sobre la actitud de los otros hacia usted, o bien puede tratar de controlar en exceso a fin de asegurarse que causará una buena impresión.

En su Diario de la vida de un tímido

Explore de qué manera usted recurre a refuerzos positivos, refuerzos negativos y castigos para mantener congelado su conflicto acercamiento/evitación. ¿Cómo podría usar refuerzos positivos y refuerzos negativos para aprender un nuevo modo de ser? ¿Cómo podría dejar de castigarse? ¿Podría tomar menos en serio cada encuentro social?

He comprobado, por ejemplo, que a menudo las personas tímidas cargan con demasiada responsabilidad para llevar adelante una conversación. Tratan de manipular la impresión que la otra persona tiene de ellas, aun cuando no hay mucho que pueden hacer. Si el encuentro fracasa, se sienten derrotadas y se reprimen. O directamente evitan hacer el contacto. ¡Ése es el colmo del control! Como me dijo una escritora: "Si un hombre me atrae, es muy probable que él nunca lo sepa, porque es el único hombre con quien no hablaría ni sería capaz de coquetear. Lo más que puedo hacer es prolongar el contacto visual".

Si usted se encuentra en esa situación, es útil que se recuerde lo que puede y no puede controlar:

Puede controlar:
• Sus pensamientos.
• Sus sentimientos.
• Su conducta.
• Su actitud.
• Su rumbo en la vida.
• Cómo pasa su tiempo.
• Con quién pasa su tiempo.
• Cuánto tiempo se queda en una situación social.

No puede controlar:
• Las actitudes de otros hacia usted.
• Lo que dirá la otra persona.
• Cómo lo tratará alguien.
• Las obligaciones sociales.

En vez de reprimirse para ganar control, es útil reconocer que todo el mundo se aproxima a una nueva situación mediante un precalentamiento. Los seres humanos no nos precipitamos y empezamos a socializar de inmediato; tímidos o no, investigamos las circunstancias nuevas o inciertas, prestamos oído a nuestro instinto, determinamos cómo comportarnos, y con el tiempo nos aclimatamos. El período de precalentamiento nos da tiempo para planificar nuestro acercamiento.

Puede entenderse cómo funciona el período de precalentamiento si recordamos lo que sucede en una fiesta en la que se ejecuta música bailable. La orquesta empieza a tocar, pero nadie baila. Tocan otra melodía y una pareja valiente se desliza hacia la pista. El resto de los concurrentes observan. Pronto se une otra pareja y después otra. Con el correr de los minutos la pista se llena y nadie se fija en lo que hacen los demás: los bailarines están por completo inmersos en la música. Puede que unas pocas personas permanezcan paradas en la orilla, observando a la multitud ondulante, pero una vez pasada la presión ellas también se distienden y pasan un buen momento.

En su Diario de la vida de un tímido

Reflexione sobre lo que está bajo su control y qué no. Después concéntrese en lo que puede hacer y ponga el resto fuera de su mente. Estará un paso más cerca de ser un tímido exitoso cuando reconozca que su destino le pertenece.

Todo el mundo necesita precalentarse; algunos lo consiguen rápido. Pero los investigadores Stella Chess y Alexander Thomas, del Centro Médico de Nueva York, han comprobado que otros son "lentos para entrar en calor" en nuevas situaciones sociales, lo cual parece como si fuera una sacudida al sistema. Estas personas por lo general son tímidas. Necesitan tiempo adicional para arreglar el conflicto acercamiento/evitación, o quizá cuentan con un repertorio relativamente reducido de aptitudes sociales en las cuales confiar. Una estudiante secundaria de diecisiete años simbolizó en su respuesta la personalidad lenta para el calentamiento:

"Siempre me he relacionado bien en sociedad, pero tengo tendencia a volverme tímida con personas diferentes o desconocidas; así puedo ver primero cómo se comportan".

Sin embargo, aunque los tímidos pueden ser lentos para entrar en calor, cuando se les da tiempo y espacio para aclimatarse, también ellos pierden sus inhibiciones. Por ejemplo, la escritora que, con hombres desconocidos sólo podía hacer contacto visual, tenía poco problema con los que llegaba a conocer. Y añadió: "Cuando tuve oportunidad de ver hombres en un entorno 'normal' (en la escuela, en el trabajo, en mi edificio de departamentos), me las arreglé para conocerlos y entablar una relación".

Ser lento para entrar en calor no es un defecto; es sólo una parte de la naturaleza humana. El problema reside en desconocer este hecho y querer acelerar durante el período de calentamiento, o en sentirse mal acerca de cuánto tiempo les lleva. He descubierto que las personas tímidas muchas veces tienen expectativas irreales. Presumen que se "encenderán" socialmente tan pronto como entren en una fiesta. Cuando no pueden, creen que tienen menos aptitudes sociales que los demás.

Por cierto, he encontrado a muchas personas tímidas que aceleran durante el período de calentamiento hasta un punto al que llamo "extroversión forzada", porque se sienten ansiosas y quieren ser abordadas, bienvenidas y apreciadas no bien se unen al grupo. Observan a una multitud que ya ha dado alaridos y se preguntan por qué no forman parte del coro. Necesitan que las tranquilicen acerca de su conducta —y de sí mismas— tomando parte en conversaciones monopolizadas. Olvidan que esos parrandistas ya han experimentado sus propios y variados períodos de calentamiento.

Si usted apresura el período de calentamiento, puede dilapidar momentos preciosos por concentrarse en su ansiedad, dudas íntimas e inminente desastre social. Puede calcular cómo evitar mejor a los otros en vez de abrirse camino a través de la multitud. O puede beber para relajarse. Esta estrategia a corto plazo es contraproducente y derrotista. La jovialidad que proviene del alcohol es artificial. Por ejemplo, una estudiante universitaria muy tímida me escribió: "Me gusta beber con mis amigos, pero noto que tiendo a tomar más de la cuenta para sentirme más suelta y locuaz cuando se trata de reunirme con los amigos de mi novio. Pero entonces, cuando los veo estando sobria, me siento cohibida porque la otra noche yo era una bebedora feliz y locuaz".

Además, es más probable que sea el período de calentamiento y no el alcohol lo que la hace sentir más relajada.

Una mejor manera de habérselas con la lentitud para entrar en calor es encontrar amigos que tengan un ritmo similar. En vez de embarrancarse en una fiesta porque un amigote puede saltar en el medio del jolgorio, invite a un compañero más reticente que se adapte a un paso más semejante al de usted. O utilice su período de calentamiento para dar con gente que parezca tranquila pero interesante. Dado que la mitad de la población se considera tímida, allí también debería haber otros que se rezagan. La clave es: paciencia.

Si usted se encuentra entre los lentos para entrar en calor, también es posible que necesite tiempo adicional para adaptarse a las travesías de la vida por las que la mayoría de nosotros navegamos, como iniciar una carrera estable, casarse o tener hijos. Esas transiciones vitales no resultan fáciles para todos. La mente, el cuerpo y el yo reaccionan. Nos volvemos ansiosos e inseguros de nuestras capacidades. Tenemos dificultad para dormir, comer y relajarnos. Nuestros pensamientos corren con planes para cumplir nuevas expectativas.

La adaptación puede ser más intensa aún para los tímidos. De hecho, los investigadores han comprobado que las personas tímidas tienden a cumplir estas tareas de desarrollo más tarde que otros. Esta adaptación lenta puede verse en todas las fases de la vida de un tímido. Piense en el niño apocado de primer grado que odia las primeras semanas de escuela, en el adolescente que no empieza a salir con chicas sino hasta mucho después que sus amigos, en el estudiante universitario de segundo año que va a su casa todos los fines de semana para encontrarse con sus compañeros del secundario, o en la asistente que, no obstante su competencia, se aferra a su mentor y no busca una posición más autónoma.

Estas dificultades son los normales dolores de crecimiento de alguien que es lento para entrar en calor. Se disiparán, sin embargo, una vez que se acostumbre a la nueva situación. Además, rezagarse le dará tiempo para hacerle frente; aunque no asimile todos los cambios de una vez, se está adaptando. Cada persona tiene una tolerancia diferente al cambio, y cada uno de nosotros responde de otra manera. Ser consciente de su tendencia a ser lento para entrar en calor y darse tiempo y espacio cuando se enfrenta a situaciones que le provocan ansiedad son los mejores caminos para habérselas con esas tendencias.

A causa de esta vacilación natural para adaptarse a los nuevos desafíos, usted puede no beneficiarse del apoyo de sus pares, puesto que ellos hacen estas transiciones de vida más pronto. Todos sus amigos pueden casarse en seguida después de terminar la universidad, pero usted no es capaz. Cuando llegue el momento de planear su boda, puede que ellos hayan pasado ya a los siguientes desafíos en la vida, tales como tener hijos, comprar una casa o avanzar en su carrera.

Puede que usted se haya quedado atrás y le falten confidentes con quienes compartir sus experiencias, pero eso no significa que a la larga sea menos exitoso. Puede y debería cumplir todas las travesías vitales que cumplen sus amigos no tímidos; sólo que se aproximará a ellos a su manera, una vez que se sienta cómodo con las nuevas circunstancias y expectativas.

Por sobre todo, tenga presente que mientras da los primeros pasos por el camino hacia una vida exitosa aunque tímida se pondrá en situaciones poco comunes. En lugar de decrecer a esta altura, el período de calentamiento puede prolongarse más aún, porque usted elige aproximarse a nuevas situaciones en lugar de evitarlas. Eso está bien. Recuerde que llegará adonde quiere ir incluso si se encuentra en la ruta lenta. Está en su naturaleza tomarse tiempo.

LA ZONA DE BIENESTAR

La zona de bienestar es una necesidad universal que abarca su paz física, social y psicológica. Cuando usted se halla en su zona de bienestar, está contento y siente que tiene el control. Sabe lo que le va a pasar y se siente comprendido. Nada lo amenaza, ninguna otra persona, ninguna situación, ni siquiera sus sentimientos más íntimos.

El conocimiento de la zona de bienestar lo ayudará a desarrollar una estrategia para encontrar su realización personal y llevar una exitosa vida de tímido. El primer paso es comprender sus componentes.

La zona de bienestar físico. Usted establece una zona de bienestar físico al inclinarse por lugares en los que se siente tranquilo: su puesto de trabajo, el sofá, el barrio, la mesa habitual en su restaurante favorito; dondequiera que puede relajarse porque está seguro.

La zona de bienestar social. Se crea una zona de bienestar social cuando uno se rodea de personas que lo entienden y aprecian, incluidos los miembros de la familia, los amigos íntimos, colaboradores, compinches de e-mail y hasta individuos anónimos ocasionales en el tren. Ellos comparten varios grados de intimidad con usted, pero cualquiera sea el grado, usted puede manejar la relación. Quienes están en su zona de bienestar social lo quieren, usted los quiere, y puede contar con ellos para una aceptación incondicional. Por cierto que no siempre podrán coincidir, pero sabe que no lo juzgarán de mala fe o lo criticarán.

Puede llevarle un tiempo lograr que nuevas personas se conviertan en parte de su zona de bienestar social; el período de calentamiento es necesario para cimentar una armonía.

La zona de bienestar personal. Usted forja una zona de bienestar personal mientras se compromete en acciones o utiliza recursos personales en los cuales confía. Quizás esquiar, leer literatura rusa, contar chistes, mantener la calma aun estando bajo presión, o confiar en uno mismo en cuanto al aspecto físico, todo encaja en su zona de bienestar personal, mientras que no lo hacen hablar en público, bucear, sorber espaguetis en un restaurante y sostener un charla intrascendente con un desconocido. Su zona de bienestar personal le permite expresarse con libertad y sin ansiedad. Fortalecerla aumenta su confianza en usted mismo, incluso en circunstancias imprevisibles.

Establecer una zona de bienestar vuelve conocido lo no conocido. Usted lo hace cuando lleva a un amigo a una fiesta a fin de no tener que enfrentar solo un lugar lleno de extraños, cuando se familiariza con un restaurante antes de reservar mesa, cuando habla por teléfono antes de conocer a alguien en persona, o sencillamente cuando deja que el proceso de calentamiento siga su curso. Algunas personas tímidas y sus amigos crean zonas de bienestar de manera instintiva al reconocer su timidez y permitir que disminuya en forma natural con tiempo y comprensión.

Una asistente social me escribió acerca de cómo encontró su zona de bienestar entre personas de intereses iguales: "Durante todo el colegio secundario y la universidad, en realidad nunca tuve lo que se llama vida social, y todo a causa de mi timidez. Evitaba las reuniones porque no sabía qué decir. La escuela de graduados fue el punto de inflexión. Todos los estudiantes comparten un interés común, de modo que me abro más y en la actualidad almuerzo con un grupo de condiscípulos, cosa que no hacía antes".

Su zona de bienestar no tiene límites y cambia de aspecto en forma constante a medida que le incorpora nuevas personas y situaciones y abandona aquellas con las que no se ha topado durante un tiempo. Algunas personas aumentan su zona de bienestar con relativa facilidad porque son un poco aventureras.

Por desgracia, la timidez puede tener el efecto opuesto. Puede llevarlo a desarrollar una zona de bienestar estancada, constrictiva, inflexible o, en el peor de los casos, encogida. Cuando está en su zona de bienestar restringida, puede no ser tímido porque se siente totalmente cómodo con su entorno, con sus compañeros, con usted mismo. Pero puede resultarle difícil agrandar su zona de bienestar para incluir en ella a nuevas personas y experiencias. Puede sentir que carece de los recursos psicológicos —habilidades sociales, fe en su atracción física o confianza en sus dotes singulares— para sostenerse en otros ambientes.

Usted puede optar por aislarse a fin de no tener que ser examinado o rechazado; puede retirarse a su zona de bienestar para evitar la presión que surge de las personas críticas. Por consiguiente, puede que sólo se sienta cómodo en su casa, con un puñado de personas, y exhiba pocos recursos personales. Como le da la espalda a los desafíos, su zona de bienestar puede endurecerse y contraerse a pesar de su deseo de agrandarla. Puede sentirse confinado y frustrado porque la vida parece pasarlo por alto.

Muchas personas tímidas se quejan de que no pueden abrirse y mostrar al mundo quiénes son en realidad. Su timidez se convierte en su zona de bienestar. En el otro extremo están los que se fuerzan por intervenir en agobiantes situaciones poco familiares fuera de su zona de bienestar. Pueden obligarse a asistir a un acontecimiento social, pero no están preparados para lo que ocurrirá cuando lleguen. Mis investigaciones muestran que estos intentos de extroversión forzada casi siempre fracasan.

Si bien puede desear una corriente instantánea de simpatía con otra persona, puede vivir un episodio frustrante, embarazoso y consumidor de tiempo. Desesperado por atención y comunicación, no se permite rezagarse mientras trata de sentirse cómodo. Y entra intrépidamente cuando sólo debería experimentar un proceso natural de crecimiento.

John, un estudiante universitario, tuvo ese mismo problema: "Me he forzado a ir a clubes y fiestas —escribió—, pero siempre me acobardo cuando llega el verdadero momento de acercarme a alguien. Me mentalizo para hablar con personas en mi clase, pero también allí termino por acobardarme."

John tiene admirables intenciones, pero no está equipado para hacer cambios al por mayor en su conducta. ¡Tampoco ha tenido en cuenta la posibilidad de que otros quieran ser cautos antes de aceptar a un extraño total en sus zonas de bienestar!

Las expectativas deben ser realistas. Una amistad no se establece de repente. John debe constituir una comunidad con otra persona antes de poder hacer un amigo. Por fortuna, la universidad ofrece muchas oportunidades para ello. John puede traer a colación experiencias compartidas en clase. Teniendo en cuenta su conflicto acercamiento/evitación y su período de calentamiento, puede empezar lentamente, hablando con el estudiante que se sienta a su lado. Podrían continuar la relación a medida que avanza el semestre, prepararse juntos para los exámenes e ir a tomar un café después de clase.

También podría acomodar sus expectativas decidiendo si se siente cómodo en clubes o fiestas. No podrá expresarse a menos que no confíe en que puede manejar las situaciones sin sentirse abrumado. Y debería tener presente que la mayoría de las personas que encuentre en esas reuniones sociales son, con toda probabilidad, de la clase que gusta de las fiestas. Si éstas no son lo que a usted le interesa, debería buscar en otra parte.

Su objetivo es agrandar su zona de bienestar no forzándose a actuar como un aventurero extrovertido, en apariencia intrépido, sino ampliando poco a poco su campo de experiencias. En forma lenta pero constante, puede agregar nuevos empeños que alguna vez lo hicieron sentirse incómodo. Usted agranda su zona de bienestar al aumentar su acercamiento a situaciones, personas y ambientes menos familiares, mientras fortifica sus recursos emocionales y psíquicos.

Una buena manera de hacerlo es construir sobre aquello en lo que ya se siente seguro. Por ejemplo, si practica karate y una amiga la invita a una clase de boxeo, puede correr el riesgo, no obstante de su vacilación inicial, con este razonamiento: "Bueno, tengo cinturón azul en karate, de modo que probablemente soy lo bastante fuerte y tengo la fibra para boxear. Además, Jennifer me invitó y la conozco bastante bien. Ella no me llevaría por mal camino. ¿Qué pierdo, salvo algunos porrazos y mucho sudor. Probaré con una clase, a ver si me gusta".

De esta manera usted agranda su zona de bienestar en forma gradual, en lugar de abrirla a la fuerza, de golpe.

Tenga en cuenta su período de calentamiento, y haga cambios paulatinos que muestren un progreso continuo. Estos pueden ir en aumento. Hasta el paso más pequeño puede ser útil. En vez de leer en casa, lleve un libro a un café y lea allí. Vaya a un cine en lugar de alquilar películas. Inicie una conversación con la persona que también espera en la parada del ómnibus todas las mañanas. El clima es siempre un tema seguro. Sostenga una charla intrascendente con el cajero del supermercado. En vez de quedarse en casa, lleve a un amigo a una cena de beneficencia.

A medida que acumula experiencias positivas, se dará cuenta de que puede alcanzar algunos de sus objetivos; lo único que hace falta es sentir que su zona de bienestar se ha hecho demasiado restrictiva, y hacer los ajustes apropiados. Como explicó un ex tímido que trabaja en la industria electrónica: "Uno tiene que ser creativo y usar la imaginación, desarrollar una cierta confianza en sí mismo, correr riesgos y no permitir que los fracasos y las decepciones lo bloqueen".

Cada intento le dará un nuevo impulso. Mientras su zona de bienestar se agranda, aprenderá más sobre usted mismo y fortalecerá su identidad. Realizará hazañas que nunca habría creído posibles. Se sorprenderá con coraje y ambición y comprenderá el mundo un poquito mejor. La timidez puede desvanecerse cuando participe por entero en la vida.

EN RESUMEN

La timidez es un círculo conflictual: una manera de comportarse que le impide conectarse con otros. Pero puede ser resuelto con tiempo, discernimiento y aceptación de uno mismo. La conciencia del importante papel que desempeñan el conflicto acercamiento/evitación, el período de calentamiento y la zona de bienestar lo habilitarán para comprender por qué es tímido en ciertas situaciones y de qué manera puede habérselas con ello. Estos elementos trabajan en conjunto para reforzar la conducta tímida, pero también puede utilizarlos para vencerla. Nunca más debe creer que la timidez controla su vida o que es impotente para liberarse de ella.

Piense en su primer día en el jardín de infantes. Muchos adultos sostienen que la primera vez que se dieron cuenta de que eran tímidos fue cuando quedaron en las manos de un nuevo celador en un edificio desconocido frente a una habitación llena de pares. Lloraron, se colgaron de su madre e hicieron un dolor de cabeza o de estómago para evitar que los volvieran a llevar allí al día siguiente. Pero con el tiempo se adaptaron al nuevo ambiente e hicieron nuevos amigos a pesar de su timidez.

En su Diario de la vida de un tímido

Haga una lista de quiénes y qué cosas abarcan en este momento sus zonas de bienestar físico, social y personal. A continuación revise su zona de bienestar de cinco años atrás. Compare las dos listas. ¿Cuán distintas son la vieja y la nueva zona? Si son bastante distintas, usted está relativamente abierto a nuevas experiencias. Si no lo son, explore caminos para agrandar poco a poco su actual zona de bienestar.

Esta situación común puede ser interpretada a la luz de los tres principios de la timidez. El conflicto acercamiento/evitación hace ambivalentes a esos niños: estaban asustados y ansiosos a pesar de su natural curiosidad por la escuela. Cedieron a la evitación al tratar de quedarse en casa. Pero como perseveraron en su educación, entró en vigor el período de calentamiento. En forma gradual se acostumbraron a la maestra y a la clase e hicieron amistades. Establecieron una zona de bienestar al confiar en sus amigos y en ambientes conocidos para su seguridad.

Lo mismo puede decirse de los adolescentes que asisten a su primer baile (y planean hasta el último detalle qué ponerse), de adultos ansiosos por ir a una primera cita, o de trabajadores nerviosos por una transferencia de trabajo. Si usted es tímido, puede llevarle más tiempo adaptarse a su nueva situación, pero con paciencia creará poco a poco una nueva zona de bienestar.

Examine el caso de un hombre que desea ofrecer amistad a unos cuantos individuos en su gimnasio, pero es demasiado tímido para acercarse a ellos. Poco seguro de si querrían hablar con él, o tal vez temeroso de que sean más experimentados que él, se retrae. El conflicto acercamiento/evitación está en marcha. Pero pronto hace su trabajo el período de calentamiento: los hombres se adaptan unos a otros y con el tiempo comparten información sobre entrenamiento con pesas. No pasa mucho tiempo antes de que se busquen durante los ejercicios de entrenamiento. Los tres principios que incluyen la timidez y su conciliación nos ayudan a entenderla como un proceso dinámico, siempre en evolución.

Pero la timidez no se refiere sólo al comportamiento. También es influida por la fisiología, el intelecto y los sentimientos. La manera cómo entienda usted estas influencias internas tendrá un importante impacto sobre la forma en que se las arregle con el proceso evidente de timidez. En la Parte II explicaré estas funciones internas, o lo que yo llamo el cuerpo, la mente y el yo de la timidez.

En su Diario de la vida de un tímido

Es importante que usted advierta cuándo aparece la timidez en su vida y cómo responde a los sentimientos conflictivos. Más importante aún es comprender cómo puede cambiar sus respuestas de manera de sentirse más cómodo, confiado y exitoso aunque tímido. Considere las siguientes situaciones cargadas de conflicto:

1. Sentirse cohibido en una fiesta.

2. Sentirse ansioso durante una primera cita con alguien que le gusta.

3. No saber cómo incorporarse a una discusión en marcha.

4. Ser presionado por amigos para hacerse un tatuaje.

5. Hacer una pregunta en un seminario o una clase.

6. Hacer una presentación ante el personal de su sección.

7. Mirar a una mujer atractiva en la librería.

Para esas situaciones que parecen relevantes en su vida:

Registre cómo actúa cuando está atrapado en el conflicto acercamiento/evitación.

¿Qué siente como un riesgo?

¿Qué puede ganarse de participar totalmente en la interacción?

¿Cómo podría tratar de arreglárselas con su ansiedad?

¿Cuál sería la consecuencia de esa conducta?

¿Cómo puede desaprender su respuesta tímida?

¿De qué nuevas maneras pude abordar la situación, teniendo en cuenta el tiempo de calentamiento que necesita?

¿Cómo podría agrandar poco a poco su zona de bienestar?

¿Qué tendría que hacer para aplicar lo que ha aprendido?

PARTE II

Timidez del cuerpo, la mente y el yo

"Es como estar sola todo el tiempo —me dijo Diana, una mujer de Ohio de treinta y un años, soltera y sin trabajo—. No sé cómo hablar con la gente y siempre pienso que soy distinta."

La sensación de sufrir sola abruma a Diana. Hasta una simple salida de compras la pone nerviosa.

"Si tengo que ir a la tienda lo hago lo más rápido posible. No miro a otras personas o voy cuando no hay nadie. Si me quedo atascada en la fila con otras personas, poco menos que me da un ataque de pánico mientras espero. Tengo que apurarme y salir de allí, no tengo más remedio."

Diana también tiene problemas para buscar trabajo, porque se distrae cuando está rodeada de gente. Si bien algunos compañeros a veces le despiertan curiosidad, casi siempre guarda las distancias.

"Tengo que evitar ciertas situaciones, a fin de no estar rodeada de gente —dijo Diana—. Ahora que lo pienso, es un estrés doble. Trabajaré, pero también pensaré cómo mantenerme lejos de la gente; pienso que de alguna manera van a herirme. Pero después hay momentos en que deseo estar con gente y a ellos no les importa. No entienden."

En la raíz del sentimiento de timidez de Diana hay miedo: "Me juzgan; no les gusto; piensan que soy rara".

El aislamiento, la autocrítica y la ansiedad impactan en los sentimientos de autoestima de Diana.

"Por lo general no me gusto la mayor parte del tiempo —admitió con tristeza.

UNA VISIÓN HOLÍSTICA

He hablado con muchas personas como Diana. Están tan absortas en su timidez que no saben cómo enmendar su vida.

La timidez puede afectar al núcleo más profundo de su ser. Yo la llamo holística porque ejerce influencia sobre el cuerpo (reacciones físicas), la mente (pensamientos) y el yo (sentido de identidad). Estas dimensiones influyen y responden una a la otra, y necesitan ser comprendidas en esa relación.

Cuando usted se siente tímido, su cuerpo reacciona con palpitaciones, palmas sudorosas, estómago revuelto. Su mente interpreta esos "síntomas" físicos incómodos como una señal de peligro y crea pensamientos negativos que, con el tiempo, afectan su autoestima y su confianza en usted mismo. La pobre autoestima, a su vez, gatilla la reacción corporal y no para. Esto es la sinergia del cuerpo, la mente y el yo.

En la Parte II del libro estudiaremos estos tres aspectos en detalle, pero primero hagamos un breve repaso de cómo impacta la timidez de Diana en su cuerpo, su mente y su yo.

La timidez del cuerpo: Diana está abrumada de ansiedad en presencia de otros, por ejemplo sus compañeros de trabajo y hasta completos extraños en el supermercado. Aunque desde un punto de vista evolucionista estos síntomas físicos fueron pensados para ayudarla, en realidad la paralizan. En el Capítulo 5 explicaré cómo y por qué el cuerpo crea estos síntomas indicadores de timidez, como asimismo de qué manera pueden manejarse.

Tenga presente, sin embargo, que los intentos para reducir los síntomas físicos de ansiedad mediante el uso de medicación recetada, el alcohol o la respiración profunda y técnicas de relajación pueden disminuir la excitación física de manera que pueda sentirse más cómodo en situaciones embarazosas, pero no curan la timidez. Podrá ir a una fiesta más relajado, pero si su mente y su yo están todavía atascados en la timidez, seguirá siendo retraído y autocrítico.

Para vencer la timidez, también debe comprender de qué manera su mente procesa los pensamientos, por qué carece de habilidades sociales, y cómo puede evaluar mejor su papel en situaciones sociales. Si bien la medicación contra la ansiedad puede ser un buen primer paso en caso de sufrir de altos niveles de ansiedad general, no es el único que puede dar.

Timidez de la mente: Diana teme que los demás la juzguen todo el tiempo, pero la única persona que juzga a Diana es ella misma. Éste es el mayor problema "mental" de la persona tímida. Puede dar lugar a que cometa otros errores al pensar. En el Capítulo 6 explicaré los modelos de pensamiento específico que pueden ponerle trabas, y cómo modificarlos.

La mente tímida me intriga por lo potente que es. Mitigar su foco negativo e incorporar habilidades sociales válidas puede permitirle habérselas mejor con su timidez. Entrenamiento en habilidades sociales, libros de autoayuda y terapia oratoria pueden ayudar, pero la cosa no termina allí. Si usted entiende su cuerpo, pero no su mente ni su yo, pueden acecharlo los aspectos físicos de la ansiedad y la duda en usted mismo.

Timidez del yo: Diana cree que la gente no la entiende o no le tiene simpatía. Pero ésas son percepciones suyas, no las de sus amigos o seres queridos. La timidez de Diana ejerce influencia sobre su sentido del yo, pero puede redescubrir su autoestima una vez que se entienda mejor. En el Capítulo 7 exploraré de qué manera.

Algunos de los caminos más populares para llegar al yo de los tímidos son la hipnosis, afirmaciones y grupos de apoyo. Por desgracia, encuentro que estas técnicas pueden reforzar un sentido de inmolación. En lugar de cambiar lo que no les gusta de su timidez, la gente que sigue estas prácticas puede abrazar sus aspectos negativos junto con los positivos.

El yo crece al liberarse de los mitos relativos a la timidez y no mediante afirmaciones del tipo: "Soy tímido y estoy orgulloso de serlo". O bien uno puede caer en esta línea de pensamiento: "Soy una buena persona. ¿Por qué los demás no lo notan y me hacen la vida más fácil acercándose a mí y haciéndome preguntas sobre mí? Sólo necesito estar rodeado de gente que se tome el tiempo para sacarme de mi caparazón".

A lo largo de la Parte II exploraremos qué sucede dentro del cuerpo, la mente y el yo de un individuo tímido. Yo aportaré sugerencias para aliviar su malestar y elegir estrategias. Cuando entienda la sinergia del cuerpo, la mente y el yo de la timidez, puede que deje de ser su esclavo.

5

La timidez del cuerpo

En el curso de mis investigaciones he desenterrado un artículo de cien años atrás escrito por el sabio inglés Harry Campbell, donde resume con bastante elocuencia los síntomas físicos de la timidez:

> Rubor, sensación de calor en todo el cuerpo, con sofocación, palidez hasta en los labios, una sensación de agua fría en la espalda; desórdenes cardíacos como palpitaciones, agitación o sensación que el corazón se hunde; languidez, vértigo; transpiración, sobre todo en las manos; sequedad de la boca, tartamudeo, dolor de cabeza, confusión mental; conmoción, empleo de palabras equivocadas, hacer comentarios ridículos y cosas absurdas; silencio, locuacidad; meneo y movimientos compulsivos del cuerpo; movimientos impacientes de los dedos, jugar con un objeto como un lápiz o broche, morderse las uñas, temblor general, flexión de las piernas, como cruzarlas y volverlas a cruzar, incapacidad, como en el caso de las manos, para disponer de ellas de manera natural; risitas, "risa nerviosa", una expresión como de "bochorno", incapacidad para mirar a alguien directo a la cara, ojos que miran hacia arriba, abajo, a un costado o de soslayo.

¿Le suena familiar? Dado que la timidez es parte de la naturaleza humana, los síntomas no han cambiado en cien o hasta diez mil años, pero en la actualidad podemos caracterizarlos de diferente manera. Por ejemplo, un ingeniero ferroviario de cuarenta y tantos años describió su timidez de este modo: "La piel de toda la cabeza se me pone colorada y la siento muy caliente. Sudo a mares. Tartamudeo. Cuando estoy turbado, siento como si se intensificara el foco que hay sobre mí".

Y una mujer escribió: "Expreso mi timidez bajando la cabeza y mirando hacia arriba (al mismo tiempo), me refreno de expresar mis opiniones cuando hay gente, permanezco callada y en las cercanías de un grupo, me ruborizo con facilidad".

El doctor Campbell y el ingeniero ferroviario describen un estado físico de excitación que reconocemos como una reacción al estrés. Cada respuesta corporal tiene una función. La función de la reacción al estrés es proteger de un peligro. Después de todo, el propósito primario del cuerpo es preservarse. Le hace sentir punzadas de hambre cuando necesita combustible; lo pone soñoliento cuando debe recargar sus depósitos de energía; y reacciona a las amenazas tratando de protegerlo del peligro. Los síntomas físicos que usted experimenta cuando se siente tímido existen por una razón, y le toca a usted, un ser humano evolucionado con un cerebro muy desarrollado, descifrar la razón.

En su origen, el propósito de esas sensaciones molestas era hacerlo consciente del peligro en su medio ambiente y elaborar la respuesta pelear-o-huir que lo protegía de dificultades: la más probable, un depredador. Una vez alertado por la reacción de estrés, podía avanzar hacia el enemigo (luchar) o echar a correr y ocultarse para pasar inadvertido (huir). Estas reacciones están destinadas a aguijonearlo para entrar en acción, a prevenir el peligro.

Pero en lugar de ver la reacción de estrés como protectora, puede interpretar esas sensaciones como que significan que algo anda mal con usted. O puede suponer que debería evitar a ciertas personas porque su cuerpo le dice que son peligrosas. En verdad, es posible que usted sea incapaz de hacer frente a los síntomas físicos asociados con la timidez porque no está en absoluto seguro de con qué tiene que vérselas.

ESA SENSACIÓN DE PERDER EL CONTROL

Cuando usted se siente amenazado en alguna situación social, su cuerpo es el primero en reaccionar. Hasta puede sentir que está fuera de control. Parece tener una mente propia que abochorna, se agita, transpira.

Es verdad: su cuerpo se excita cuando se encuentra ante una situación social atemorizante, intimidatoria o inusitada. Parecen amenazantes porque usted cree que pueden lesionar su sentido del yo. ¿Recuerda el miedo de Diana de que sus colaboradores fueran a herirla? A ella no le preocupaba su yo físico, sino más bien que sus colegas pudieran hacerla sentir inadecuada.

Las manos y rodillas temblorosas y el tartamudeo son manifestaciones de su sobreexcitación interna. Cuando usted hace una disertación y sostiene sus fichas, teme que le tiemblen las manos; por lo tanto, le tiemblan. Cuando entra en un lugar lleno de extraños se concentra en mostrarse natural, de modo que se le aflojan las rodillas. Cuando habla, quiere articular las palabras con claridad, pero al esforzarse demasiado, tartamudea.

Sus reacciones de estrés pueden ser tan abrumadoras, que usted cree que le impiden mostrarse espontáneo cuando está con otras personas. Los síntomas pueden parecer abrumadores, pero tenga presente que no lo son. Son reacciones temporarias, destinadas a mantenerlo alerta mientras se adapta a nuevas situaciones. Pero aun cuando están destinadas a tener corta vida, es fácil transformarlas en respuestas a largo plazo que vuelan en espiral fuera de control. ¿Cómo? Permitiendo que su mente se detenga en ellas.

Hace poco, un hombre joven me escribió: "Por lo general empieza a transpirarme un poco la frente y luego pienso en ello y empiezo a obsesionarme, lo que me hace transpirar más".

Al comprender la naturaleza de su reacción puede controlarla en lugar de permitir que ella lo controle a usted.

COMPRENDER SUS REACCIONES DE ESTRÉS

Gracias a los avances en nuestra comprensión de la bioquímica, la forma en que el cuerpo tímido responde a la amenaza ha dejado de ser un misterio. Hay cuatro principios generales de reacciones de estrés.

1. Las reacciones de estrés son abarcadoras. Comprometen todo el cuerpo (músculos, ojos, corazón, pulmones, boca y más) de una manera organizada y con un fin determinado. De hecho, afectan el funcionamiento del cerebro, incluida la elaboración de recuerdos, percepciones, explicaciones y emociones.

Las reacciones de estrés empiezan en la amígdala, una pequeña glándula en forma de almendra en la base del cerebro que detecta las amenazas en el ambiente (véase Capítulo 8). Cuando la amígdala percibe un peligro, envía señales de advertencia a la corteza cerebral, el cerebro superior que toma decisiones sobre cómo responder, y también al sistema nervioso autónomo, que prepara al cuerpo para habérselas con la amenaza antes de saber de qué se trata. Al reaccionar su sistema nervioso, dispara el sudor de las manos, la respiración superficial, el rubor de las mejillas, los latidos violentos del corazón y la sequedad de la boca, todo lo cual usted reconoce como una respuesta tímida. Más abajo explicaré por qué el cuerpo usa estos peculiares recursos protectores.

Algunas veces el cuerpo se involucra tanto en una reacción de estrés, que la mente se ve en dificultades para procesar información. Como me escribió un banquero: "Cuando hablo frente a mis colegas no puedo seguir mi línea de razonamiento. Mi apariencia exterior no muestra ningún indicio de esto. Tengo la cara serena, mi voz es llana, pero mentalmente sufro".

También es común estar tan abrumado de timidez durante una presentación, que uno ni siquiera oye el nombre de la persona. La mente está preocupada con las muchas sensaciones de la reacción de estrés y trata de encontrar una manera razonable de frenar sus manifestaciones físicas mientras al mismo tiempo continúa una conversación decente. Muchas veces la reacción de estrés es tan potente que llevará las de ganar.

"Tengo calor —puede pensar usted cuando le presentan a un nuevo colaborador—, debo estar ruborizándome. ¿Se dará cuenta? ¿Cómo voy a parar esto? ¿Hay algo inteligente que podría decir al respecto? Tal vez pudiera taparme las mejillas con las manos y simular que estoy asombrado por lo que dice. Uy, ahora es peor todavía. Esto es terrible. Y no tengo la menor idea de lo que me está diciendo. ¿Acaba de hacerme una pregunta?"

Cuando esto ocurre, usted divide su atención entre tres actividades mentales: experimentar su incomodidad física, buscar maneras de aliviarla, y conversar. Su incapacidad para manejar en forma simultánea tres actividades diferentes no es culpa suya; la tarea es casi imposible (si no me cree, pida a dos amigos que le hablen uno en cada oreja mientras usted tararea una canción).

Las reacciones de estrés no son ningún chiste, y ciertamente resultan difíciles de controlar cuando se las entiende mal. Las siguientes son estrategias para ayudar a reenfocar su mente de modo que pueda dirigir su atención hacia la tarea social que enfrenta y alejarse de la excitación física de su reacción de estrés.

- Recuerde que las reacciones de estrés son respuestas de corto plazo al temor. Si rumia sobre ellas, pueden convertirse en ataques de pánico fuera de control, a largo plazo. ¡No se detenga en ellas! Recuerde que pasarán, y lo harán.

- Reenfoque su atención. Deje de pensar en sus manos viscosas cuando debería estar concentrado en lo que dice y lo que escucha. La mejor manera de hacer esto es forzar su atención en alguna otra cosa. Por ejemplo, pregúntele algo a su nueva empleada o hágale un cumplido por su peinado.

- Dése tiempo suficiente para entrar en calor en situaciones nuevas. Como usted sabe que se sentirá nervioso, recuérdese que está en el período de calentamiento de un encuentro. Eso sí, no permita que el período de calentamiento y las reacciones de estrés se alarguen para siempre. Reenfoque.

- Sea realista. Es posible que usted crea que su nerviosismo es más visible de lo que es en realidad. Las reacciones de estrés pueden sentirse con intensidad, pero como dejó en claro el banquero, no es forzoso que se vean así. A menos que sus colaboradores tengan rayos X en los ojos, ¿cómo pueden saber que usted tiene un nudo en el estómago?

- No se exija demasiado de golpe. Si está ansioso en una gran fiesta, haga una pausa. Salga a tomar aire, métase en el baño para lavarse las manos u observe una pintura. Entre y salga de situaciones "amenazadoras". Es útil entremezclar conversaciones tranquilas con amigos con actividades más intimidatorias, como conocer nuevas personas.

- Vigile sus interpretaciones. Sobre todo no deduzca que las

· señales de su cuerpo significan que no calza allí donde se
encuentra o que no sirve para estar con otras personas. Una
reacción de estrés sólo le informa que está muy alerta y será
capaz de detectar cualquier cosa "peligrosa" que se ponga en
su camino. ¡Eso es todo! Piense en usted como la persona
más alerta del lugar, no como la más incómoda.

2. Las reacciones de estrés son económicas. Son la respuesta
corporal más fácil en momentos de crisis; requieren el menor gasto
de pensamiento, esfuerzo y energía. Puede parecer paradójico considerar las reacciones de estrés como económicas, puesto que usted
parece gastar tanta energía cuando está atrapado en una. Pero en
realidad el cuerpo envía energía a ciertos órganos y la retira de otros
a fin de protegerlo de una amenaza percibida. Su malestar emana de
esa excitación física desproporcionada.

- Boca seca. Puede que tenga dificultades para hablar porque
  está sediento, pero durante una crisis no se supone que usted
  use la boca para hablar o comer. La salivación está destinada
  a preparar la digestión de los alimentos y mejorar su sabor.
  Durante el estrés, las glándulas salivales cesan provisoriamente en su trabajo a fin de desalentar esas actividades
  cuando usted debería luchar, correr o guardar silencio
  (mientras se oculta).

- Manos viscosas. Es posible que tome conciencia de sus
  palmas sudorosas cuando saluda a la gente y estrecha manos.
  Pero sus manos y el resto de su cuerpo transpiran porque el
  calor es un efecto secundario de la reacción de estrés. De un
  modo bastante extraño, las manos viscosas tienen por objeto
  sosegarlo y de ese modo hacerle sentir más cómodo.

- Estómago "revuelto". Es difícil parecer confiado cuando sus
  entrañas se retuercen. Pero durante situaciones de mucho
  estrés el estómago suelta más ácido a fin de poder digerir
  pronto su contenido y provocar una rápida explosión de
  energía para luchar o huir. Su malestar también le impide
  comer cuando tiene actividades más urgentes que atender.

- Dolor de cabeza por tensión. Durante un encuentro estresante todos sus músculos están tirantes para protección. Llega un momento en que los músculos de la frente también se le ponen tensos y empiezan a doler.

- Languidez. Puede sentir aturdimiento durante un episodio de extrema timidez porque la sangre se precipita desde la cabeza hacia otras partes del cuerpo que la necesitan más. Por cierto, el desvanecimiento es en realidad una defensa protectora. Para evitar el estrés, el cuerpo dice "basta" y se toma un recreo: cuando está inconsciente no necesita ocuparse del dolor o de las malas noticias.

- Tartamudeo, temblor, rodillas flojas. Estas reacciones le informan que la situación se le está yendo de las manos. Si no toma medidas tendrá problemas.

- Palpitaciones. Como la reacción de estrés requiere que ciertos órganos reciban más sangre de lo habitual, el corazón trabaja tiempo suplementario para transportar sangre adonde más se necesita.

- Sonrisa avergonzada, ojos bajos, cabeza ladeada. Todas estas claves de lenguaje corporal indican sumisión y pueden ser rasgos innatos. La investigación ha mostrado que los macacos juveniles sonríen cuando se sienten cohibidos. Tal vez esa expresión facial haya evolucionado hacia una sonrisa, signo de apaciguamiento y complicidad, aunque puede seguir siendo un elemento de nerviosismo (piense nada más en su maestra de tercer grado gritando: "Borra esa sonrisa tonta de la cara", cuando regañaba a alguien por haberse portado mal). Desviar y bajar la mirada son otros intentos de minimizar la amenaza. Estos gestos crean una barrera psicológica. Si no puede irse de la pieza cuando se siente incómodo, se cruza de brazos y mira al suelo. Son maneras de hacerse pequeño, de evitar.

- Mutismo. La incapacidad de hablar se origina en un impulso que la amígdala envía a una región del cerebro que controla los músculos y nervios de la cara. Con esta señal, los músculos faciales se congelan y la mandíbula se atiesa. Así, mientras el gato no le ha comido la lengua, la amígdala le ha trabado la mandíbula. El silencio permite que la energía se desvíe a partes más críticas del cuerpo.

- Hablar con voz forzada. Esto tiene origen en otra señal de la amígdala a la parte del cerebro que controla la garganta. Los músculos de la laringe y las cuerdas vocales se tensan hasta que su voz se hace opaca, forzada y aplastada. La conciencia de su hablar altisonante e inexpresivo puede aumentar su confusión y predisponerlo menos aún a hablar.

Estos dos últimos puntos merecen más comentarios. El mutismo, mientras permita que la energía sea derivada a partes del cuerpo más críticas, es también un signo de que usted se ha entregado a la reacción de estrés. Ésta es una respuesta a corto plazo que a la larga fracasa. Mejor es hacer su respuesta alternativa más económica que la original. Esto lleva un tiempo y cierta práctica, y más abajo explicaré cómo se hace.

3. Algunas reacciones de estrés son automáticas, otras son semiautomáticas, y las hay estratégicas. Estos tres tipos de reacciones de estrés comprenden su arsenal personal de conductas protectoras, y usted necesita almacenarlas a todas para librar sus escaramuzas sociales.

Algunas reacciones de estrés, como la descarga adicional de adrenalina cuando alguien lo persigue o el parpadeo rápido durante una tormenta de polvo, son inevitables. Estos reflejos automáticos son las mejores soluciones en situaciones malas.

Otras reacciones de estrés, como llorar cuando uno está perturbado, son semiautomáticas, pero se sienten como automáticas. Son respuestas dominantes, pautas de conducta profundamente arraigadas a las que se puede volver cuando no se sabe más qué hacer.

Una mujer tímida de veintiséis años, de Ohio, describió su respuesta dominante semiautomática de la siguiente manera: "Cuando tengo que hablar cara a cara con alguien a quien no conozco bien, me siento como una niña tímida. Mis sonrisas parecen heladas, no hablo con tan buena dicción como en circunstancias normales, tengo tics faciales y las manos y la voz a veces me tiemblan. Casi siempre soy abierta y extrovertida, pero si siento que alguien me observa o me juzga (lo hagan en realidad o no), me cohíbo en exceso".

Con frecuencia el mutismo es la respuesta dominante del individuo tímido a situaciones sociales difíciles. Parece costarle mucho menos esfuerzo apartarse de un encuentro estresante que elaborar una estrategia a largo plazo para dominar la amenaza. El silencio es fácil; demanda poca energía y parece ser instintivo. Sin embargo, no lo es. Usted no nació silencioso, pero en algún punto de su vida aprendió que no hablar es una manera fácil de vérselas con la agonía que lo tortura cuando está con otros.

Por desgracia, el mutismo también es ineficaz y hasta puede ser perjudicial. A la corta puede relevarlo de tener que hablar con otros, pero a largo plazo ocasiona frustración. Innumerables personas tímidas me han descripto las decepciones inherentes al mutismo. Como escribió una mujer: "No puedo pensar, y si pienso en algo que decir, quiero decirlo sólo en el momento correcto, pero para entonces el momento correcto ya pasó".

Pasada la situación social, muchos tímidos se encuentran de pronto rebosantes de lo que podían y deberían haber dicho. O temen que otros piensen de ellos que son unos snobs huraños, terribles para tenerlos cerca.

El mutismo, además, le impide a usted conocer a nuevas personas y aprender lo que es el mundo. Al gastar la mayor parte de su energía en pensar en usted mismo, en su nerviosismo y su frustración, ha dejado poco para quienes lo rodean (éste es el origen del rótulo de huraño). Muy pocas personas pueden abrirse paso y darle alcance, si usted es tan retraído.

Como resultado del mutismo persistente, usted puede regañarse por haber fracasado una vez más en hacer contactos. Con el tiempo puede dejar de entenderse con nuevas personas porque, aun cuando la terapia del silencio es improductiva, no conoce otra estrategia. Como expliqué en el Capítulo 4, esta evitación sólo exagera la situación temida.

Por fortuna usted puede modificar sus respuestas semiautomáticas. De hecho, puede alcanzar una nueva respuesta estratégica que, con tiempo y práctica, reemplazará al mutismo y se hará dominante. Depende de usted hacer contacto con otros, dejar de concentrarse en usted mismo y empezar a prestar atención. Ésta es la esencia de ser socialmente sensible. Con mucho trabajo y una firme decisión de cambiar, estas nuevas conductas se harán conscientes y habituales. He aquí algunas respuestas estratégicas útiles:

- Haga un cumplido. Esto siempre funciona, porque la gente quiere hablar de lo que otros encuentran atractivo u original. Hasta un comentario tan prosaico como "¡Magnífico informe!" dará inicio a una conversación.

- Exhiba un talante social. Conseguir café para alguien, pasar un platito de papas fritas, abrir una puerta, hacer cualquier cosa para que la otra persona se sienta cómoda. Por lo menos pregunte a la persona que está a su lado si necesita algo. Se lo agradecerá.

- Haga preguntas. Las preguntas genéricas son especialmente útiles. Inician la conversación, alientan a otros a encargarse de todo por un rato, y a usted lo ayudan a involucrarse. Preguntas simples como "¿A qué se dedica?", "¿De dónde conoce al anfitrión?", o "¿Cómo anda su presentación?" son magníficas para romper el hielo.

- Tenga algo que decir. ¡Si quiere hablar más tiene que tener algo que decir! Ensanche su mente y su zona cómoda de conversación averiguando qué cosa es probable que interese a otros. Lea diarios, observe su entorno en busca de signos de cambio (tal vez la apertura de una nueva galería), y entérese del asunto importante del día.

Estas acciones con sensibilidad social siempre funcionan. No sólo lo ayudarán a romper su silencio autoimpuesto y a desviar su atención de la ansiedad que lo tortura, sino que también lo harán parecer interesado en otros y ansioso por hablar con ellos. Apenas unos pocos éxitos sociales pueden convertir una respuesta estratégica en otra semiautomática, dominante. El éxito es un refuerzo muy grande.

4. Las reacciones de estrés incluyen emociones. Como su mente también está comprometida en reacciones de estrés, crea explicaciones emocionales para sus sensaciones corporales (sudor, rubor, tartamudeo, etc.). Por cierto, cuando se encuentra en medio de una reacción de estrés puede adjudicarles toda clase de significados, aun si sus conclusiones son erróneas. Entre las interpretaciones más comunes de los tímidos a las reacciones de estrés se encuentran las siguientes:

- Éste no es lugar para mí.

- Esta situación es demasiado para mí.

- No soy atractivo ni digno de atención.

- Soy un caso incurable, porque ni siquiera puedo manejar una conversación con un cajero.

- Todo el mundo a mi alrededor nota mi ansiedad.

- Tengo el cuerpo fuera de control.

Estas interpretaciones tímidas tienen dos cosas en común: todas son negativas y todas son falsas. Pero en lugar de pensar: "Desearía que el corazón no me palpitara así, detesto ir a una fiesta", puede pensar: "¡Caramba! El corazón me palpita como loco; tratemos de sentirnos encantados de haber venido a esta fiesta". Nada le prohíbe reetiquetar su ansiedad, excepto su pensamiento tímido habitual.

Todos inventamos rótulos para nuestras emociones. El "nerviosismo", por ejemplo, está compuesto de un corazón palpitante (excitación física) y de la visión de una persona hermosa (el hecho que gatilla la excitación). Pero también la "atracción" está compuesta de un corazón palpitante y de la visión de una persona hermosa. Todo depende de cómo enmarca su reacción.

Puede reetiquetar los síntomas de su excitación para transformar conceptos negativos como "ansiedad", "temor" o "nerviosismo" en otros más positivos, por ejemplo "agitación", "expectativa" o "alerta". Aun cuando son efímeras, estas etiquetas tienen un impacto importante sobre sus actos. Si rotula algo como expectativa, la consecuencia es un acercamiento; si lo rotula como ansiedad, la consecuencia es evitación. He aquí cómo reetiquetar:

Vuelva a enmarcar sus sentimientos. Muchas reacciones de estrés no son resultado de la ansiedad sino sólo la consecuencia de intentar algo nuevo. En vez de pensar que es ansioso, ¿por qué no llama a eso emoción expectante?

Reinterprete su nivel de excitación y sea realista. ¿Sus sentimientos son en verdad agobiadores y están fuera de control, o su experiencia no es tan intensa? Con excepción de un abierto ataque de pánico, cualquier cosa es tolerable.

Identifique el motivo de su ansiedad. Conozca su ansiedad identificando el motivo que hay detrás. ¿Se trata de algo tangible para temer? ¿Una amenaza real? ¿Una amenaza imaginada? ¿Qué evidencia tiene de que la amenaza es real? ¿Cuál es la magnitud de ese temor?

En realidad, lejos de ser perjudicial, es bueno que usted esté excitado. Significa que agranda su zona de bienestar y aprende nuevas lecciones de vida. Sin tensión en la vida hay poco crecimiento. Para ser un tímido exitoso debe aprender a tolerar situaciones que lo ponen un poco nervioso, tomando crecientes medidas y viendo su ansiedad como una fuente de crecimiento y aprendizaje.

EL VALOR OCULTO DE LA ANSIEDAD

Una reacción de estrés puede ser bastante desagradable, pero bajo ciertas circunstancias doy la bienvenida a esa excitación. Aun después de veinte años de enseñar, todavía espero ponerme un poco nervioso antes de dirigirme a mis alumnos. Necesito esa tensión para dar una buena clase. Mi reacción también me dice que todavía estoy excitado por dar clases después de tantos años.

Sin embargo, no dejo que mi excitación física se interponga en el camino de mi enseñanza. He aprendido unos cuantos secretos de actores, oradores profesionales, cómicos y atletas, todos los cuales necesitan ponerse nerviosos antes de actuar. ¿La lección? Esté preparado, así no tendrá que pensar en su discurso, parlamento, chistes o tiro al arco cuando esté nervioso.

Yo me preparo escribiendo mis clases por anticipado. Los oradores recitan su discurso frente a un espejo. Los actores ensayan una y otra vez. Los grandes cómicos prueban nuevos chistes en pequeños clubes. Los atletas practican, practican y practican. Y todos esperamos ponernos ansiosos, porque sabemos que el nerviosismo que nos invade antes de la hora del espectáculo nos permite ofrecer actuaciones magníficas. La sensación de agitación nos ayuda a entregarnos con un poco más de energía.

Le será útil hacer otro tanto. Prepárese. Pero siempre busque esa sensación de agitación antes de ir a una fiesta, pronunciar un discurso o saludar a su nuevo jefe. En lugar de verlo como una respuesta de ansiedad que desalienta su experiencia, permita que le dé una ventaja competitiva que lo haga sentir más vivo.

CÓMO LA TIMIDEZ SE VINCULA CON EL TEMOR Y LA ANSIEDAD

El temor proviene de una amenaza específica, tal vez un auto fuera de control que se lanza hacia nosotros, o la idea de una cita con una persona desconocida. Se disipa no bien ha desaparecido ese objeto o esa situación. La ansiedad, por otra parte, es más general y no la provoca una amenaza específica. Más bien se encarama despacio y, aunque menos intensa, tarda más tiempo en desvanecerse.

Aunque distintos en origen, experimentamos temor y ansiedad casi en la misma forma: el cuerpo se excita, está alerta y listo para defenderse. Pero usted puede identificar con facilidad la situación que provoca el temor, mientras que la fuente de ansiedad puede escapársele. Además, los síntomas de ansiedad son más difusos que las reacciones disparadas por el temor. Pueden hacerlo parecer tenso, exasperado o excitable porque está siempre alerta a amenazas ocultas. A muchas personas ansiosas les resulta difícil relajarse aunque estén solas.

Algunos individuos tienen dificultad para determinar qué es lo que causa sus reacciones físicas relacionadas con la timidez. Sus síntomas son a menudo molestos —por lo general no lo bastante intensos como para interferir con la vida cotidiana—, pero no parecen tener una causa concreta. Estas reacciones moderadas de estrés son resultado de la ansiedad, no del temor.

Aunque todos somos propensos a sentirnos ansiosos en algún momento de la vida, hay un espectro de víctimas y causas de la ansiedad. Algunas personas son ansiosas sólo cuando prevén una línea divisoria de aguas en su vida, por ejemplo una entrevista de trabajo, una fecha importante o un casamiento. Casi todo el mundo se siente aprensivo y tal vez tímido durante esos momentos, pero una vez pasado el gran día, el nivel de ansiedad cae.

Otros son ansiosos porque su sistema nervioso es muy reactivo. No importa cuál sea la situación, su cuerpo parece estar constantemente sobreacelerado. A estos individuos se los puede ayudar mediante la consulta a un médico y medicación para aliviar su excitación ansiosa.

Hay otro grupo de personas que está poco seguro de lo que causa su ansiedad. Se sienten aprensivas en muchas situaciones, pero no en todas. Su reacción no se debe ni a una situación específica como una entrevista de trabajo, ni a un sistema nervioso muy reactivo. Se los puede clasificar entre sentirse ansiosos por un hecho estresante específico y estar ansiosos todo el tiempo.

Muchas personas tímidas encajan en esta categoría; sufren de ansiedad disparada por una variedad de situaciones muy relacionadas, entre ellas interactuar con los otros y ser evaluados por los demás. No es la entrevista de trabajo lo que provoca la respuesta, sino el lugar lleno de colaboradores al que hay que enfrentarse todos los días. No es la boda sino la multitud de gente que habrá allí.

Algunas personas tienen tanta ansiedad social que buscan tratamiento con profesionales de salud mental. Una vez que inician un camino de psicoterapia y/o medicación, su ansiedad social disminuye. Como me escribió un neoyorquino que trabaja en la industria editorial: "Todavía soy capaz de quedarme paralizado de timidez, y está bien. Ahora llamo a mi terapeuta o a un buen amigo en cuanto me doy cuenta de lo que pasa. Sólo digo '¡Socorro! Me siento tímido y no puedo saber por qué'. Por lo general hay una ansiedad subyacente y ya sólo el identificarla me ayuda".

También están los que tienen un nivel normal de ansiedad social, basada en su deseo de causar una impresión favorable en otros. Esta clase de excitación puede ser beneficiosa y positiva porque impulsa a la persona a actuar; por ejemplo preparar un discurso.

Pero usted también puede manejar la ansiedad social normal en formas que son perniciosas. Puede aislarse, volverse poco comunicativo y concentrarse con exclusividad en sus preocupaciones, lo cual exagera su ansiedad y se atasca más y más hondo en ella. Puede llegar a creer que su nivel de ansiedad es peor que el de cualquier otra persona y que nunca se recuperará.

Si siente que sufre de ansiedad social, verifique con su médico para determinar si la medicación y la psicoterapia pueden ayudarlo. Si su cuerpo no está en la raíz de su ansiedad, puede que necesite empezar a cambiar sus percepciones, conductas y emociones sobre situaciones sociales que disparan sus nervios. Como siempre, llegar a un acuerdo con la causa del problema es el mejor ataque, pues lo pone en perspectiva y le proporciona a usted una oportunidad de tomar el control.

PRUEBAS DE REALIDAD

Es natural querer un arreglo rápido para la ansiedad; todos deseamos salir de situaciones desagradables. Sin embargo, muchas estrategias a corto plazo sencillamente no funcionan. Algunas, como imaginar nubes, consumir hidratos de carbono, estar cerca de o visualizar extensiones de agua, respirar hondo, tomar medicamentos o beber alcohol pueden reducir la excitación intensa al disminuir la actividad del cerebro o desviar su atención. Pero estas soluciones a corto plazo no resuelven la causa de la excitación; sólo lo desvían a usted, en forma temporaria, de su timidez y ansiedad, sin llegar al fondo del problema.

Usted puede sentirse ansioso debido a su percepción de que otros amenazan su autoestima. Si bien puede lograr calmarse pensando en saltos de agua o playas tropicales, cuando abra los ojos seguirá siendo tímido y ansioso y tal vez hasta lo aterrorice la idea de pedir un aumento a su jefe o una cita a esa determinada mujer.

La prueba de realidad que sigue lo ayudará a poner en perspectiva la situación que provoca su ansiedad, y a encauzar la causa de su temor de manera que pueda vencer su inhibición.

Pensar a través de las respuestas a estas preguntas puede ayudarlo a encarar sus temores. Con una dosis de veracidad comprobará que nunca pasará lo peor.

En su Diario de la vida de un tímido

La próxima vez que se sienta nervioso, hágase una prueba de realidad. Conteste las siguientes preguntas:

¿Son realistas mis temores o sólo imagino el peor resultado posible?

¿Estaré en realidad en posición conspicua o sólo lo siento así?

¿Evito de manera constante esta situación? ¿Qué es lo que considero tan amenazador para mí? ¿Cuál es mi peor miedo?

¿De qué maneras puedo controlar la situación en forma realista?

¿En qué formas puedo prepararme para la situación?

¿Qué áreas están fuera de mi alcance? (ver Cap. 4)

¿Me sentiré exitoso si simplemente me presento y paso un buen momento, o estoy poniendo demasiada presión sobre mí para ser la estrella del espectáculo?

ESTRATEGIAS A LARGO PLAZO

Así como hay estrategias a corto plazo ineficaces, hay muchas estrategias a largo plazo fútiles y hasta perjudiciales para aliviar la ansiedad asociada a la timidez.

La más obvia es la evitación, la eliminación completa del factor de estrés. Como me escribió un joven empleado de librería: "He abandonado reuniones sociales sin decirle nada a nadie, sin importarme las consecuencias, aun si tenía que caminar en plena noche todo el trayecto hasta casa. Evito situaciones sociales casi por completo".

Cuando usted deja de hablar con nuevas personas, de comer en un nuevo restaurante o de aventurarse por un nuevo territorio, hasta puede creer que nunca deseó hacer esas cosas. Su vida personal languidece mientras se apega estrictamente a lo experimentado y verdadero.

Una segunda estrategia muy perjudicial y hasta peligrosa es la automedicación, el consumo de alcohol o de cualquier otra sustancia, con excepción de aquellas drogas prescritas específicamente para aliviar los síntomas de la ansiedad. Los peligros de esta estrategia son muchos. Puede volverse dependiente. Limitará sus interacciones a los momentos en que está bajo la influencia de esas sustancias. Puede creer que ellas lo vuelven "hablador". Dudará de su capacidad para manejar su timidez sin esas sustancias químicas. Éstas pueden interferir en su capacidad de pensar en temas de conversación (o sea, timidez de la mente) y/o en su capacidad de decirlas (vale decir, lenguaje confuso).

Aunque las estrategias a largo plazo eficaces varían de un individuo a otro, las reglas básicas se aplican a todos. Lo estimularán para lograr una mejor comprensión de las causas y efectos de su timidez y lo ayudarán a usar su ansiedad como una nueva fuente de concientización. Por consiguiente, logrará una apreciación más cabal de la forma en que la ansiedad encaja en el gran cuadro de su vida. Estas estrategias son al tiempo generales y lo bastante flexibles como para ser aplicadas a cualquier situación que le ocasione reacciones de estrés provocadas por la timidez.

- Persevere. Recuerde que debe repetir sus nuevas conductas, porque con el tiempo se le harán más fáciles y lo harán menos ansioso. No se dé por vencido.

- Deje de evitar. Si hablar en público lo pone nervioso, búsquese muchas oportunidades para hacerlo. Practique en casa, frente a amigos íntimos, o incorpórese a un club de oratoria. Su meta es convertir una actividad que provoca ansiedad en una rutina.

- Actúe ahora. Al aprender nuevas conductas en una etapa relativamente temprana de su vida, su cerebro puede incorporarlas con bastante facilidad. Si bien es más difícil cambiar a medida que se envejece, nunca es demasiado tarde. No hay ningún momento como el presente; los hábitos destructivos sólo se atrincherarán más a medida que transcurre el tiempo.

- Repase los tres principios de la timidez: el conflicto acercamiento/evitación, la tendencia a ser lento para entrar en calor, y la zona de bienestar. Entienda de qué manera afectan su conducta en la situación temida. ¿Evita una actividad que en realidad quiere probar? ¿Espera recompensas instantáneas en vez de darse un tiempo adecuado para entrar en calor? ¿Está nervioso porque la actividad temida está fuera de su acostumbrada zona de bienestar? ¿Cómo puede ayudarse? Si puede aplicar los tres principios, la nueva situación ya no será vivida como nueva.

- Trate su ansiedad como a una amiga. Dé la bienvenida a su reacción de estrés como una parte de lo que usted es. Cuando se relaja y piensa: "Ah, ahí estás otra vez, ansiedad, mi vieja compañera", el malestar parece perder su poder para controlarlo, sobre todo si añade: "¡No voy a permitirte que me frenes para lo que necesito hacer!".

- Haga un "reconocimiento social". Planee su ataque reuniendo por anticipado tanta información como pueda. Estudie el ambiente antes de pronunciar un discurso. Pregunte por la ropa apropiada para una cena con baile. Si se orienta por anticipado, estará mejor preparado para hacer frente a la situación. Habrá menos sorpresas.

USAR LA EVITACIÓN COMO VENTAJA

Le he aconsejado evitar la evitación. Sin embargo, existe un buen uso de ella cuando actúa con una intención consciente. Permítame que se lo explique.

Imagine un león hambriento que avanza hacia usted, desarmado y solo en la jungla. Su reacción es simple: corre para salvarse. Eso es evitación en el nivel físico y no tiene nada de malo. De hecho, evitar al león le ha salvado la vida.

Pero la evitación es beneficiosa sólo cuando usted pasa su tiempo de seguridad pensando en cómo reducir la amenaza en el futuro. Una vez que ha recuperado el aliento, necesita elaborar un plan que lo ayude a habérselas con el león la próxima vez que lo encuentre. Tal vez podría llevar consigo a sus camaradas, porque cantidad significa protección. O podría perfeccionar armas que maten al león. O podría averiguar cuándo duerme el león y aventurarse en su territorio sólo cuando es seguro.

Al igual que el aventurero de la jungla, usted necesita aprender de su experiencia y establecer estrategias que le impidan evitar las amenazas en el futuro. Pasar por alto un seminario una vez es permisible. Pero evitarlos todas las veces no sólo pondrá trabas a su carrera sino que también hará más intimidatorios los seminarios.

Si esquiva un seminario, emplee el tiempo de manera sabia. Planee cómo atravesará el próximo con éxito. Lleve consigo a un colega, así no se sentirá tan solo. Consígase una lista de asistentes, y escoja a las personas que más le gustaría conocer. Desarrolle sus habilidades sociales de manera de estar preparado para pasar unas pocas horas con extraños. Saque partido de su evitación planeando por adelantado su próximo desafío.

UNA ÚLTIMA PALABRA SOBRE LA TIMIDEZ DEL CUERPO

En este capítulo no he recomendado para el cuerpo tímido soluciones físicas tales como respirar hondo, técnicas de relajación, masajes regulares, automedicación o meditación. El cuerpo sabe lo que hace cuando provoca reacciones de estrés. Le está señalando a cada nervio y a cada folículo pilífero que hay un peligro al acecho. Si usted advierte esas señales, el cuerpo habrá hecho su trabajo con éxito.

Mi estrategia es combatir el cuerpo tímido con la mente. Sólo la mente puede dirigir al cuerpo para que genere reacciones de estrés; decide si está bien luchar o huir; busca reducir las reacciones físicas; interpreta el significado de la excitación.

En el Capítulo 6 exploraremos de qué manera la mente tímida explica las amenazas y por qué con frecuencia desarrolla soluciones equivocadas para hacer frente a dichas amenazas. Y haré sugerencias sobre la forma en que su mente tímida puede escoger mejores estrategias.

6

La timidez
de la mente

"Desde el punto de vista social, la timidez me ha convertido en un aislacionista. Estoy siempre preocupado por mi ineptitud y falta de adecuación en situaciones sociales."

"Soy un terrible comunicador, y pienso que está relacionado con mi timidez. Tengo miedo de lo que pueda pensar de mí la gente cuando diga algo, o tendré miedo de decir algo equivocado."

"Hay mucho diálogo interno. No puedo explicarlo del todo. Trato de no comportarme como tímido, pero siempre siento que lo soy."

Ah, los manejos de la mente tímida. Me fascinan. La mente tímida es engañosa y una fábrica de mitos. No obstante, es la mente y sólo la del individuo tímido (y no el cuerpo o el yo) la que crea, cree en, y eventualmente cae víctima, de los mitos sobre la timidez.

Aunque usted sienta que sus pensamientos son únicos, he comprobado que las mentes tímidas con frecuencia piensan de la misma manera. Estos modelos de pensamiento previsibles permiten que los mitos se introduzcan y encuentren refugio en ellas. La mente tímida es potente, lo bastante potente como para adherir estos mitos no obstante su falsedad. Pero también es lo bastante potente como para abrirse paso hacia la verdad. Tomando prestada una frase de mi película favorita, *Cool Hand Luke*, quiero ayudarlo a "poner su mente en línea recta". Lo único que hace falta es una profunda comprensión de los modelos del pensamiento tímido y la decisión de reconfigurarlos en los encuentros sociales.

Cambiar la mente tímida implica mucho más que pensar de

manera positiva, pero no es tan difícil como puede parecer a primera vista. Su tarea se hará más fácil una vez que descomponga los modelos en piezas manejables y reconozca la progresión de los pensamientos tímidos. Echemos una mirada a esa progresión.

LA PARADOJA DEL NARCISISMO

Puede chocar contra lo intuitivo imaginar a una persona tímida como narcisista. Después de todo, el narcisista necesita ser el centro de la atención y ésa es la última cosa que hay en la mente de un tímido. Como me explicó un médico muy respetado: "Me quedé atrasado en segundo grado porque mi maestro pensó que no sabía leer. En realidad sabía, pero me mortificaba leer en voz alta".

La timidez puede evitar la conducta que busca atención.

Sin embargo, en algún sentido los individuos tímidos son narcisistas. Son el centro de atención en su propia mente; cuando interactúan con otros son la estrella de sus propios dramas. ¿Por qué? Como hemos visto, el volumen de las respuestas físicas se hace pesado en el cuerpo de un tímido y puede convertirse en fuente de mucha distracción e incomodidad. Cuando el cuerpo está tan excitado, el tímido se siente tenso y enfoca hacia el interior. Está todo el tiempo controlando sus reacciones y midiendo el impacto que ejercen sobre los otros. En una conversación, empieza a creer que los demás escuchan cada una de sus palabras, observan cada uno de sus gestos y evalúan cada uno de sus poros.

Esto es una falacia. Los demás tienen sus propios asuntos de qué ocuparse y no en concentrarse en usted con tanta intensidad. Una vez que usted deje de evaluarse y abandone el mito de que todo el mundo lo observa, podrá ser libre de pensar en lo que dicen los demás. Podrá planear su próxima respuesta y observar el humor del ambiente. Desviar el foco de sus reacciones es como apagar una radio dentro de su cabeza; puede desarrollar una visión externa.

En el resto de este capítulo veremos cómo esta forma paradójica de narcisismo subyace en muchas pautas del pensamiento tímido y a la larga crea el armazón para la timidez de la mente.

CADA CONVERSACIÓN ES UNA EVALUACIÓN

Una trabajadora social de Washington me escribió lo siguiente: "¡ES UNA MALDICIÓN! Estar siempre concentrada en una misma y vivir con miedo. '¿Cómo me ven?', es la pregunta dominante en mi mente durante casi cada momento de vigilia".

He aquí el compendio del narcisismo tímido.

A decir verdad, una conversación no es una evaluación. Esta trabajadora social es la única persona que busca errores y evalúa cada uno de sus movimientos; cada vez que abre la boca en una situación incierta, cree someterse a un examen.

Usted también puede sentir que es evaluado en forma constante. Este proceso de pensamiento se debe a un fenómeno llamado concientización objetiva, una treta que usa la mente cuando se siente confusa. La concientización objetiva lo saca del momento y de usted mismo.

Funciona así: si yo estoy conversando con un amigo y me da sed, alargaré la mano hacia mi copa, tomaré un sorbo de agua, y volveré a dejar la copa sin pensar mucho. Pero si hablo con un funcionario de un banco de préstamos, que creo que me escudriña, me concentraré en mí mismo. De hecho, si siento que me observa con intensidad, me concentraré con intensidad en mí mismo.

En ese momento, cuando tenga sed pensaré: "Alargaré la mano hacia la copa y trataré de hacerlo bien para no derramar todo sobre la pila de papeles de su escritorio. Muy bien, ya tengo la copa en mi mano. Ahora la levantaré hasta mis labios. Hago todo lo que puedo para mantener la mano quieta. No quiero que piense que estoy nervioso por solicitar este préstamo". Estoy concentradísimo en mí mismo, en realidad salgo de mí mismo y observo mis acciones. Soy objetivamente consciente de mí mismo. A decir verdad, no es mi yo habitual, por el modo en que estoy absorto en lo que hago y en cómo me desempeño.

Por lo general, los objetos o las situaciones que gatillan la concientización objetiva —un espejo, una cámara de video, una visita a un funcionario de crédito o un compromiso de hablar en público— provocan y a veces hasta exageran su respuesta dominante, siendo el mutismo y la inhibición las más comunes entre los tímidos.

Cuando usted siente que alguien lo observa, su respuesta inhibitoria será más exagerada a causa de su aguda conciencia de usted mismo. Con el tiempo podrá llegar a sentir que es escudriñado y evaluado todas las veces que se encuentra en público. A veces la sola presencia de otra persona puede ocasionar la concientización objetiva, con lo cual su inhibición se agudiza más aún.

Para contrarrestar la excesiva autoevaluación, es útil repensar la respuesta dominante y regresar al momento. He aquí algunos caminos para lograrlo:

Reflexione sobre su respuesta presente. ¿Quedó enmarañado en la concientización objetiva? ¿Eso lo lleva a cohibirse? ¿Debe ser ésta su única respuesta dominante? Usted tiene otras opciones, que son más activas y directas (recuérdese, por ejemplo, que es lento para entrar en calor en nuevas situaciones).

Ponga un nuevo rótulo a su respuesta dominante. Piense en ella como su primera respuesta en vez de la única. ¿Qué pasa después? ¿Puede usar su período de calentamiento para reunir información y escuchar las sugerencias del entorno? Podría mirar a su alrededor y observar quién está solo o parado a la orilla de un grupo. Una vez que haya identificado a potenciales socios de conversación, acérquese a ellos.

Encuentre sus puntos fuertes y acuda a ellos. Determine cuáles son sus mejores cualidades. Cuando se sienta autovalorado, confíe en ellas para decidir si es útil permanecer calmo durante una crisis o exhibir una sonrisa radiante.

Comprenda el rol de la acentuación y la exageración. Por mi tarea como huésped en audiciones de radio, sé que una pequeña pausa puede parecer una eternidad cuando uno trata de hablar bien. Pero esa agonía es subjetiva y en extremo exagerada. Treguas, lenguas trabadas y tartamudeos no son tan manifiestos para los demás como para uno mismo. No suena tan mal como parece.

Practique. La repetición ayuda a que uno se sienta más cómodo en situaciones evaluativas que acarrean concientización objetiva. Háblele a un grabador o frente a un espejo o cámara de video a fin de acostumbrarse a sentirse observado y evaluado. Al principio puede ser embarazoso, pero con el tiempo usted se irá relajando.

Concéntrese en alguna otra cosa del ambiente. Ello puede ayudarlo a librarse de la presión y devolverlo al momento presente. Puede hacer una pregunta o un cumplido. O hacer algo conocido que le aporte un poco de bienestar, como hablar sobre una noticia actual.

En las Partes III y IV le mostraré cómo aliviar la concientización objetiva en situaciones específicas.

AGREGUE UNA PIZCA DE NEGATIVISMO

Un jardinero de casi cuarenta años me escribió: "Tengo tendencia a sentirme ansioso y mal con facilidad cuando estoy con otros, sobre todo aquellos que incitan mi timidez. Esto es porque constantemente me preocupa mi turbación, lo que a su vez se debe a que me importa demasiado la opinión que otros tienen de mí (tiendo a creer que esas opiniones se orientan hacia lo desfavorable)".

Ser evaluado (aun si es usted quien hace el juicio) puede no ser tan terrible en sí mismo. Al igual que una dosis razonable de ansiedad, la autoevaluación lo mantiene alerta. Se convierte en un problema, sin embargo, cuando, como aquel jardinero, siempre se evalúa de modo negativo.

Usted puede prepararse para esas falsas percepciones si se concentra de modo narcisista en usted mismo, en sus pensamientos y temores efímeros, en su necesidad de aprobación y aceptación, y en su constante búsqueda de perfección. Todo el mundo tiene estos sentimientos, pero usted los experimenta con intensidad cuando, en lugar de prestar atención a la otra persona durante las pausas de la conversación, se concentra sólo en usted mismo y en su voz interior. Sus temores y su necesidad de aprobación pueden trepar durante esos silencios aislados.

Como me escribió una estudiante de colegio secundario de Massachusetts: "Cuando oigo hablar a alguien en una conversación, suelo preocuparme más por lo que piensan de mí que por lo que dicen".

La verdad, sin embargo, es que esta joven no tiene mucho que temer, y tampoco usted. Los demás están demasiado ocupados, indiferentes o absortos en ellos mismos como para reparar en lo que usted hace a lo largo del día. Usted no vive bajo un microscopio.

Ahora bien, esto puede sonar duro pero con toda certeza no tan duro como lo que usted mismo se dice. El estudioso de la timidez Jonathan Cheek advirtió que "las personas tímidas son sus peores críticos". Usted piensa que va a fracasar, deja de actuar y después se vapulea por haber fracasado. Permanece en silencio, petrificado ante la idea de decir algo tonto. Se dice que los demás están aliados para rechazarlo, de modo que se retira a una zona estrecha de bienestar. O, paradójicamente, evita el riesgo por temor a tener éxito. Todo ello debería obligarlo a reexaminar los mitos en los que ha llegado a creer, y hasta su misma identidad.

En realidad no tiene que dar crédito a esos pensamientos negativos sólo porque entran en su cabeza. Los pensamientos no son hechos, y si se generan durante el estado alterado de concientización objetiva, entonces son muy indignos de confianza. Cuando usted está muy excitado y bajo compulsión, como lo estaría si fuese objetivamente consciente de sí mismo, su mente trabaja a todo vapor y es precisamente entonces cuando más propenso se vuelve a pensar en forma errada y cometer errores de juicio.

Además, sus pensamientos negativos poseen pautas específicas que pueden llevarlo a conclusiones despreciativas sobre usted mismo. Por ejemplo, puede subrayar en exceso la significación de su rol en situaciones sociales. Cuando hace eso, soporta injustamente la carga por los errores sociales. Por ejemplo, puede suponer de manera automática que un silencio en la conversación es debido al "hecho" de que usted es aburrido, y deja de reconocer que tal vez sea la otra persona la aburrida, o bien que quizás esté ordenando sus pensamientos y nada más.

REIVINDICAR LA RESPONSABILIDAD POR EL FRACASO

Paul es tímido, pero se armó de coraje para ir a una fiesta. Allí conoció a Mary Beth, una agente de seguros que le resultó atractiva. Como Paul estaba convaleciente de una úlcera, comprometió a la joven en una conversación acerca de las dificultades que había tenido con su seguro médico. Relató con lujo de detalles la totalidad de sus síntomas, así como sus pleitos y tribulaciones con el asegurador. Preguntó a Mary si ella podía aconsejarlo sobre cómo manejar la situación.

Mary Beth pareció compadecerse de los pesares de Paul y él pensó que la conversación se deslizaba sin tropiezos. Se sintió feliz, en efecto, hasta que, abrupta e inexplicablemente Mary Beth se disculpó y se dirigió al otro lado del salón, donde estaban el bar y la mesa de buffet. Paul se quedó ahí, parado solo frente a los altoparlantes, azorado. No se acercó a Mary Beth para continuar la conversación, para despedirse o pedirle su número de teléfono. En vez de eso, se fue a su casa temprano y abatido.

A la semana siguiente, cuando Paul se topó con Mary en el local de comida china, simuló no verla y salió a toda prisa con su chop suey de camarones y los ojos clavados en el piso.

Las atribuciones nos ayudan a hacer la vida más previsible, ordenada, segura y racional al explicar hechos en apariencia fortuitos. Tímidos o no, todos las hacemos, por regla general cuando carecemos de suficiente información para saber con exactitud qué fue lo que causó un incidente.

Por desgracia, las personas tímidas a menudo sacan ciertas conclusiones precipitadas porque por lo general miran su interior para culparse por los fracasos, mientras al mismo tiempo hacen caso omiso de otras causas plausibles. He aquí lo que Paul pensó de su breve relación con Mary Beth: "Se fue porque yo la aburría. Tengo un problema con las mujeres. Siempre ahuyento a la gente. Mary Beth es como todos."

Típico, él asumió toda la responsabilidad por la desavenencia.

En general atribuimos los hechos a tres tipos de causas, y usamos estas racionalizaciones en varias combinaciones para explicar cualquier suceso, ya sea un choque de auto, un incendio de bosques, luces extrañas que parpadean en el cielo del norte, o hasta un desaire social.

1. *Interna o externa.* Una circunstancia puede ocurrir debido a algo dentro de su zona de responsabilidad (interna), o algo fuera de ella (externa). Usted hace una atribución interna al hacerse responsable de algo ("Se fue porque yo la aburría"); o bien puede citar un factor externo ("Dejó de hablar conmigo porque estábamos frente a los parlantes y la música era demasiado fuerte").

2. *Estable o inestable.* La causa puede ser algo permanente ("Tengo un problema con las mujeres"); o temporaria, que puede cambiar con facilidad ("Esta noche no me siento bien, por eso me abandonó mi capacidad de conversación").

3. *Específica o global.* La causa es algo que ocurre en todas las situaciones ("Siempre ahuyento a la gente"); o algo particular acerca de una situación ("Es difícil llevarse bien con Mary Beth, pero eso no significa que yo no sea atractivo para otras mujeres").

Desde luego, cualquier persona en el lugar de Paul desearía explicar el desaire de Mary Beth, pero él eligió razones denigrantes para él y para su sentido del yo. Si usted desea confiar en sus atribuciones, tiene que considerar todos los resultados posibles. Echemos una mirada a un esfera más amplia de explicaciones potenciales para el fracaso social.

Atribuciones internas: O Paul fue un tipo aburrido o Mary Beth fue grosera.

Atribuciones externas: Es posible que la música estuviera demasiado fuerte; o Mary Beth quería sentarse.

Atribuciones estables: Tal vez Mary Beth se juró no hablar nunca de seguros fuera de su horario de trabajo; o Paul tiene un problema con las mujeres.

Atribuciones inestables: Tal vez Mary Beth tenía hambre y quería comer; o Paul estaba en una mala noche.

Atribuciones globales: Paul siempre ahuyenta a la gente; o es concebible que Mary Beth no tenga habilidades sociales, nunca las tuvo y nunca las tendrá.

Atribuciones específicas: Mary Beth pudo haber tenido un dolor de cabeza y estar de mal humor esa noche; o Paul la hartó hablándole de su úlcera.

Tal vez una combinación de estas causas. Nadie, excepto Mary Beth, sabe qué pasaba por su mente, y como Paul no tuvo coraje para preguntárselo, o hasta para volver a hablar con ella, fue incapaz de averiguar la verdad y corregir sus pensamientos.

Sin embargo, si Paul no se hubiera culpado por su partida y se hubiese animado a hablar con Mary Beth en el restaurante chino y a preguntarle por qué se había marchado tan rápido, ella habría podido contestar: "Estoy de veras contenta de verte y me hace feliz que me lo preguntes. Sabes, mientras hablábamos, de pronto vi por el rabillo del ojo a Melissa, mi antigua compañera de cuarto. Me pareció que se disponía a irse, y yo no había hablado con ella en años. Al menos tenía que saludarla. Pero cuando volví adonde estábamos nosotros, habías desaparecido. Pregunté en derredor y la gente me dijo que te habías marchado sin despedirte. Supongo que te dejé de manera bastante brusca; espero no haber herido tus sentimientos. De hecho, me decepcionó bastante no haber tenido oportunidad de darte mi número de teléfono."

En el estado de ánimo en que se hallaba, sin embargo, Paul fue incapaz de descubrir la verdad sobre las intenciones de Mary

Beth. En cambio, creyó lo peor de sí mismo y sufrió mucho por esa creencia.

EL ESTILO ATRIBUTIVO PESIMISTA

Al igual que Paul, usted puede culparse por todo lo que salga mal en su vida si se atiene a atribuciones internas, estables y globales. "Algo anda mal conmigo —puede razonar—. Siempre ha sido así; influye en todo lo que hago." (En vez de pensar: "Ésta es una fiesta horrible; a veces me siento feliz en las fiestas y a veces no; sólo porque no he conocido a nadie esta noche, no significa que yo sea una persona desagradable".)

Importa poco cuál es la situación —una breve pausa en la conversación, no tener con quien bailar en una reunión de solteros, o un comienzo duro con un nuevo cliente—, usted se siente responsable de todas las dificultades. De hecho, puede ser incapaz de sondear de qué manera los demás también podrían ser responsables por los errores.

Lo que es peor, cuando sí tiene algún éxito, no asume ninguna responsabilidad o no extrae ningún placer de él. Atribuye una magnífica conversación a causas externas, inestables y específicas: suerte, un compañero de charla extrovertido, boca suelta por el alcohol, o una buena disposición de ánimo. Nunca se acredita sus éxitos. En verdad, he comprobado que las personas tímidas asumen demasiada responsabilidad por los malos momentos y ninguna en absoluto por los buenos.

Esta mentalidad de día de Juicio Final es conocida como "estilo atributivo pesimista" y en efecto destruye la confianza en uno mismo. Es imposible confiar en uno mismo si cree que es uno, y sólo uno, el que causa las chambonadas.

Lo que es peor, este estado mental afecta tanto a los presentes como a los futuros problemas sociales. Porque las atribuciones internas, estables y globales se aplican a todas las situaciones, pasadas, presentes y futuras, es improbable que Paul encuentre razones para cambiar su conducta. Él pensará: "Mary Beth no quiso escuchar lo que tenía que decirle porque soy aburrido. ¿Para qué hablar con ella o con cualquier otro? Sólo voy a obtener la misma respuesta: rechazo. Es irremediable".

No es de extrañar que los tímidos compartan esta visión fría de la vida con las personas deprimidas. Después de todo, ¿para qué persistir si uno está condenado a fracasar? ¿Para qué aparecer en público si sólo va a pasar un buen momento cuando las vacas vuelen? ¿Para qué molestarse en conocer gente si, al final, eso sólo causa aflicción a uno mismo y a los demás?

Es importante determinar si usted tiene un estilo atributivo pesimista a fin de emprender alguna acción correctiva. El siguiente cuestionario lo ayudará a analizar de qué manera atribuye hechos favorables y desfavorables en su vida.

CUESTIONARIO ATRIBUTIVO DE LA TIMIDEZ

Para cada una de las situaciones que se enumeran más abajo, haga las siguientes evaluaciones marcando debajo de cada columna con un círculo el número que mejor representa su respuesta:

Externa/interna. En una escala de 1 a 7, en la que 1 representa "Totalmente debido a otras personas o circunstancias", y 7 "Totalmente por mi culpa", ¿cómo evaluaría la causa de la situación?

Inestable/estable. En una escala de 1 a 7, en la que 1 representa "La causa nunca se presentará otra vez", y 7 "La causa estará siempre presente", ¿cómo evaluaría la causa de la situación?

Específica/global. En una escala de 1 a 7, en la que 1 representa "Sólo esta situación particular", y 7 "Todas las situaciones de mi vida", ¿cómo evaluaría la causa de la situación?

Externa/interna   Inestable/estable   Específica/global   Total

1. Alguien se aleja de usted en una fiesta.
1 2 3 4 5 6 7   1 2 3 4 5 6 7   1 2 3 4 5 6 7   _____

2. Usted cuenta un chiste y la gente se ríe.
1 2 3 4 5 6 7   1 2 3 4 5 6 7   1 2 3 4 5 6 7   _____

3. Usted vuelca un plato de comida en un restaurante.
1 2 3 4 5 6 7   1 2 3 4 5 6 7   1 2 3 4 5 6 7   _____

4. Alguien le hace un cumplido.
1 2 3 4 5 6 7   1 2 3 4 5 6 7   1 2 3 4 5 6 7   _____

5. Deja de participar en una conversación de grupo.
1 2 3 4 5 6 7   1 2 3 4 5 6 7   1 2 3 4 5 6 7   _____

6. Lo invitan a una fiesta.
1 2 3 4 5 6 7   1 2 3 4 5 6 7   1 2 3 4 5 6 7   _____

7. Le hacen una pregunta para la cual no tiene respuesta.
1 2 3 4 5 6 7   1 2 3 4 5 6 7   1 2 3 4 5 6 7   _____

8. Alguien lo/la invita a bailar.
1 2 3 4 5 6 7   1 2 3 4 5 6 7   1 2 3 4 5 6 7   _____

9. Olvida el nombre de una persona diez minutos después de
   serle presentada.
1 2 3 4 5 6 7   1 2 3 4 5 6 7   1 2 3 4 5 6 7   _____

10. Contesta una pregunta formulada en una discusión de grupo.
1 2 3 4 5 6 7   1 2 3 4 5 6 7   1 2 3 4 5 6 7   _____

Puntaje final desfavorable: _____
Puntaje final favorable: _____

Puntaje: Para cada pregunta sume las evaluaciones de las tres dimensiones y escriba la suma en la columna del "Total". Cuanto más alto es el puntaje, más probable es que asuma la responsabilidad personal por el resultado. Después combine los totales de los puntos 1, 3, 5, 7 y 9; este número es su puntaje final desfavorable. Ahora combine los totales de los puntos 2, 4, 6, 8 y 10; éste es su puntaje final favorable.

Compare los dos puntajes. ¿Se consideró más responsable por los resultados desfavorables que por los favorables? Si es así, puede ser propenso a un estilo atributivo pesimista. Más adelante en este mismo capítulo y en las Partes III y IV proporcionaré estrategias para la forma de repensar su estilo atributivo.

¿POR QUÉ ABRAZAR UNA MENTALIDAD DE DÍA DEL JUICIO FINAL?

Puede que usted no desee adoptar de modo consciente un estilo atributivo pesimista, pero hay varias razones por las cuales es probable que lo haga.

La paradoja narcisista puede jugar un papel. Si usted está tan empeñado en observar y controlar su propia conducta (otra vez concientización objetiva), es probable que no advierta la forma en que la otra persona contribuye al encuentro fallido.

Paul, por ejemplo, se hallaba tan absorto en sus propias inseguridades que no prestó atención a ninguno de los gestos y signos de Mary Beth. Pasó por alto el hecho de que, antes de irse, ella miraba hacia el bar con ansiosa excitación. Nunca se le ocurrió pensar que tal vez era una grosera que terminaba una conversación sin dar una razón. Paul puede no haber tenido nada que ver con la conducta de Mary Beth, y sin embargo se culpó totalmente de ella.

Esta excesiva concentración en uno mismo puede impedirle leer entre líneas. Del sentido de cualquier conversación, es tanto lo que proviene de lo no expresado verbalmente —lenguaje corporal, indirectas y gestos no verbales, cambios sutiles en el tono de voz y contacto visual, momentos de silencio, gente que entra y sale del grupo de conversación—, que cuando usted se concentra sólo en su propio desempeño se le escapan esos matices. Lo cierto es que otros pueden hablar ese "segundo lenguaje" con bastante elocuencia, pero si usted no presta atención no caerá en la cuenta. No es de extrañarse que la conducta de ellos pueda parecer irracional e inexplicable.

Además, cuando sí nota las indirectas y recibe realimentación de su interlocutor, puede interpretarlas de modo negativo, inclusive los cumplidos. Aun si Mary Beth le hubiera dicho a Paul: "Me encantó de veras conversar contigo sobre tus problemas con el seguro de salud, pero tenía que ver a mi antigua compañera de cuarto antes de que se fuera", él lo habría tomado como "De veras me aburres y la compañera de cuarto era sólo una excusa para dejarte y hablar con personas más interesantes". Usted nunca podrá ganar si se culpa por todo lo que sale mal mientras, al mismo tiempo, pasa por alto o desecha la realimentación positiva.

¿Por qué debería ser tan duro con usted mismo? El continuo refuerzo de negativismo puede encajar en una desesperante imagen del yo. He comprobado que las personas con baja autoestima tienen dificultades para aceptar nueva información (por ejemplo un cumplido) sobre ellas porque eso las forzaría a alterar su imagen del yo (véase Capítulo 7). Por consiguiente, se atascan de tal modo en un mito seguro y conocido —aunque doloroso— sobre ellos mismos, que son indignos de elogio. La verdad es que, cuantos más cumplidos recibe uno, tanto más fácil se hace aceptarlos.

Por último, he comprobado que las personas tímidas se detienen en sus "fracasos" y los inflan fuera de proporción. En realidad Paul habló con muchas personas en la fiesta, pero olvidó sus risas, sus respuestas cálidas y su sensibilidad, y sólo recordó el punto bajo de la noche: la partida de Mary Beth. Al igual que Paul, usted puede sobrevolar sus encuentros exitosos y evocar constantemente los fracasos.

Rumiar sus desatinos es útil cuando analiza lo que salió mal y quiere cambiar su conducta. Pero si se detiene en sus errores y tiene un estilo atributivo pesimista, sólo aprenderá que es un fracaso en situaciones sociales. Además puede inhibirse para disminuir sus chances de cometer un error en el futuro. En consecuencia, nunca se permitirá correr riesgos, intentar algo nuevo y disfrutar del éxito.

OTROS ESTILOS ATRIBUTIVOS

Ahora que ha comprendido cómo y por qué piensa de usted mismo en forma tan negativa, puede que desee buscar otros modelos de pensamiento. Para algunas situaciones recomiendo usar modelos de atribución destinados a mejorar su sentido del yo. Es posible que sienta que estas alternativas atributivas son de autoayuda, pero si está acostumbrado a cargar con la culpa de todo, le permitirán tomar más control sobre sus éxitos, mantener un nivel más alto de autoestima, y esquivar la conducta menos que perfecta. Pueden darle una visión más equilibrada de su situación.

Pero sea realista. Aprenda a reconocer lo que puede y lo que no puede controlar. Esto viene de la realimentación, de la experiencia, de intentar nuevas conductas y del procedimiento para solucionar problemas que doy en este libro. También viene con la comprensión de que estará ansioso, que el cambio lleva tiempo y que necesita ser perseverante.

Practique atribuciones externas/inestables/específicas cuando las cosas van mal. Puede que usted se haya acostumbrado a razonar sólo de una manera interna, estable y global. Intente esta nueva manera de pensar cuando la situación va mal: "Esta fiesta es horrible; a veces me siento feliz en las fiestas y a veces no; sólo porque esta noche no he conocido a nadie no significa que yo sea una persona desagradable". O: "Hablar ante una audiencia es una tarea difícil; a veces soy bueno para eso y a veces no; sólo porque hoy no lo hice tan bien como deseaba no significa que no puedo hacerlo mejor en el futuro".

Practique atribuciones internas/estables/globales cuando las cosas van bien. Asimismo, adjudíquese algún crédito cuando una situación social sale a su manera. "Esta noche la estoy pasando de maravillas y debe ser porque soy tan afable. Siempre ha sido así; eso aumenta el valor de todo lo que hago". O: "Soy un orador público eficiente. Sé cómo hacerlo. Mis habilidades oratorias me ayudarán en todos mis compromisos futuros".

Culpe a los demás y absuélvase. Muchas personas no tímidas evalúan los errores de la siguiente manera: "Cuando otro se equivoca lo considero responsable al asignar atribuciones internas. Pero cuando me equivoco yo, es debido a las circunstancias pasajeras de esa situación, una atribución externa. Por ejemplo, cuando Claudia no acierta con una respuesta ingeniosa, yo puedo pensar '¡Caramba!, Claudia es un poco lenta'. Pero cuando yo no puedo dar con una respuesta, pienso '¡Epa!, Claudia me pescó con la guardia baja con ese comentario'".

El secreto es balancear la responsabilidad por su conducta con un sentido de que uno no siempre es culpable cuando las situaciones sociales se echan a perder. Tal vez la otra persona haya contribuido también. Con un balance es posible hacer una evaluación más realista de su papel. Si se reprime temporariamente de emitir un juicio, es más fácil discernir cuándo es en verdad culpable y cuándo no. Usted hace a un lado la excitación, la ansiedad y el estrés, ve la situación con más claridad y aprende de los errores.

Téngalo en cuenta: "Todos sienten de esta manera". Es fácil racionalizar la conducta menos que perfecta cuando se cree que el resto de la humanidad navega en el mismo bote. Si está nervioso cuando tiene que hacer un discurso delante del jefe, o cuando le presentan a una persona atractiva del sexo opuesto, puede ser útil recordar que casi todo el mundo se pone ansioso en esas situaciones de alto riesgo.

Recuérdese: "Soy tan especial". Cuando se siente tímido puede creer que lo pasa peor que todos los que están a su alrededor, sea eso cierto o no. Por ejemplo, puede estar convencido de que usted es la única persona tímida en una fiesta, siendo evidente que eso no puede ser. Trate de cambiar esta actitud pensando que lo pasa mejor que otros; su timidez lo hace empático, sensible, sincero, reflexivo. Usted enriquece la vida de otros.

Estas alternativas atributivas se toman mejor en pequeñas dosis. Pueden no ser eficaces como opciones permanentes de un estilo de vida, pero ayudan a aumentar su autoestima al permitirle darse crédito por los éxitos al tiempo que lo aligeran de la carga permanente del fracaso.

VERIFICAR ATRIBUCIONES

Confiamos en las atribuciones cuando no estamos seguros de la razón que hay detrás de un hecho. Paul, por ejemplo, se culpó cuando las cosas parecieron andar mal con Mary Beth. Encararla más tarde era demasiado amenazador, dadas su actitud íntima negativa y su frágil autoestima.

Hay otras maneras, sin embargo, de evaluar atribuciones y corregir su modo de pensar incluso si se siente incapaz de hacer una pregunta directa a la otra persona. He aquí otra instancia en la que pueden ser útiles las cuatro íes: identificación, información, incorporación e implementación. Si un encuentro no anda bien, Paul necesita identificar primero el problema. ¿Mary Beth se fue porque él era aburrido? ¿Ella era una persona grosera? Imaginar escenarios alternativos y analizarlos en varias situaciones ayuda en el proceso de reunir información. Por ejemplo, en el restaurante chino Paul habría podido pensar:

- "Tal vez hayan sido esos malditos parlantes estéreos. ¿Mary Beth hablará más tiempo conmigo, ahora que estamos en este restaurante y no hay ningún ruido fuerte?"

- "Podría preguntarle si tiene prisa. Si no es así y sin embargo se va, entonces tengo razones para creer que quiere evitarme."

- "Quizá no le guste hablar de negocios cuando no está de servicio. ¿Hablará más tiempo conmigo si dejo de lado los problemas del seguro? De hecho, puede ser que a nadie le guste hablar de negocios después de hora. ¿Se alejan de mí cuando traigo a colación el tema? Tal vez debería evitar hablar de trabajo en reuniones sociales."

- "Tal vez no sea yo; tal vez sea ella. ¿Qué dijeron otras personas en la fiesta sobre Mary Beth? ¿Es altanera? ¿Es una persona desagradable?"

Al analizar las atribuciones alternativas, Paul identifica la dificultad y establece una zona de bienestar más amplia. Al intentar resolver el problema de lo que causó que Mary Beth se fuera, sigue una pista en lugar de detenerse en su responsabilidad por el problema.

Como resultado de sus investigaciones, Paul podría decidir que él no fue el culpable. Podría incorporar el conocimiento de que es un buen conversador y seguir adelante para tener más contacto aún con otros.

Comparaciones injustas

Todos nos comparamos con otros. La comparación social nos ayuda a decidir cómo hemos de actuar, qué discutir, dónde pararnos; en suma, cómo integrarnos en la sociedad. Las comparaciones son en especial útiles cuando uno se encuentra en situaciones nuevas o inciertas, como en una cena elegante con guarniciones de mesa intrincadas. Usted observa qué tenedor usa el anfitrión para comer la ensalada y hace lo mismo. No hay en absoluto nada de malo en ello.

He comprobado, sin embargo, que a menudo las personas tímidas se comparan con otras en forma desventajosa, y el resultado es que siempre se sienten inferiores. Cuando usted se concentra en esas personas que se hallan en el centro de la atención —un orador en el podio, el alma de la fiesta, o la celebridad en el estreno de una obra—, en lugar de hacerlo en los miembros de la audiencia o en otras personas calladas perdidas en la multitud, no puede dejar de verse a usted mismo como deficiente.

Es probable que se sienta más inclinado que otros a entregarse a hacer comparaciones, debido a que está muy angustiado e inseguro en situaciones sociales. En verdad, la comparación social puede convertirse en una actividad mental prominente e importante; continuamente usted se encuentra midiéndose con otros.

Una estudiante universitaria sufría mucho de tales comparaciones. Me escribió así:

> Cuando veo a mi alrededor personas rodeadas de amigos, me siento casi anormal por no tener un grupo de amigos íntimos. Esto me lleva a una sensación casi constante de que llego tarde a la vida porque no soy capaz de compartir esas experiencias. La cosa se me hace más evidente cuando veo grupos de personas en lugares públicos (por ejemplo un bar) que disfrutan de la mutua compañía, ríen y se divierten. Yo estoy siempre muy concentrada en mí misma y preocupada por lo que piensan de mí los demás.

La comparación social también lo ayudará a determinar si encaja en una reunión, y ello puede afectar su identidad, su confianza en usted mismo y su autoestima. Por ejemplo, si está perplejo en cuanto a cómo manejar el conjunto de cubiertos de plata en una cena y, después de mirar alrededor de la mesa, descubre que todos parecen sentirse cómodos con eso, puede concluir que su destreza social es inadecuada y que no pertenece a ese ambiente, que esa gente es demasiado sofisticada para usted. Es probable que se sienta mal con usted mismo y respecto de cualquier cosa que pueda tener que decirles a su compañero de mesa.

Cuando se siente tímido, también es posible que se compare de modo negativo con otras personas, sobre todo con las que parecen locuaces, encantadoras y relajadas. Y como usted no es igual, puede sentir que no pertenece a ese grupo porque es inferior. Su confianza en usted mismo y su autoestima se resienten.

El negativismo abrumador de la mente tímida es una vez más el culpable. Usted se sentirá menos realizado socialmente si sólo repara en las personas más comunicativas de cada grupo y deja de escoger a aquellas que son más reticentes o torpes. Una vez atrapado en las garras de una comparación injusta, puede sentirse incapaz de llevar adelante una conversación apropiada con otra persona. Hasta los elogios sonarán en sus oídos tímidos como críticas.

Por fortuna, no tiene que llegar a conclusiones o decidir que es menos que sus compañeros. He aquí tres pautas para hacer comparaciones sociales certeras:

1. Decida qué cualidades son dignas de ser comparadas. Puesto que, en esencia, toda comparación influye sobre la autoestima, compare sólo los aspectos de su personalidad que le importan. Por ejemplo: las tendencias de la moda tienen poco atractivo para mí. Uso lo que me gusta. En una reunión no observo la ropa de otros y rumio: "Soy menos aceptable que ellos porque no estoy vestido a la última moda". Reparo en su ropa, pero no me deprimo por estar algo demodé; no estoy ahí para impresionar a nadie en ese terreno.

De igual manera, puede que usted ponga mucho énfasis, quizás hasta demasiado, en que es capaz de hablar con personas desconocidas. Pero, ¿es en realidad deseable esta capacidad? ¿Ser capaz de charlar con un extraño hace de usted una persona más valiosa? ¿Es prudente compararse sólo en aquellas cualidades que afectan su sentido del yo, tales como esos individuos que presentan algún interés o importancia para usted. Si ser admirable en mantener una charla superficial con alguien es importante para usted, entonces compare. Pero si otros factores —integridad como persona, compasión, ser un esposo y padre devotos— son más significativos, entonces olvídese de soltar la lengua. No hay ninguna razón para dejar que arruinen su vida y lo hagan sentirse infeliz.

2. Compárese con personas que son más parecidas que diferentes de usted. A pesar de que he conducido un programa de entrevistas radiales durante varios años, nunca me he comparado con magníficos entrevistadores a los que admiro. Sólo trato de ir al mismo paso que mi co-anfitrión, que tiene tanta habilidad y experiencia como yo.

Las personas tímidas a menudo se comparan con la persona más representativa de un lugar o con las celebridades encantadoras que parecen lo bastante mundanas para manejar cualquier situación social. En esta sociedad saturada de medios es más que normal pensar: "Esta actriz tiene una respuesta aguda para cada insulto. ¿Por qué no puedo hacer lo mismo?"; o: "Esa celebridad es bienvenida en cualquier club nocturno. ¿Qué tengo yo de malo? ¿Por qué la gente no me trata de esa manera?".

Lo "malo" es que las personas normales ni siguen un libreto ni tienen el aura de fama que atrae a otros y los hace desear asociarse con nosotros. Los ricos y famosos tienen ventajas injustas.

Al igual que yo, usted encontrará más útil compararse con "la persona correcta". Si carece de habilidad para las frivolidades, expulse de su mente a los conductores de *talk show*. No sólo les pagan para charlar, sino que también disponen de chistes bien ensayados (y un conjunto de escritores de comedia). En vez de mirar a las personas más gregarias de una reunión para determinar su propia valía, localice a las más reticentes y que probablemente se sienten torpes durante la primera parte de la fiesta. Lo mismo que usted, pueden salir de su caparazón a medida que avanza la velada.

Compárese con personas que parecen experimentar las mismas emociones que usted, a fin de determinar dónde está parado. De hecho, si echa una mirada inflexible, verá a otros que son más tímidos, más nerviosos y que tienen más impedimentos en el habla que usted. Y cuando los encuentre, preséntese. Se mostrarán agradecidos por su cortesía.

Si tiene que observar a individuos socialmente exitosos hágalo con vistas a saber qué los hace tan buenos en lo que hacen. Yo escucho y leo todo lo que puedo acerca de los grandes entrevistadores a fin de descubrir sus secretos e incorporarlos en mis charlas con los invitados a mi programa de radio. No me comparo con ellos; aprendo de ellos.

Usted puede aprender de quienes parecen hablar sin esfuerzo si observa cómo se desempeñan. ¿Cómo atrapan la atención? ¿Cuentan chistes? ¿Comparten historias de sus vidas? ¿Responden a las necesidades verbales o tácitas de los otros? En vez de sentirse mal por sus propias insuficiencias, trate de aprender de esos contactos.

3. Recuerde que las comparaciones son culturalmente parciales. Los norteamericanos tienden a valorar a parrandistas extrovertidos, vivaces, audaces y confiados, por encima de conversadores tranquilos e introspectivos. Por desgracia, esto nos predispone contra las personas tímidas. Pero, ¿por qué comprar este prejuicio? Si casi la mitad de la población es tímida, ¿por qué nuestra sociedad no es más indulgente con esta minoría silenciosa, pero de considerable tamaño?

Además, los valores culturales son bastante arbitrarios. Por ejemplo, las culturas asiáticas ven el silencio como un signo de poder y de fuerza, mientras que en los Estados Unidos el mismo silencio significa que no se tiene nada que aportar. (Explicaré estos prejuicios culturales en el Capítulo 15.) Así pues, si siente que no encaja en nuestra cultura de paso rápido, competitiva e impulsada por la tecnología, deje de preocuparse. Usted no tiene nada de malo.

USAR HABILIDADES SOCIALES PARA RESOLVER PROBLEMAS SOCIALES

Imagine que está en extremo cohibido. Súmele la sensación de que sólo puede fracasar y que nunca tendrá éxito. Luego combine con la sensación de que es inferior a todos los que encuentre y de que no tiene un grupo de pertenencia. Ésa es una mezcla bastante letal. Ahora trate de resolver un rompecabezas difícil con todos esos pensamientos negativos que se agitan en su mente. No se puede hacer; al menos no puede hacerse bien.

Sin embargo eso es lo que sucede exactamente cuando usted trata de habérselas con un problema social difícil, como navegar en la red, hablar en una conferencia, o pedirle una cita a alguien. Los pensamientos tímidos pueden nublar tan por entero su juicio, que no puede resolver cómo abordar la tarea que tiene entre manos. Los problemas se ven abrumadores y usted se encuentra con que es incapaz de dividirlos en piezas manejables. Puede quedar atrapado en un laberinto de mitos tímidos del cual le resulta imposible escapar.

Necesita estrategias —lo que comúnmente se conoce como habilidades sociales— para que lo ayuden en situaciones tales como olvidar el nombre de un nuevo conocido o escabullirse con elegancia de una conversación. He aquí algunos de los problemas sociales más comunes y cómo puede resolverlos:

Olvidar nombres. A todo el mundo le preocupa olvidarse de un nombre tan pronto como es pronunciado. Es útil para ello presentarse primero, porque así se coloca en el control de la presentación. Si es incapaz de hacerlo, asegúrese de repetir el nombre de la otra persona y hacer un comentario sobre él. "Es un gusto conocerla, Roxanna —podría decir—. Cuando estaba en la escuela primaria, mi mejor amiga se llamaba Roxanna."

Mantener una charla insustancial. Mucho de la charla insustancial tiene que ver con encontrar un tema sobre el cual se pueda conversar con facilidad con un extraño. Es mejor pasar por alto frases huecas acerca del tiempo y encontrar un tema que los dos tengan en común...: la presencia de su acompañante. Elogie o por lo menos observe su corbata, una joya, un broche de solapa, un reloj, un libro o una cinta de video que puede llevar en la mano, un entremés que él está comiendo... cualquier cosa. Demuestra interés en su compañero y nunca más tendrá que decir: "Qué lindo tiempo tenemos hoy, ¿no?" (véase el Capítulo 12).

Sufrir un desaire. Esto ocurre con frecuencia en el trabajo. Usted se arma de valor para acercarse a su supervisor por algún asunto, pero él no tiene tiempo para usted. La solución es fácil: sólo pregúntele si es un buen momento para hablar. Si no lo es, establezca una cita que sea mutuamente conveniente (véase el Capítulo 14).

Si en una fiesta sufre un desaire, no lo tome como cosa personal. Puede no tener nada que ver con usted. Aun si esa persona lo rechaza, puede que otras no. El rechazo resalta como una mancha roja en un suéter blanco; es incompatible con lo que ocurre normalmente. Es por eso que duele tanto.

Busque otra información y atribuciones alternativas. "Tuve otras conversaciones y anduvieron bien. ¿Por qué fui rechazado? ¿Es por algo sobre mí? ¿Estoy dominando la conversación? ¿Y evito el contacto visual?" Pruebe nuevas conductas para discernir qué salió mal. (En el Capítulo 12 explicaré cómo incluir el rechazo en su zona de bienestar y cómo mantener una conversación y una charla intrascendentes.)

Circular. Las multitudes pueden abrumarlo, pero cada grupo está compuesto por individuos. La treta, entonces, es usar su período de calentamiento para identificar a quienes parecen estar solos (parados junto a una puerta, al lado de la mesa del buffet, al borde de un grupo y tratando de entrar en una conversación) y hable con ellos. Si es una reunión de negocios, investigue quiénes podrían ser los mejores contactos para usted. Hacer blanco de manera estratégica en un puñado de personas aumenta sus posibilidades de éxito. No necesita hablar con todo el mundo.

Terminar una conversación con tacto. Puede que usted tenga problemas para salirse de un diálogo porque es un oyente muy cortés y paciente. Las personas locuaces pueden sacar ventaja de su silencio y dominar la conversación, pero no se preocupe por interrumpir el monólogo. Diga con amabilidad: "En verdad fue un gusto hablar con usted, pero hay otras personas a quienes debo saludar. ¿Podemos volver a hablar más tarde?". Causará una buena impresión y escapará de la conversación con elegancia.

UNA ÚLTIMA PALABRA SOBRE
LA TIMIDEZ DE LA MENTE

Los pensamientos tímidos van en progresión. Si el cuerpo está excitado y tenso, usted enfoca la atención en su interior. Concentrarse con exclusividad en sus propias reacciones (la paradoja narcisista) lo lleva por el sendero temerario de la autocrítica, la conciencia objetiva, y atribuciones pesimistas. Todo lo cual genera más excitación, lo que induce a más incomodidad aún y más incertidumbre. Usted hace comparaciones irrealistas y empieza a creer, como hacen mis corresponsales, que nunca tendrá éxito. Consecuencia: usted se aparta.

En el presente capítulo he suministrado herramientas eficaces para interrumpir esta secuencia en todos los niveles. Cuando aleja la atención de usted mismo y quiebra la paradoja narcisista, se encuentra mejor capacitado para prestar atención a los otros. Por consiguiente, hace atribuciones más equilibradas y comparaciones más realistas. Esto reduce su nivel de excitación lo cual a su vez disminuye su angustia. Ahora está en condiciones de tomar mejores decisiones con respecto a conductas más eficaces, tal como hace el tímido exitoso.

Puede atacar holísticamente el problema de la timidez en su mente; lo que piensa, afecta en verdad lo que siente y lo que hace. En el Capítulo 7 exploraremos de qué manera lo que piensa también determina quién es usted.

7

La timidez del yo

Loretta me escribió: "Detesto sentirme inferior a otros y detesto sentir que la gente averiguará algo terrible sobre mí si me expongo a ella. Sé que soy una buena persona que no tiene ningún terrible secreto que ocultar, y sin embargo batallo con el sentimiento de esconderme de los demás".

Éste es un sentimiento poderoso, lo bastante poderoso como para impedir que Loretta se realice. El "terrible secreto" de Loretta es el haber permitido que los aspectos negativos de su timidez modelen su identidad.

La timidez puede impregnar sus actos, sus pensamientos, sus emociones y hasta la manera cómo se identifica. Puesto que puede influir en tantas facetas de su vida e impulsarlo a pensar en usted mismo y en su conducta de manera tan emocional, llega hasta lo más recóndito de su ser. Con frecuencia las personas tímidas no piensan de sí que "tienen" timidez: "son" tímidas. La timidez puede apropiarse de su yo.

EL YO

El yo es la esencia de quién es uno, las cualidades que lo hacen único. Encadena la totalidad de la experiencia de una persona. El eminente psicólogo Gordon Allport llamó al yo "una especie de núcleo en nuestro ser". Integra las experiencias internas de alguien y las expresa como su identidad, lo que incluye cómo se ve a sí mismo —su "identidad personal"—, y cómo aparece en relación con los demás —su "identidad social"—. Estos dos aspectos del yo son semejantes a una anotación en un diario versus una carta a un amigo.

Las anotaciones en un diario —que abarcan su identidad personal— están llenas de contradicciones, autoanálisis y brutal honestidad. Cuando usted escribe un diario personal, sólo le interesa comprenderse y comprender sus experiencias. Puede no importarle cómo se retrata, su diario es sólo para sus ojos.

En una carta es consciente de cómo lo perciben otros. Con mucha probabilidad se expresará de una manera más estudiada. Trata de entender su experiencia. Cuenta la historia por orden cronológico. Tal vez oculta sus dudas íntimas y sentimientos contradictorios. Ésta es su identidad social.

Ninguno de estos métodos de expresión es mejor que el otro. El que escribe es el mismo, pero la forma en que se expresa está hecha a la medida del propósito de la comunicación. Así ocurre con su yo. Contiene su identidad personal y también su identidad social, cómo es para usted mismo y para los otros.

LA TIMIDEZ Y EL YO

La timidez es lo que las personas tímidas hacen, piensan y dicen, cómo se identifican y evalúan. La timidez del yo depende de cómo percibe usted todas las facetas de su timidez. Acciona sobre la forma de expresarse y de analizarse —su identidad personal—, como asimismo sobre la manera en que se comporta cuando se encuentra con otras personas —su identidad social—. Puede decirse que la timidez del yo corrige y pule el manuscrito de su vida. Su influencia puede ser benigna siempre que retenga algún control sobre ella.

La timidez se convierte en un problema, sin embargo, cuando usted le permite que tome el poder. Entonces deja de corregir y pulir y empieza a censurar. La evidencia de su mano dura se detecta cuando usted se percibe como una "persona tímida" que tiene problemas abrumadores, una persona que no puede expresarse cuando está con otros. La timidez puede silenciarlo, hacer que usted rehúya los desafíos y el crecimiento personal, lo obliga a admitir la derrota antes de que empiece la batalla, y en general lo hace distinto de lo que querría ser. Los demás pueden mantenerse apartados porque usted no les ha dado ninguna razón para que se acerquen. Con el tiempo, el censor se convierte en el yo; ha tomado el mando.

Cuando usted se rotula como persona tímida, origina una profecía de cumplimiento propio. Debido a que "se" piensa como tímido, debe comportarse con timidez. La timidez se convierte en su característica determinante, a veces hasta en el principio organizativo de su identidad. Determina todas sus acciones, inacciones y reacciones.

He aquí cómo describió su yo tímido una mujer: "Me odio a mí misma, disgustada por el modo en que actúo. Me enfurezco conmigo y con los demás. ¿Por qué no puedo ser más confiada? ¿Por qué los demás no me alientan a ser más confiada? En mi vida profesional me abstengo de participar en discusiones de grupo. Me siento insegura y estúpida. Me obligo a parecer relajada y comunicativa, pero por dentro me siento humillada".

Y otra persona escribió: "La timidez me ha creado problemas en todos los campos de mi vida personal, social y profesional. Pasé por el colegio secundario y la universidad sin una sola cita. El matrimonio no estaba hecho para mí, o al menos así pensé... Mi vida profesional, o la falta de ella, se ha visto severamente estorbada por la falta de confianza".

En realidad, la timidez en y por sí misma es inocua. La acompañan muchos rasgos encantadores y positivos, tales como la modestia y la cooperación. Pero usted puede ignorar sus beneficios a causa de sus "metacogniciones", sus ideas acerca de los pensamientos tímidos. Cuando éstos son negativos, influyen en forma negativa sobre su percepción del mundo, su valía y su identidad.

Aunque puede gastar mucho tiempo en pensar en usted mismo, aun así se siente perdido. He comprobado que muchas personas tímidas son conscientes de sí mismas y autocríticas, pero carecen de comprensión para sus problemas. Tienen miedo de experimentar con roles y expectativas porque están convencidas de que van a fracasar. Pueden ser muy emotivas y ansiosas, pero carecen de habilidades concretas. Y dado que ni confían en los amigos ni comparten sus problemas, se sienten aisladas, frustradas, y creen que su sino es peor que el de cualquier otra persona.

Si usted se identifica con esta mentalidad de Juicio Final, también puede ser incapaz de discernir cómo ayudarse, dónde encaja o qué le gusta, disgusta, desea y necesita. Su objetivo, sin embargo, no debería ser erradicar por completo la timidez, sino más bien comprender cómo puede influir en su vida en todo sentido. La timidez no sólo lo mantiene apartado de los demás, hace que desprecie lo que hace y quién es. En este capítulo trabajaremos con la eliminación de esas consecuencias negativas... no necesariamente con la timidez en sí misma.

Escrutar el alma y hacer las paces con el verdadero yo es una parte esencial para hacer frente a la timidez. Uno de los pasos más importantes que puede dar es separar cómo se siente respecto de su timidez de cómo se siente respecto de usted mismo en general. Si falla en brillar en una reunión social, puede pensar que es inadecuado en todos los casos y en todas las circunstancias. Puede poner demasiado énfasis en la forma en que se relaciona con otros y no el suficiente en los campos de su vida en los cuales es exitoso. Pero esto no debe ser así. En este capítulo lo ayudaré a encontrar algún equilibrio.

La timidez del yo puede existir en casi todos los aspectos de la vida cotidiana. Usted necesita reconocerla y desmitificarla, no extirparla y exorcizarla.

ALCANZAR UNA MEJOR COMPRENSIÓN DEL YO TÍMIDO

Las indicaciones acerca de cómo construir su sentido del yo pueden tomarse de algunos de los más distinguidos psicólogos que teorizaron sobre la autoestima. En 1890, William James, el fundador de la psicología en los Estados Unidos, escribió que la autoestima implica dos factores: éxito personal (lo que se hace bien) y aspiraciones personales (lo que se espera hacer bien). Cuando estos dos factores coinciden, crece la autoestima porque los objetivos pueden ser alcanzados.

El pensamiento de Carl Rogers siguió una vena similar. Diferenció el yo real del yo ideal. Para Rogers, el yo real está compuesto de los rasgos característicos de una persona; para nombrar unos pocos; sus fuerzas y limitaciones, gustos y aversiones, apariencia física y hondura emocional. El yo ideal es la persona que a usted le gustaría ser. Cuando usted dice: "Tendría que haber...", no hace más que invocar lo que cree que haría su yo ideal.

Por lo general existe una discrepancia entre el yo ideal y el yo real. Si la diferencia es positiva (lo hizo mejor de lo que jamás habría podido pensar), su autoestima sube. Si es negativa (lo hizo peor de lo que pensó que podía), la autoestima declina. La autoestima es la dimensión evaluativa del yo.

Al igual que las atribuciones, la autoestima puede ser global o específica. Cuando usted declara "Soy una buena persona", o "Soy un fracasado", está enunciando una autoestima global. La autoestima específica describe su evaluación en cuanto a atributos específicos: su talento en el campo de deportes o en la sala del directorio.

He comprobado que, cuando los tímidos hacen inventario de su yo real, citan cualidades tales como ser un buen esposo, padre afectuoso, trabajador responsable, ambientalista comprometido y una persona tímida. Cuando evocan su yo ideal, mencionan esas mismas cualidades salvo la última. Sustituyen "tímido" por "comunicativo", "sociable", o "un magnífico conversador". Cuando comparan sus dos yoes, el yo ideal parece mejor que el real. Por consiguiente, la autoestima declina.

AUMENTAR LA AUTOESTIMA

La autoestima puede modificarse. La clave es cambiar autocrítica por conciencia de uno mismo.

¿Debe usted juzgarse de modo negativo sólo porque es tímido? Absolutamente no. Usted puede tener una elevada autoestima y sin embargo tener un yo tímido. Puede construir una base firme compuesta de expectativas realistas, clara conciencia de usted mismo, y coraje para correr riesgos. Empiece por reconsiderar su perspectiva de su yo.

En su Diario de la vida de un tímido

1. Haga un inventario de su yo: enumere por lo menos diez cualidades que cree contribuyen a su yo real. Mencione sus fuerzas y sus debilidades. Sea honesto. Nadie más que usted verá estos resultados. En una columna separada haga una lista de los atributos de su yo ideal. ¿Encuentra discrepancias?

2. Reconsidere su yo ideal. ¿Ha listado "comunicativo" (o un atributo similar) como parte de su yo ideal? Escriba por qué valora este rasgo. ¿Querría tener más amigos? Podría, pero ¿serían mejores amigos de los que tiene ahora, o serían meros conocidos? Puede que se sienta mejor por ser tímido al acercar su yo ideal a la realidad. ¿A qué se parecería su yo ideal?

3. Reconsidere la discrepancia entre su yo ideal y su yo real. No dé por sentado que una discrepancia es mala. Después de todo, ¿la vida no sería aburrida si todos fuéramos perfectos? No necesita lamentar los "errores", pero sí aprender de ellos. Los errores convierten la vida en una aventura. Si su yo ideal hubiese invitado con una taza de café a ese extraño intrigante, pero su yo real no lo hizo porque usted era demasiado tímido, no se habría equivocado. Sólo ha identificado una lección a ser aprendida. Describa las lecciones engendradas por discrepancias entre su yo real y el yo ideal.

4. Reconsidere el significado de la autoestima. Describa aspectos de su autoestima global y específica. ¿Qué es su autoestima global? ¿Cuáles son los diferentes rasgos que componen su autoestima específica? ¿Es usted un buen abogado? ¿Un amigo simpático? ¿Un

abuelo generoso? ¿Un as en tenis? ¿Una terrible ama de casa? ¿Un lento para entrar en calor en una fiesta? Cuanto más específico sea, más consciente de usted mismo será.

Cuando piense de usted en términos de atributos específicos, se dará cuenta de que la timidez es sólo un aspecto de su personalidad, no su única identidad. Cuando se les pide hacer una lista de los atributos globales y específicos de su autoestima, la mayoría de las personas tímidas enumera muchos rasgos y actividades en las que son exitosas; encuentran pocas áreas que necesiten ayuda; y por lo general advierten que son terribles para mantener charlas intrascendentes con extraños en una fiesta.

Por ejemplo, un profesor universitario me escribió:

A pesar de mi timidez en sociedad, doy clases amenas y fluidas, contesto bien y con agudeza las preguntas, y no tengo ningún problema en absoluto en conversaciones íntimas con buenos amigos. Soy sexualmente expresivo, inventivo y desinhibido. Pero en las relativamente inusitadas ocasiones en que brillo en una reunión, me siento en extremo cohibido y busco desviar la atención sobre mi persona lo más rápido posible. Es una situación malograda. Cualquier éxito social me hace sentir triste y fastidiado por la ansiedad pasada y las oportunidades perdidas.

Una vez que ha adquirido una visión más amplia de su identidad, podrá darse cuenta de que la timidez es sólo un aspecto insignificante de su vida. Usted no es tímido todo el tiempo y hay muchos aspectos de su existencia que funcionan bien. No debería identificarse y censurarse a causa de uno solo: la timidez.

Las personas tímidas con frecuencia generalizan su fracaso en un área a todo su sentido del yo; parecen incapaces de mantener la discreción en faltas específicas. Como me escribió una persona tímida infeliz: "Tomo cualquier falla de relación en una fiesta, conferencia, etcétera, como: a) otro síntoma más de mi total incapacidad para hacer frente en debida forma al mundo; y b) algo que hará que la gente piense que soy una persona sin valor".

Una manera de reprimir los pensamientos negativos es acomodar las expectativas irrealistas. En lugar de desear que ojalá pudiera hablar con cualquiera en cualquier lugar, reemplácelo por un objetivo más asequible tal como presentarse con confianza a un nuevo conocido. En vez de querer ser un orador público intachable, esfuércese por convertirse en un orador que es comprendido con facilidad y muestra un interés genuino por su materia. Acercar el yo ideal a la realidad lo ayudará a reducir su frustración y el fracaso percibido y aumentará su sentido de control y poder.

¿TIMIDEZ EQUIVALE A BAJA AUTOESTIMA?

Uno de mis corresponsales, un coordinador de eventos que promediaba la cuarentena, me escribió: "Pienso que la timidez está relacionada con la autoestima. Si uno tiene una alta autoestima no le importa correr el riesgo. De esto se trata todo el asunto: uno es tímido porque teme ser rechazado. Si tiene una alta autoestima, se dice: 'Mala suerte'".

Muchas personas sostienen esta creencia, pero yo no estoy convencido. La timidez no predestina en forma automática a tener una baja autoestima. Los investigadores han comprobado que sólo tiene una moderada correlación con esos sentimientos negativos. Es decir, usted puede ser tímido en extremo y tener una baja autoestima (la persona tímida típica), tímido en extremo con una alta autoestima, o nada tímido con alta o con baja autoestima. Puede sentirse bien con usted mismo cuando piensa en sus talentos como trabajador, esposo, amigo o gastrónomo. Puede pensar de modo negativo cuando considera cómo actúa socialmente, pero no necesariamente significa que tiene una baja autoestima global.

La suposición dominante entre la gente de que la timidez equivale a una baja autoestima me dice que las personas tímidas creen que su autoestima es más baja que la de aquellos que no lo son. La baja autoestima proporciona una explicación a mano de por qué los tímidos no se involucran con otros. No se sienten dignos.

La gente me pregunta con frecuencia si la timidez provoca baja autoestima o, a la inversa, si la baja autoestima causa timidez. Éste es un punto discutible. La timidez implica la totalidad del yo, mientras que la autoestima implica sólo una porción de un aspecto del yo. Esta pequeña porción arroja poca luz sobre la naturaleza holística de la timidez.

Mientras coincido en que es importante comprender cómo se entrelazan autoestima y timidez, no creo que la autoestima sea el problema más crítico relacionado con la timidez.

No puede determinarse una causalidad lineal para la timidez. A más B no necesariamente es igual a C. Para captar el origen del yo tímido es preciso combinar las experiencias únicas de una persona con su personalidad individual, la interacción y la dinámica de su yo con el medio ambiente y, por último, una mayor concientización de la condición humana.

LA IMPORTANCIA DE SER TÍMIDO

Aun cuando usted fuera capaz de dividir su sentido global del yo en sus dimensiones específicas, la timidez con personas nuevas —sólo un fragmento de su personalidad— todavía puede acosarlo. Como el profesor universitario, puede reconocer que es un individuo talentoso, inteligente, afectuoso y comprensivo, pero porque es tímido presta poca atención a esos atributos positivos. Queda empantanado en lo que yo llamo la "importancia de ser tímido".

He aquí cómo explicó una mujer la dualidad de su situación: "Cuando se trata de uno a uno estoy perfecta, pero introdúzcame en un grupo y mi cerebro se vuelve engrudo. He evitado entrar en relaciones a causa de mi timidez. Si me siento amenazada de alguna manera, rechazaré al individuo o de algún modo eludiré la relación. En lo profesional, la timidez no me ha afectado. Confío mucho en mis habilidades y no vacilo en hablar en defender mi punto de vista, o solicitar un ascenso. He tenido éxito en todas mis experiencias laborales".

Aunque esta mujer parece tener éxito en otras esferas, el hecho de ser tímida domina su identidad.

Tal vez el ser tímido —o no tímido— se ha convertido en el factor más importante de su vida. Por cierto, otra percepción de la autoestima proviene del psicólogo Roy Baumeister, de la Universidad Case Western Reserve. Él la ve como una colección de atributos específicos que varían en relación con la relevancia que asuman para cada uno de nosotros. Nos esforzamos por distinguirnos en los atributos que hemos señalado como los más relevantes, y nuestro éxito o fracaso impacta nuestra autoestima.

Si usted valora la extroversión con tanta intensidad, ninguna otra cualidad la superará. La timidez eclipsará todas sus características positivas. Como escribió una corresponsal: "La timidez me ha mutilado. La timidez es el resumen de todos los temores y posibilidades de cosas que salen mal. Es por completo inservible. Ha despistado a otras personas en cuanto a mi verdadero yo, mis buenas cualidades, mis habilidades y aptitudes, y sobre todo mi potencial... Me ha alejado de mis objetivos y de la gente a la que quiero llegar".

Aunque manifiesta que la timidez ha mantenido alejados de sus buenas cualidades a "otros", también le ha impedido "a ella" apreciarlas en su integridad.

¿Por qué la timidez gana tanta primacía? Cuando uno es tímido, puede cometer errores sociales, tales como rechazar una invitación a bailar porque cree que todos la escudriñan (cuando, en verdad, sólo prestan atención a ellos mismos). Cuando usted se concentra en tales errores, de manera automática ellos se destacan en forma desproporcionada.

Está en la naturaleza humana concentrarse en las propias flaquezas e ignorar las imperfecciones de los otros. Con mucha probabilidad, cuando usted se siente tímido pasa por alto la torpeza social de otros. Asimismo, puede dar por supuesto lo que hace bien porque parece tan fácil. Una pianista tímida, por ejemplo, puede dar poca importancia a su talento. Ella nació con oído musical y menosprecia la rareza de ese don puesto que nunca tuvo que luchar con él. Por otra parte, la locuacidad ha estado siempre fuera de su alcance, de modo que se convierte en su Santo Grial.

Por último, como señala Roy Baumeister, una vez que usted ha determinado que algo le es importante, no importa qué, su éxito en ello afectará su sentido del yo y su identidad. En sentido inverso, si no es importante para usted, el fracaso tendrá poco impacto sobre su sentido del yo. Por ejemplo, soy un golfista bastante mediocre. De hecho, bien podría decirse que soy un espanto en ese deporte. Por fortuna no apuesto mi sentido del yo a mi desempeño en el golf. Jack Nicklaus y Tiger Woods —personas que viven y respiran golf— se sentirían devastados si jugaran a mi nivel. Ellos arriesgan su reputación y su fortuna en sus puntajes. El golf es el factor más importante de su vida.

Así pasa con la timidez. Si usted decide que ser comunicativo es el problema más importante de su vida, entonces se sentirá desconsolado con cada revés social. Pero no tiene por qué ser así. Muchas personas calladas están felices con su suerte. Saben que, para llevar una existencia satisfactoria, hay algo más que ser el alma de una fiesta. Como me escribió una mujer tímida: "En muchos sentidos siento que mi timidez fue lo que atrajo a mi esposo. Me dijo que mi ingenuidad lo intrigó y creyó que estaba coqueteando. Cuando llegó a conocerme mejor, se enamoró de una persona a la que encontró refrescante".

Y otra mujer terció: "La timidez no es 'tan' mala. A lo sumo es una molestia. La vida de todo el mundo presenta algún tipo de molestia permanente. Quizá la timidez tenga algunos aspectos positivos: modestia, empatía y sensibilidad son rasgos que muchas personas tímidas poseen. ¡La verdad es que muchas personas ruidosas, absortas en sí mismas, deberían ser un poco más tímidas!

EXAMEN DEL YO REAL/YO IDEAL

Debajo de cada columna encierre en un círculo el número que mejor lo describe.

Rating del yo real: Para cada una de las cualidades enumeradas abajo determine en una escala de 1 (no como yo) a 7 (muy parecido a mí) en qué medida posee esa cualidad.

Rating del yo ideal: Para cada una de las cualidades enumeradas abajo, determine en una escala de 1 (mi yo ideal no posee esta cualidad) a 7 (mi yo ideal posee esta cualidad) cómo evalúa su yo ideal.

Diferencia: Para cada ítem reste su puntaje del Yo Real del puntaje del Yo Ideal. Anote la diferencia.

Importancia: En una escala de 1 (en absoluto importante) a 7 (muy importante), determine cuán relevante es esta cualidad para su sentido del yo.

Total: Multiplique el puntaje de la diferencia por el puntaje de la importancia y registre ese número para encontrar su total.

Rating yo real   Rating yo ideal   Diferencia   Importancia   Total

1. Ser un buen conductor.

1 2 3 4 5 6 7   1 2 3 4 5 6 7 _____ 1 2 3 4 5 6 7 _____

2. Ser confiable.

1 2 3 4 5 6 7   1 2 3 4 5 6 7 _____ 1 2 3 4 5 6 7 _____

3. Ser un buen trabajador.

1 2 3 4 5 6 7   1 2 3 4 5 6 7 _____ 1 2 3 4 5 6 7 _____

4. Estar sereno entre la gente.

1 2 3 4 5 6 7   1 2 3 4 5 6 7 _____ 1 2 3 4 5 6 7 _____

5. Ser honesto.

1 2 3 4 5 6 7   1 2 3 4 5 6 7 _____ 1 2 3 4 5 6 7 _____

6. Ser un buen conversador.

1 2 3 4 5 6 7   1 2 3 4 5 6 7 _____ 1 2 3 4 5 6 7 _____

7. Ser yo mismo con nuevas personas.

1 2 3 4 5 6 7   1 2 3 4 5 6 7 _____ 1 2 3 4 5 6 7 _____

8. Ser un buen oyente.

1 2 3 4 5 6 7   1 2 3 4 5 6 7 _____ 1 2 3 4 5 6 7 _____

9. Ser un buen bailarín.

1 2 3 4 5 6 7   1 2 3 4 5 6 7 _____ 1 2 3 4 5 6 7 _____

10. Ser consciente de uno mismo.

1 2 3 4 5 6 7   1 2 3 4 5 6 7 _____ 1 2 3 4 5 6 7 _____

11. Ser un buen confidente.

1 2 3 4 5 6 7   1 2 3 4 5 6 7 _____ 1 2 3 4 5 6 7 _____

12. Ser espontáneo.
1 2 3 4 5 6 7   1 2 3 4 5 6 7 _____ 1 2 3 4 5 6 7 _____

13. Tener confianza en uno mismo.
1 2 3 4 5 6 7   1 2 3 4 5 6 7 _____ 1 2 3 4 5 6 7 _____

El puntaje de la Diferencia indica el grado de superposición entre su yo real y su yo ideal. Cuanto mayor sea el puntaje, tanta más discrepancia habrá en su sentido del yo.

El puntaje de la Importancia refleja el grado de relevancia que usted pone en esa cualidad en relación con su sentido del yo. Cuanto más alto el número, tanto más relevante es esa cualidad para lo que piensa de usted mismo.

El puntaje Total indica la importancia de cualquier discrepancia dentro de su sentido del yo. Cuanto más alto el puntaje, tanto más dividido estará su sentido del yo respecto de aquellas cualidades enunciadas en este cuestionario.

Los rasgos que elegí para este examen pueden tener poca pertinencia para su propio sentido del yo. A fin de que este ejercicio sea más relevante para usted, intente la versión personalizada del Examen Yo real/Yo ideal.

Si usted es como la mayoría de las personas que han contestado este cuestionario en mis seminarios, descubrirá que posee muchas cualidades importantes y deseables que es posible pase por alto porque está demasiado ocupado en examinar las relativamente pocas cualidades que le faltan, pero que le gustaría tener. Es admirable querer mejorar su sentido del yo, pero ponga sus atributos en perspectiva. No olvide los muchos rasgos excelentes que posee. Volverse consciente de la totalidad de sus fuerzas hace más fácil el examen de sus debilidades percibidas.

En su Diario de la vida de un tímido

Examen personalizado de Yo real/Yo ideal.
Regrese al ejercicio del Diario de la vida de un tímido (al comienzo de este capítulo). En una nueva página

del diario enumere todos los atributos que ha generado para su inventario personal. En la parte superior del papel escriba los encabezamientos "Yo real", "Yo ideal", "Diferencia", "Importancia" y "Total". Use el mismo sistema de apreciación y puntaje que en el examen de más arriba.

PONER EN MARCHA LA AUTOESTIMA

La forma de sentir la discrepancia entre su yo ideal y su yo real puede surgir tan sólo como el resultado de sus acciones: obrar mejor o peor que lo anticipado en una situación dada. Usted puede catalogar y afirmar sus buenas cualidades, pero eso no cambiará su identidad, al menos no en el mundo real. Si quiere elevar su autoestima debe desafiarse mediante la participación en actividades que alguna vez lo han intimidado y desalentado.

Una adolescente que había sido tímida me escribió: "Unirme al equipo forense del colegio secundario me ayudó a sentirme cómoda con la gente y conmigo misma. Se conoce mucha gente y se tiene oportunidad de hablar en una atmósfera de baja presión. Otra cosa fue mi trabajo de verano. Trabajé como cajera en un puesto de comida. Simplemente hablar con distintos clientes todos los días me mostró lo fácil que es iniciar una conversación. Ahora siento que soy sólo el diez por ciento de tímida de lo que era hace cinco años".

Para elevar su autoestima usted debe manejar su vida del modo más parecido al de alguien que tiene una alta autoestima. Aun cuando esas personas felices parecen llevar una vida encantadora, no es así. Trabajan para lograrlo. Pero primero echemos una mirada a las características de las personas con baja autoestima.

Características de las personas con baja autoestima

He comprobado que quienes tienen una baja autoestima poseen un sentido del yo relativamente rígido. Se ven de manera unidimensional y raras veces exploran otros aspectos de su identidad. Por ejemplo, si usted tiene una baja autoestima y decide que es incapaz de mantener charlas intrascendentes, puede que nunca fracase en una situación; simplemente es incapaz de imaginarse como persona sociable. Por lo tanto, se apartará de situaciones que provocan charlas insustanciales. Razonará así: ¿Para qué hacer el esfuerzo si está destinado a fracasar? Éste es un signo seguro de una zona estrecha de bienestar, que refuerza más los sentimientos negativos sobre uno mismo.

Las personas con baja autoestima también pueden correr riesgos irrealistas eligiendo actividades que son demasiado difíciles o demasiado fáciles. Como resultado, nunca se sienten exitosas. Cuando opta por una actividad demasiado difícil, apuesta toda su autoestima a lo imposible; el fracaso es previsible. Por ejemplo, si cree que es malo para estar en sociedad o para elaborar respuestas espontáneas e ingeniosas, y a pesar de eso va a una gran fiesta llena de extraños influyentes, su incomodidad está garantizada. Por otra parte, este riesgo irrealista refuerza su rígido sentido del yo como un fracaso en superficialidades.

De manera alternativa, puede asumir problemas que son relativamente fáciles de resolver, como asistir a una recepción de negocios pero hablar sólo con colaboradores a los que conoce bien. Pero en una situación de tan bajo riesgo usted no puede ensanchar su zona de bienestar. Su victoria hueca hará poco para mejorar su sensación de realización. Es fácil descontar un éxito que no tiene ningún significado.

He comprobado que las personas con baja autoestima son bastante conocedoras de lo que no pueden hacer, pero tienen poco discernimiento en cuanto a lo que pueden hacer y raras veces intentan nuevos desafíos. El viejo adagio todavía suena a verdad: "Nunca lo sabrá hasta que no lo intente".

Las personas con baja autoestima son desdichadas. Parecen fracasar siempre que intentan algo nuevo, sólo son buenos en lo que cualquier otro parece hacer bien, y descubren pocos atributos positivos cuando indagan en su alma. El hecho se convierte en un ciclo que se perpetúa solo. Muy pronto estas personas se confinan en sus estrechas zonas de bienestar. Se sienten frustradas y eligen las actividades equivocadas cuando se arriesgan a salir. Esto sólo les causa más frustración y un retiro más profundo a su mundo privado.

Características de las personas con alta autoestima

Las personas con alta autoestima tienen un sentido de su identidad relativamente flexible. Aunque, como todo el mundo, también experimentan frustración, fracaso y de vez en cuando malos días, manejan estos desafíos de modo más constructivo que aquellas con baja autoestima. Saben que ciertas características los hacen únicos. También estiman que tienen algunos talentos. Son capaces de actuar e incorporar nueva información sobre ellas mismas.

Imagínese a Sally, una persona con pocas habilidades para la charla frívola, pero con alta autoestima. Ella puede razonar que no se destaca en grandes fiestas atestadas de extraños, pero eso puede resultar tolerable puesto que es exitosa en muchas otras esferas de su vida. En lugar de ir a esas fiestas, pasa el tiempo con amigos íntimos. Cuando un camarada la presenta a alguien, descubre que tras el embarazo inicial del período de calentamiento puede comunicarse con relativa facilidad.

De hecho, pasado el primer choque, poco a poco Sally cae en la cuenta de que es capaz de hablar con extraños. Le resulta raro, porque nunca había pensado así de ella misma. Pero como su sentido del yo es flexible, puede incorporar la nueva información y verse como una persona con condiciones de mantener una charla superficial bajo ciertas circunstancias.

El éxito de Sally le brindó una pequeña pero tangible sensación de realización. Además, ella no desvaloriza su logro manifestando que su nueva conducta significó poco porque el nuevo conocido era un amigo de un amigo. Era un extraño, tuvo una agradable conversación con él, y se sintió bien con eso.

Las personas con alta autoestima también experimentan fracasos, pero manejan sus pérdidas con elegancia al pedir realimentación que las ayude para el futuro. La crítica constructiva es esencial. En lugar de pensar: "Eso fue terrible, nunca lo intentaré de nuevo", con realimentación adecuada y crítica constructiva puede pensar: "Sé en qué estuve mal y no cometeré otra vez ese error".

La realimentación ayuda a ser más consciente de uno mismo, no más autocrítico. De hecho, he comprobado que cuando las personas con alta autoestima tienen éxito, a menudo piden más crítica constructiva aún y hurgan en sus puntos frágiles hasta que apa-

rece un rasgo negativo. Creo que esto es así porque el éxito fácil
no las satisface en absoluto; quieren saber cómo pueden mejorar en
el futuro. La supervivencia no les es suficiente; quieren prosperar.
Y sólo pueden hacerlo si incorporan información que ampliará sus
zonas de bienestar, la conciencia de ellas mismas y la visión que
tienen de su persona. Quieren comprenderse y comprender su
mundo a fin de poder sentir que controlan y están al mando de sus
temores.

Consideremos otra vez a Sally. Como cree que no sirve para
frivolidades, se coloca en situaciones que le permitan conversar
con comodidad. No se aparta del mundo, pero mide su exposición
a extraños. No se censura por ello. Comprende sus debilidades y
divide el problema en piezas manejables que ella pueda manipular
con éxito. Y a cambio de todo su esfuerzo, descubre que puede
hacer lo que alguna vez pensó que era imposible: ganar un nuevo
amigo.

Emular a personas con alta autoestima

Sally vive una exitosa vida de tímido. Es tímida, pero mantiene
alta su autoestima. Esto no es sólo un golpe de fortuna. Y no le sucede sólo a personas cuyos únicos éxitos son sociales. De hecho,
igual que el resto de nosotros, las personas tímidas exitosas con
frecuencia soportan dudas íntimas, ansiedad y frustración. Pero a
diferencia de quienes tienen una baja autoestima, aprenden de sus
errores y mantienen una visión optimista de ellos mismos y de su
futuro. He aquí cómo puede hacerlo usted también:

- Fije sus propias normas. No permita que otros lo intimiden en situaciones que sabe bien que no son convenientes
  para usted. Por el contrario, satisfágase haciendo lo que le
  gusta.

- Acentúe lo positivo y asuma su responsabilidad por ello.
  Está en la naturaleza humana pasar por alto los éxitos
  cuando llegan con facilidad. Si las cosas le van bien, comprenda de qué manera ha contribuido al éxito y ufánese de
  su proceder atinado.

- Controle su monólogo negativo. La mente tímida puede hacer difícil acallar el monólogo negativo, pero usted puede hacerlo. Concédase el beneficio de la duda.

- Fije normas de éxito realistas. Tenga presente que una fiesta se compone de toda clase de personas, no sólo de los individuos gregarios que deben estar siempre "encendidos". A menudo los extrovertidos se sienten agobiados por su autoimpuesta obligación de asegurar que los otros pasen un buen momento. Reconozca que presentarse en una fiesta es siempre mejor que no ir en absoluto.

- Desafíe a su yo ideal. ¿Está seguro de que quiere ser un extrovertido en plena flor? ¿Las celebridades son más felices que el resto de la gente? Es dudoso. Hay que pagar un precio por la fama: la presión de parecer perfecto en todo momento. Piense dos veces antes de fantasear con el yo ideal.

- Examine su yo real. Aumente la conciencia de usted mismo mediante la comprensión de lo que puede y lo que no puede hacer. Acepte sus fuerzas y sus limitaciones, y comprenda que contribuyen a que usted sea quien es, pero no constituye el único determinante de la persona en la cual puede convertirse.

- Reconozca que hay una tarea en marcha. En lugar de pensar de usted mismo como una persona tímida, cambie los rótulos y conviértase en una persona que está aprendiendo la manera de no ser tímida en determinadas situaciones.

- Confíe en buenos ejemplos. Pase el tiempo con personas que tienen un saludable nivel de autoestima. Pregúnteles cómo se entienden con el fracaso, la duda íntima y el perfeccionismo. Adopte sus puntos de vista y asóciese a ellos siempre que sea posible.

- Tome el control. Asuma riesgos moderados de manera que

pueda experimentar éxitos significativos. Elabore un plan de acción. Recuerde que su situación puede empeorar antes de mejorar. Tenga paciencia durante su período de calentamiento.

* Acepte nueva información sobre usted mismo. Intente actividades originales y pida e incorpore realimentación. Aprenda de sus errores y de sus triunfos.

* Fomente intereses externos. Si está comprometido en una actividad que disfruta, no sólo se sentirá más confiado en general sino que también estará menos molesto por su timidez. Como me escribió una persona de Michigan, de cuarenta años: "Tal vez la manera de vencer la timidez es hacer algo que a uno en realidad le gusta; poco a poco la timidez disminuye por la acción misma en lugar de resultar derrotada por uno mismo. A veces siento que pasamos demasiado tiempo preocupándonos por nuestra apariencia, por cómo no sentimos".

Daniel aceptó este último consejo y sacó provecho de él. Durante años se había odiado por ponerse nervioso cuando se acercaba a mujeres que le resultaban atractivas. Decidió buscar una nueva manera. Provisoriamente suspendió las citas, a fin de reevaluarse y reevaluar su conducta.

Primero hizo un inventario de sus defectos. Eso fue fácil; él no servía para abordar a las mujeres. Entonces revisó dónde sobresalía y qué era lo que en verdad lo hacía feliz. Esto le llevó un poco de tiempo, porque no había pensado de él en esos términos, pero pronto apareció con una lista. Era un buen contador y navegante, era paciente, cortés y amable; era más o menos bien parecido; respetaba a las mujeres; tenía un agudo sentido del humor que la gente disfrutaba una vez que se acostumbraba a él; era un magnífico cocinero. Reconoció que era bueno en la mayoría de los pasatiempos que disfrutaba y que necesitaba ayuda en un solo aspecto: conocer mujeres.

¿Cómo podía utilizar sus activos para compensar ese gran déficit? Daniel recordó que siempre se sentía feliz cuando estaba en un barco, domando el viento, las olas y las velas. Decidió que si pasaba más tiempo navegando sería un mejor marinero y disfrutaría de sí mismo. Reunió coraje y llamó a un negocio de artículos de pesca. El propietario le suministró una lista de grupos de navegantes que se reunían en la playa local.

Daniel se asoció a uno de los clubes, aun cuando se sintió cohibido para hacer preguntas por teléfono. La primera vez que el grupo se reunió estaba nervioso, pero sabía mucho más sobre navegación que la mayoría de los otros y pronto se relajó. Cuando los miembros femeninos se acercaron a él en busca de ayuda, pudo explicar algunos de los secretos del arte de atar nudos. Daniel y sus compañeros de navegación empezaron a reunirse aun cuando no lo tenían programado. Llegó a conocer nuevas mujeres y, como navegar lo vivificaba y distraía, su nerviosismo se evaporó. Supo que gustaba a los demás y que admiraban sus habilidades. Sintió que era otra persona, por más que nunca como en esos momentos era cabalmente él mismo.

UNA ÚLTIMA PALABRA SOBRE LA TIMIDEZ DEL YO

El estudioso de la personalidad Alfred Adler creía que nuestro "estilo de vida" abarca factores personales y ambientales que influyen en nuestro deseo de esforzarnos por ser las mejores personas posible a través del automejoramiento. Adler subrayó lo que él llamó "interés social": ayudarse uno mismo a través de dar a otros. Exactamente eso fue lo que hizo Daniel. Deseó convertirse en un mejor navegante y en un pretendiente más relajado, y lo hizo así no sólo al pasar más tiempo en el agua sino también al enseñar a sus compañeros miembros del club.

Adler sostenía que las personas bien adaptadas crean un estilo de vida que les permite unificar todos los aspectos de su existencia, asumir riesgos y atacar de frente los problemas, como lo hizo Daniel. Los individuos inadaptados, en cambio, se sienten inferiores, muestran poco interés social, piensan de una manera simplista y tienen una perspectiva derrotista sobre la vida. Culpan a los otros por sus dificultades y defectos. En vez de crear un saludable estilo de vida, viven "como si" la realidad fuera diferente ("como si" las relaciones íntimas fuesen de poca o ninguna importancia; "como si" pudieran alcanzar algún objetivo personal, profesional o social sin soportar ningún riesgo).

Si usted se paraliza por actitudes derrotistas de inferioridad personal, puede encontrarse en esa misma situación difícil. Los mitos sobre la timidez pueden llevarlo a creer que no puede vencer la suya, que sería más apreciado si fuera más gregario, que es menos merecedor que otros, que no tiene nada que ofrecer a su comunidad. Puede caer víctima del mito fundamental de que la gente sólo puede ser feliz si es comunicativa.

Pero lo cierto es que usted puede ser feliz, aunque sea tímido, si logra controlar sus sentimientos y pensamientos tímidos. Puede ser feliz si incorpora la timidez en sus decisiones vitales de manera de hacer elecciones adecuadas. Puede ser feliz si reúne valor, discernimiento y ánimo para enfrentar los desafíos de la vida.

La timidez sólo se convierte en un problema cuando incorpora sus mitos en su ser más recóndito, mitos que le dicen que nunca tendrá éxito, que no tiene ningún sentido intentarlo, que usted es un fracaso. Los tímidos exitosos abrazan su yo tímido e incorporan la timidez en todos los aspectos de su vida. La conciencia de ellos mismos les permite trazar un curso de vida con claridad y honestidad.

Examinar la influencia del cuerpo, la mente y el yo ayuda a comprender la esencia de la timidez, pues revela las fuerzas ocultas con las que batalla todos los días en una variedad de situaciones. Estas experiencias son las más difíciles de controlar, racionalizar y superar. Son las fuerzas que más profundamente afectan su identidad, su autoestima, su estilo de vida y su alma.

En lo que queda de este libro le mostraré cómo la timidez del cuerpo, la mente y el yo influyen en usted a lo largo de toda su vida.

La timidez a lo largo del ciclo de la vida

Un rasgo de la personalidad tan importante como la timidez es experimentado de diferentes maneras en los distintos momentos de nuestra vida. Como bebés, no se puede decir en justicia que seamos tímidos, pero puede que hayamos nacido con un cerebro muy reactivo a lo nuevo. Como niños pequeños, debemos aprender a hacer amigos y jugar con otros en el ambiente a veces caótico de la escuela. En la adolescencia, podemos sentirnos estigmatizados por nuestra timidez y buscar maneras para ocultarla. Al llegar a la adultez, nos esforzamos por elaborar estrategias para conectarnos con otros —amigos, amantes, colaboradores— y mitigar nuestra soledad.

Pero si bien surgen diferentes resultados en cada una de estas etapas de la vida, en todas se aplican los mismos principios fundamentales; al tratar con la timidez del cuerpo, la mente y el yo, nos aferramos a nuestra tendencia a entrar lentamente en calor, al conflicto acercamiento/evitación, y a las zonas de bienestar restrictivas.

En esta Parte III explicaré la dinámica subyacente de la timidez a lo largo del ciclo de la vida y ofreceré sugerencias para hacer elecciones beneficiosas respecto de esos resultados.

8

¿Nacemos tímidos?

Betty me describió a su nietita con estas palabras:

Si Kelly estuviera en mi casa y usted entrara —no importa lo divertidas que estemos—, ella se interrumpiría y se arrastraría hasta donde están sentados mamá y papá. Cuando tenía un año, si alguien iba hacia ella y le hablaba, rompía a llorar. En su primer cumpleaños toda la familia fue a su casa. Ella jugaba y todo andaba bien. Entonces la sentamos en la sillita alta para comer la torta. Todos nos reunimos a su alrededor para cantar el "Feliz Cumpleaños" y ella nos miró con expresión de "¿Qué me están haciendo?". ¡En segundos pasó de ser una niñita feliz a una llorona!

Ahora mismo, cuando vamos a su casa, no corre hacia nosotros y nos da un beso. Lleva unos cinco o diez minutos antes de que podamos aproximarnos a ella, pero entonces sí, es una nena adorable.

Las respuestas de Kelly son compatibles con las de otras criaturas que reaccionan con intensidad a lo nuevo. Hasta podríamos conjeturar que llegó al mundo con lo que se conoce como "temperamento inhibido".

TEMPERAMENTO Y PERSONALIDAD

Todos nacemos con un temperamento, nuestra innata predisposición biológica a actuar de determinadas maneras. El temperamento puede echar los cimientos para que una persona se convierta en violinista o en estrella del básquet, matemático o pintor.

Un aspecto del temperamento —la inhibición o la falta de ella— es una función de la sensibilidad del cerebro a la estimulación. Los científicos han descubierto que aun desde antes de nacer aparecen diferencias en esa reactividad. Alrededor del veinte por ciento de los bebés nacen con un temperamento inhibido y, como Kelly, parecen en extremo susceptibles. Pueden patear con vigor o llorar cuando le presentan un nuevo juguete o una cara no conocida. Un cuarenta por ciento exhibe una relativa desinhibición. Estas almas más duras permanecen más serenas frente a una novedad.

El temperamento es sólo un aspecto de la personalidad. Esta última se desarrolla con el tiempo y se compone de una combinación de factores: biológico (temperamento), ambiental (familia, cultura), experiencia (educación, expectativas) y psicológico (motivación, autoestima). Las estimaciones han situado la influencia del temperamento sobre la personalidad en un veiticinco a un cincuenta por ciento. La timidez es un rasgo de la personalidad, no un temperamento.

A medida que se desarrolla la personalidad de un niño, un temperamento inhibido puede convertirse en una personalidad tímida con la influencia del factor ambiental, psicológico y otros. Es interesante observar, sin embargo, que no todos los niños nacidos con temperamento inhibido, se convierten en adultos tímidos. Y es evidente también que algunos bebés inhibidos serán tímidos; de otro modo la timidez afectaría a un segmento más pequeño de la población que el cincuenta por ciento. La biología no es destino.

Entonces, ¿por qué estudiar la inhibición? Porque nos ayuda a comprender los procesos biológicos de la timidez en el cerebro. La inhibición es una reacción netamente visceral y exagerada a la novedad y a la amenaza percibida. Los cerebros de bebés como Kelly responden de modo muy semejante a los cerebros de adultos tímidos, sólo que sin el acompañante cognoscitivo y el bagaje psicológico que hemos explorado en los dos capítulos anteriores.

Con todo, las raíces biológicas de la timidez siguen teniendo algo de misterio. No podemos decir con certeza que los bebés nazcan tímidos, puesto que no hay una evidencia científica para afirmarlo. La timidez, al ser un rasgo de la personalidad, es mucho más compleja de lo que parece en la superficie y, por lo tanto, no es fácil de rastrear en estructuras específicas o reacciones dentro del cerebro;

antes bien, puede circundar muchas estructuras y una variedad de reacciones al mismo tiempo.

Los estudiosos de la timidez están comprometidos en algunas investigaciones excitantes que han ahondado profundamente en las respuestas del cerebro al estrés. Además, han rastreado eslabones genéticos entre generaciones de miembros tímidos y no tan tímidos de una familia, han establecido la utilidad de la medicación para ayudar a las personas tímidas a contender con su experiencia fisiológica, y han rastreado la evolución de la timidez a través de distintas especies.

Estos científicos nos ayudan a comprender si algunas personas nacen con una predisposición a ser tímidas, como asimismo si existe un tipo de cuerpo tímido o un gen tímido. Y tal vez lo más importante, nos ayudan a conceptualizar, en el nivel molecular, lo que el cuerpo hace durante los episodios de timidez.

EL CEREBRO DEL TÍMIDO

La timidez puede estar encadenada a casi todas las estructuras del cerebro: desde la médula espinal y el bulbo raquídeo, que controlan los reflejos y las funciones corporales necesarias para nuestra existencia, hasta el sistema límbico en el cerebro medio, que toma decisiones rápidas basadas en respuestas instintivas, pasando por la corteza cerebral y el cerebro superior que planea estrategias, determina objetivos específicos y a largo plazo, sopesa alternativas, adquiere saberes especializados, asegura que todas las partes funcionen y toma las últimas decisiones respecto del futuro.

El reflejo para evitar algo atemorizante o retroceder ante el peligro (retroceder ante un fósforo encendido, por ejemplo) está ubicado en el bulbo raquídeo, y el instinto de la evitación (nuestra aversión a las ratas, por ejemplo) se halla localizado en el cerebro medio, pero la "decisión" para evitar (caminar alrededor de una escalera) viene del cerebro superior, la mente humana. Cada mente es única, como lo es cada persona tímida. Es difícil predecir cómo influirá la suya en sus reflejos e instintos, pues el proceso de tomar decisiones es sumamente complejo.

Examinemos el rol de cada una de estas estructuras con más detalle.

EL BULBO RAQUÍDEO

El bulbo raquídeo es la parte más vieja y más primitiva del sistema nervioso. Ubicado en la nuca, representa la extensión directa de la médula espinal, la estructura que lleva información desde todo el cuerpo hasta las partes más altas del cerebro. El bulbo raquídeo regula nuestras funciones más primarias e inconscientes, tales como la respiración, los latidos del corazón, la digestión: todas las actividades internas de las que por lo general nos olvidamos, pero que sin ellas no podemos vivir. También regula reflejos tales como parpadear en una tormenta de arena o retirar rápido un dedo de un alfilerazo.

El *sistema activador reticular* (SAR) es la parte del bulbo raquídeo que nos alerta sobre la información del medio ambiente. Cuando nos despierta la alarma de un auto, es que entró en acción el SAR. El SAR puede desempeñar un papel en la conducta inhibida. El difunto Hans J. Eysenck, del hospital Maudsley de Londres, ha argumentado que las personas introvertidas reaccionan de manera distinta que las extrovertidas a la estimulación ambiental, y señaló como la causa las diferencias en el SAR. Su influencia es algo así como el control del volumen. Si usted tiene un SAR afinado más alto, su sensibilidad a la estimulación ambiental estará magnificada. Los sonidos diarios se hacen más intensos y difíciles de ignorar porque su SAR recibe más energía auditiva que otros. El ruido de fondo no es tan perturbador para personas con un SAR menos sensible; no parece interferir con sus actividades.

Esta sobrecarga sensorial puede explicar por qué muchas personas tímidas se quejan de incomodidad en grandes reuniones o bares ruidosos. Verifique este fenómeno por usted mismo. Si está molesto en el ambiente que lo rodea, fíjese en el ruido de fondo. ¿La música está demasiado fuerte? ¿Le molesta una conversación bulliciosa? ¿El tráfico, las alarmas de los autos y la contaminación acústica lo vuelven loco? Tal vez sea su SAR, que está trabajando.

EL SISTEMA LÍMBICO: EL CEREBRO MEDIO

Justo encima del bulbo raquídeo, bien dentro del cerebro, reside el sistema límbico. Este grupo de estructuras regula la alimentación, la huida, la lucha y la reproducción sexual, es decir, nuestras respuestas instintivas. En muchos sentidos el sistema límbico es el mecanismo biológico primario de la timidez. Sus componentes son los siguientes:

- El *hipotálamo*. El "regulador" asegura que su estado interno sea competente para los desafíos al manejar las hormonas y otras funciones corporales que usted requiere durante encuentros estresantes.

- El *hipocampo*. Es la "base de datos" que almacena y recupera recuerdos y emociones.

- La *amígdala*. El "conmutador central" es crucial para retransmitir señales nerviosas relacionadas con las emociones y el estrés. Nos advierte de amenazas en el entorno y decide si el cuerpo debería huir o luchar. Asocia un estímulo específico con la emoción del temor y decide cómo responderá el cuerpo.

- El *núcleo central de la estría terminal (NCET)*. El "comodín" es una estructura poco comprendida, que interviene en la ansiedad más bien que en el temor.

El sistema límbico puede asociar ciertos estímulos —extraños notables, figuras de autoridad o miembros del sexo opuesto— con reacciones medrosas. He aquí cómo trabaja cuando se encuentra en una situación que podría provocar una reacción de estrés. Imagínese que una colega lo ha invitado a conocer a algunos amigos suyos después del trabajo. Su respuesta dominante podría ser de temor, porque se trata de una situación extraña y nueva. Su amígdala enviará señales al hipocampo o al hipotálamo que deberían prepararlo para que se defienda o eche a correr.

Esas señales gatillarán primero al hipotálamo y al sistema nervioso autónomo, el cual hará a la persona más alerta. Mientras usted se aproxima al lugar de la cita, piensa con más rapidez, transpira copiosamente y su pulso se acelera. De hecho, todo su cuerpo se prepara para hacer frente a la situación alarmante en las formas que he descrito antes.

Ahora imagine que ha llegado al restaurante. Cuando su colega lo presenta, el grupo apenas alza la mirada para acusar recibo de su presencia y luego continúa con la charla como si usted ni siquiera estuviese allí. La hostilidad de ellos es amenazadora para usted; hiere sus sentimientos y mina su identidad personal. Usted tiene dos opciones: puede protegerse poniéndose agresivo y expresándolo, o puede retirarse y evitar un futuro contacto. Lo más probable es que elija lo último.

Pero el incidente no termina allí. Usted almacena el recuerdo de su dolor dentro del hipocampo. En realidad retiene la imagen de las personas específicas que fueron descorteses con usted, como asimismo el ambiente general en el que las conoció: un restaurante, después del trabajo, en presencia de su colega.

La próxima vez que encuentre a esa colega o a sus amigos, el hipocampo sacará afuera el recuerdo del daño anterior y señalará a la amígdala que una amenaza se halla en su camino. A su vez la amígdala lo alertará para que se proteja del daño potencial que esas personas puedan infligirle. Actuará sobre la información presente y sobre la anterior, y su corazón puede empezar a correr una vez más. Si sólo tiene encuentros desafortunados con esas personas, es probable que siempre les tenga miedo.

Pero el sistema límbico no sólo afectará sus relaciones con ese grupo, también impactará su respuesta al ambiente. Esto es debido a que almacena información general y contextual junto con los recuerdos específicos. Si otro colega distinto lo invita a salir, o si debe conocer a clientes desconocidos en un restaurante, el hipocampo hermanará la nueva información sobre el actual restaurante con sus recuerdos del anterior (allí lo hirieron).

Dado que usted tiene la expectativa de que se sentirá herido otra vez, el hipocampo enviará a la amígdala información cargada de temor, y ésta enviará aviso al resto de su organismo de que un peligro acecha. Esto puede provocar una reacción de estrés, y usted puede sentirse incómodo aunque no haya nada que temer. (Por supuesto, reiteradas experiencias placenteras ayudarían a debilitar dicha reacción.)

A menos que también acopie recuerdos felices cuando come afuera, su amígdala recibirá señales negativas del hipocampo con cada repetición futura de esa situación. Con el tiempo, usted odiará ir a restaurantes (una respuesta agresiva), o evitará ir (una respuesta defensiva). Las personas tímidas por lo general toman la decisión defensiva y retroceden de esas situaciones para evitar futuros apuros y dolor emocional.

Todo el mundo tiene reacciones negativas a las ofensas sociales, pero no todas las personas retroceden. ¿Por qué lo hacen las personas tímidas? Tal vez su sistema límbico crea señales de retirada con más frecuencia y más intensidad que las de otros. Echemos una mirada más cercana al sistema límbico, a fin de entender si opera de una única manera en las personas tímidas.

El hipotálamo: el regulador

Piense en el hipotálamo como en un termostato sensible: hace que tengamos hambre cuando debemos comer y nos hace transpirar cuando necesitamos calmarnos. En situaciones nuevas, inciertas o atemorizantes nos ayuda a ponernos alerta, excitados y preparados, al gatillar el sistema nervioso autónomo, la parte del cuerpo que estimula la transpiración, las lágrimas, los jugos digestivos y las hormonas de las reacciones de estrés. Éstas son las verdaderas sensaciones que usted experimenta cuando tiene un acceso de timidez, de modo que parece lógico que el hipotálamo desempeñe un papel.

¿Tienen las personas tímidas un hipotálamo defectuoso o hiperactivo? Nadie lo sabe con certeza, pero es probable que su hipotálamo trabaje mucho. Jerome Kagan, de la Universidad de Harvard, encontró niveles altos de cortisona y epinefrina (hormonas de estrés descargadas cuando la novedad o la amenaza activan el hipotálamo) en niños muy inhibidos. Así pues, si bien no sabemos si el hipotálamo es "tímido", sí sabemos que algunos niños inhibidos se sienten en extremo alertas ante situaciones inciertas: el hipotálamo trabaja con intensidad a fin de prepararlos para la batalla.

El hipocampo: la base de datos

El proceso biológico de retirada es universal, pero las situaciones que provocan la retirada varían con cada uno de nosotros. Algunos individuos tímidos pueden encontrar amenazador a casi todo el mundo, mientras que otros se intimidan sólo ante figuras de autoridad, o grandes grupos, o miembros atractivos del sexo opuesto. ¿Por qué tememos lo que puede estar relacionado, en parte, con recuerdos emocionales almacenados bien en el fondo del hipocampo?

El hipocampo acopia y recupera recuerdos. Nos ayuda a crear continuidad en nuestra vida cotidiana porque constantemente está equiparando experiencias nuevas con viejas. Recuerda no sólo información específica como un momento embarazoso en la clase de segundo grado, sino también información contextual: el clima emocional de la clase y los sentimientos que experimentó antes, durante y después del incidente. Frente a una nueva situación, pregunta: "¿Es esto algo que he hecho antes?", pero también: "¿Cómo me sentí cuando me pasó esto? ¿Dónde estaba y cuál era mi sensación respecto del medio ambiente?".

De ese modo el hipocampo recuerda detalles y las emociones que los acompañaron. Todo eso lo hace en forma rápida e inconsciente, y así treinta años después del momento embarazoso, usted no puede siquiera reconocer por qué detesta hablar frente a un grupo.

Durante un episodio de timidez, el hipocampo iguala viejos recuerdos de malas experiencias en el sentido específico (fue escarnecido cuando contestó una pregunta en forma incorrecta) así como el contexto de ese recuerdo (fue aislado y ridiculizado mientras estaba entre pares). A través de este proceso contextual puede llegar a asociar ciertos ambientes generales —reuniones de negocio, presentaciones a clientes, discusiones de grupo a las cuales se espera que usted contribuya— con sentimientos desagradables. De hecho, puede empezar a experimentar una reacción de estrés con antelación al suceso temido, aún antes de entrar en la habitación donde éste va a tener lugar.

Puesto que el hipocampo compara nueva información con nuestros recuerdos, este proceso no puede verificarse hasta que no tenemos de seis a nueve meses. Antes de ese momento, los bebés no muestran ningún temor ante extraños; carecen de bastante información con la cual hacer comparaciones. Los padres, las babysitters o una pareja en una mesa adyacente en el restaurante, todos ellos pueden jugar a las escondidas con un pequeño bebé. Él no se retirará con temor sino cuando su cerebro ha madurado.

Jerome Kagan tiene una visión distinta acerca del rol del hipocampo en niños inhibidos. Él teoriza que el hipocampo podría no recuperar ningún recuerdo en absoluto. Kagan cree que los niños inhibidos que tienen un estudio poseen un hipocampo hiperactivo que les hace sentir que, con cada nuevo encuentro, empiezan virtualmente desde el punto de partida. Como no saben cómo comportarse en ese ambiente en constante cambio, nunca se sienten cómodos, y se retiran.

Kagan nota que, mientras entre los animales la reacción común a un elemento ambiental desconocido es suprimirlo, nunca ha observado que un niño inhibido haga otro tanto. Muy a la manera de Kelly, un chico de esa clase es probable que se congele cuando algo nuevo se le pone en el camino, en un intento por evitar lo desconocido.

La amígdala: el conmutador

La amígdala es la pieza del rompecabezas que nos lleva más cerca de comprender la fisiología de la inhibición. De hecho, cuando los científicos meten mano en ella en experimentos con animales, la conducta tímida se detiene por completo. Se ha especulado con que las personas inhibidas crónicas tienen una amígdala más excitable, que percibe más amenazas en el medio ambiente.

En muchos sentidos la amígdala es el comandante decisivo. Allí empieza la percepción de la amenaza en curso y allí tomamos la decisión inicial de acercamiento/evitación. Los recuerdos de experiencias pasadas que vienen del hipocampo ayudan a la amígdala a evaluar cualquier cosa que la esté excitando. Si determina que el estímulo es amenazador, envía un mensaje al hipotálamo para causar una reacción de estrés. También envía mensajes a un área del cerebro que regula el movimiento y la boca (es donde se origina la repentina incapacidad de hablar y la sensación de estar congelado).

La amígdala lo hace así al señalar dos estructuras en su interior, una que lleva al acercamiento, la otra a la evitación. Como dentro de la amígdala hay varios senderos neurales, puede parecer que podría elegir por igual y con toda libertad entre sus opciones, luego de repasar la totalidad de la información y entregarla en forma racional. Pero la amígdala no es tan equitativa. Mientras que el exacto mecanismo en los seres humanos no lo conocemos aún, algunos investigadores han estudiado lo que ocurre en gatos, y parece que la amígdala favorece tanto el sendero del acercamiento como el de la evitación.

En uno de los trabajos más fascinantes en esta área, Robert Adamec, de la Universidad de Terranova, clasificó grupos de gatos en "inhibidos" y "desinhibidos" basándose en cómo se conducen con ratones, otros gatos y humanos. Los gatos inhibidos eran renuentes a explorar nuevos territorios y atacar a los ratones. Y cuando se abalanzaban, parecían evitar la confrontación directa. Acechaban desde detrás del ratón o desde el costado. Eran más defensivos y vigilantes que los gatos más audaces. El ruido también los trastornaba. Los gatos desinhibidos estaban cómodos con otros, vagaban con libertad y atacaban a los ratones directamente, muchas veces con deleite.

Adamec comprobó que la amígdala del gato envía señales ya sea a una porción del hipotálamo o bien a una porción del hipocampo. Gatillar el hipotálamo estimula las conductas aprensivas, como agazaparse o agacharse en un rincón. Pero cuando las señales iban al hipocampo provocaban reacciones agresivas, tales como la conducta de ataque.

No es de extrañar que los gatos inhibidos parecieran tener un sendero más sensible hacia el hipotálamo. Por consiguiente la amígdala les transmitía más señales que al hipocampo. A la inversa, los gatos audaces recibían más mensajes de ataque dirigidos al hipocampo.

Todavía no tenemos certeza de cómo estos hallazgos se aplican a los seres humanos, pero, en caso afirmativo, podríamos decir que las personas inhibidas tienen amígdalas más sensibles que las de aquellas que son desinhibidas. Por consiguiente, detectarían más amenazas en el medio ambiente (cada extraño sería un enemigo potencial) y responderían evitando el peligro. Pero, ¿qué pasaría después? ¿Se mantendrían alejadas?

Tengo mis dudas. Si bien la amígdala ejerce un impacto sobre nuestra reacción inicial, no afecta a una conducta planeada, racional y lo bastante poderosa como para imponerse a la respuesta dominante. Esto proviene de su libre albedrío, de su inteligencia y del deseo universal de estar con otros. Así, pues, aun si después de todo las personas inhibidas tuvieran una amígdala más sensible, ello no significa que en forma automática serán tímidas.

En mi opinión, una amígdala menos agresiva puede ser beneficiosa para la sociabilidad. Jerome Kagan analizó un número de estudios basados en la amígdala de animales y encontró que el tamaño de la estructura era significante. La porción comprometida en conductas defensivas, en retirada, es relativamente más grande en mamíferos muy evolucionados, como los primates, que en los menos inteligentes, como las ratas. Parece que cuanto más avanzado es un ser, tanto más probable su amígdala señalará retirada. Kagan conjeturó que, a medida que evolucionamos nos sentimos menos inclinados a atacar a ciegas cuando estamos amenazados. Somos más aptos para recular y razonar una solución para una situación incierta.

Kagan también analizó estudios llevados a cabo con caballos, cerdos y perros domesticados y concluyó que los animales amansados poseen sistemas límbicos más pequeños. Dedujo que la porción "ataque" de la amígdala, en los animales amansados, es más pequeña que en los salvajes. Si la amígdala nos hace atacar con menos frecuencia, tal vez nos haga más civilizados y más aptos para vivir en grupos.

El núcleo central de la estría terminal: el comodín

Hasta aquí se ha descrito la timidez como una respuesta al temor de un estresor diferente en el medio ambiente. Pero la palabra "temor" puede no expresar con exactitud cómo se siente en verdad una persona con respecto a sus encuentros sociales. Para la mayoría de los tímidos la emoción es menos específica, más difusa. Es ansiedad. Como expliqué antes, la ansiedad se desliza con más lentitud sobre uno y tiene un foco vago. Y aunque es menos intensa que el temor, lleva más tiempo disiparla.

Aquí es cuando se juega el comodín. Las reacciones ansiosas están pensadas para emerger de la actividad del núcleo central de la estría terminal (NCET). Esta poco comprendida estructura del sistema límbico envía información al hipotálamo y al bulbo raquídeo, las mismas estructuras implicadas en las reacciones de temor asociadas con la amígdala. El NCET también recibe recuerdos emocionales desde el hipocampo.

Michael Davis, de la Universidad de Yale, comprobó que el NCET procesa la información contextual de la amígdala y el hipocampo y la envía al resto del cuerpo. Aquí emerge como una incomodidad duradera, de bajo nivel, una hipersensibilidad de que algo malo está en marcha. Ansiedad, llana y simple.

No estamos seguros de cómo opera el NCET. Digamos que la idea de ir a un fiesta provoca ansiedad. Esta ansiedad implica la interacción del hipocampo, que proporciona información sobre un lugar; la amígdala, que dice que ese lugar es peligroso; y el NCET, que combina esa información y la envía al hipotálamo y al bulbo raquídeo para producir la sensación prolongada de excitación. Tal vez el NCET sea más activo en personas inhibidas, tímidas o muy ansiosas, o tal vez se active ocasionalmente en quienes son tímidos situacionales. Lo único que sabemos a ciencia cierta es que el NCET puede elevar la ansiedad social.

Controlar el sistema límbico

Saber cómo trabaja el sistema límbico le dará comprensión para vencer sus síntomas de timidez. Lo ayudará a comprender cómo y dónde crea la decisión de retirarse, por qué recupera recuerdos desagradables (o poco), y qué cosa fomenta las reacciones de estrés. Determina si debería acercarse a algo agradable o evitar lo que encuentra amenazante. Nuestra creciente comprensión de la función del NCET también nos ayuda a conceptualizar por qué algunas personas se sienten más ansiosas que otras cuando sopesan una interacción social.

El sistema límbico inhibido difiere del desinhibido por el grado en que reacciona a la amenaza percibida y al estrés. Piense en el sistema límbico como un termostato con diferentes puntos que se ajustan de manera automática según el clima. El termostato del cuerpo inhibido es más sensible y salta un poco más rápido que otros. Pero usted puede ajustar su termostato mediante la acción. Algo así como aislar una casa, que modula la activación de un termostato real: en efecto, usted puede "aislarse" al tener más conciencia del proceso que crea timidez, de las condiciones en las cuales surge, y cómo puede aliviar las reacciones de timidez.

Si usted cree que nació con una amígdala hiperactiva o predispuesta, ello no significa que debería resignarse a una vida de retiro, silencioso y pasivo. Puede cambiar la actividad de su amígdala y tal vez hasta la estructura de sus respuestas cerebrales mediante la alteración de sus percepciones.

Un estudio realizado por Deane H. Shapiro y sus colegas de la Universidad de California en Irvine, comprobó que la amígdala está implicada en los sueños fantásticos, perturbadores, en los cuales el soñador no tiene ningún control sobre el peligro (digamos, cuando es perseguido por una jauría y no puede ni gritar ni correr). A la inversa, la amígdala permanece inactiva en sueños en los que el soñador mantiene el control y puede escapar de una situación tremenda (los perros aullan y gañan, pero el soñador puede volar por encima de ellos y salvarse). Los investigadores señalaron que la percepción del control es crítica. Si usted acepta que tiene control se siente más tranquilo y su amígdala se mantiene en reposo.

Basado en este hallazgo, creo que cuando usted siente que puede controlar su entorno y sus reacciones, aquietará a su amígdala susceptible o predispuesta y se sentirá más calmo en situaciones por lo común provocadoras de ansiedad. Lo hace cuando sigue las indicaciones que he dado a lo largo de este libro. Por ejemplo, si descubre que es autocrítico, podría evaluar otra vez la evidencia y volverla a encuadrar (véase Capítulo 6), o si siente que una primera cita es amenazadora porque no sabe cómo actuar, el ensayo y la exploración pueden ser útiles (véase Capítulo 13).

No todas las personas tímidas tienen sistemas límbicos hiperreactivos de nacimiento; muchas se limitan a repetir la misma conducta tímida con suficiente frecuencia como para reforzar senderos cerebrales más "temerosos". En su trabajo con ratas, Robert Adamec comprobó que, cuando estimulaba o "encendía" una parte de la amígdala de las ratas, la conducta tímida de éstas se hacía más intensa; cuando encendía otra parte, esa conducta cesaba. De igual modo, cuanto más huye de las situaciones sociales tanto más puede estimular o reforzar el circuito de retirada de su amígdala. Si, en cambio, fortifica su conducta de acercamiento, puede modificar su cerebro a fin de que refuerce las conexiones neurales de "ataque". Puede hacer esto si anticipa cuándo se sentirá tímido y amenazado; al percibir cómo y dónde ejerce control sobre sus encuentros sociales; y al planear y ejecutar estrategias que ayudarán a aliviar su incomodidad.

No tiene por qué obrar sobre instintos primitivos de huida sólo porque se siente impulsado a hacerlo. Usted puede convertirse en un tímido más racional, confiado y exitoso si reconsidera su habitual conducta tímida. Los ejercicios y sugerencias que proporciono deberían ayudarlo. Puede utilizar su ansiedad para propulsarse hacia un futuro libre de miedos irracionales y profundamente arraigados. Al aprender cómo responder de modo apropiado a su ansiedad —no necesariamente eliminándola—, podrá medrar y ganar confianza en usted mismo.

EL CEREBRO SUPERIOR

Mientras que el bulbo raquídeo y el sistema límbico procesan información amenazadora y crean respuestas en un nivel primitivo e instintivo, también el cerebro superior —las estructuras que razonan, generan el habla y analizan información compleja— puede estar implicado en reacciones de timidez. Es lógico razonar que, si la timidez provoca una elección de retirada consciente, la parte del cerebro que toma tales decisiones deliberadas debe estar implicada.

El cerebro superior, o corteza cerebral, constituye una delgada placa de neuronas de más o menos el tamaño, forma y espesor de una hoja de diario arrugada, que cubre el cerebro medio como un guante. Es la adición evolutiva del cerebro más reciente y la que, bastante literalmente, nos hace humanos. La corteza cerebral gobierna complejos procesos cognoscitivos tales como hablar, razonar y resolver información contradictoria.

Los lóbulos frontales, o sea la porción frontal de la corteza, están situados detrás de la frente. Vigilan la actividad mediante la planificación, el control, la lógica y el razonamiento. Reciben información del sistema límbico y del sistema nervioso y toman decisiones sobre experiencias, o nos dirigen hacia la búsqueda de información adicional y a repensar asuntos de manera que podamos lograr mejores decisiones. Los lóbulos frontales son los responsables de la interpretación de las emociones, de definir excitaciones fisiológicas como agitación o temor.

¿Hay un área de timidez en la corteza cerebral? No, en realidad. La timidez y la inhibición no han sido detectadas en las áreas más evolucionadas del cerebro humano. Pero estas estructuras pueden estar involucradas en el origen de las emociones y los pensamientos conectados con la timidez, y en la generación de estrategias que crean la mente tímida y las conductas tímidas.

Mientras que el instinto de retirada está ubicado en el sistema límbico —estructuras cerebrales que nuestra especie comparte con ratas, gatos y monos—, los procesos cognoscitivos implicados en la timidez —tales como la paradoja narcisista, comparaciones sociales irrealistas, autoestima y conciencia de uno mismo— se hallan situados en el cerebro superior. Sólo los seres humanos tienen esta estructura sumamente desarrollada y estos pensamientos, que son la única razón por la cual el hombre puede ser tímido.

Usar el cerebro superior para contrarrestar el instinto

La timidez de la mente y del yo muy probablemente se originan en el cerebro superior, pero también podemos utilizar el cerebro superior para superar las reacciones de timidez. Para entender su papel necesitamos comprender nuestros instintos.

Por instinto, todo organismo vivo se acerca a lo que es agradable —un atrayente bocado de comida—, y se aparta de lo que encuentran amenazante —un incendio furioso fuera de control—. Pero el cerebro superior en los seres humanos toma decisiones conscientes respecto de qué acciones deberíamos seguir a pesar de esos instintos. Nuestras variables reacciones pueden crear un conflicto entre la percepción de amenaza o placer y lo que deberíamos hacer al respecto. En verdad, el instinto humano de acercamiento o retirada es designado con más precisión como una respuesta física dominante que podemos contrarrestar mediante el pensamiento consciente.

Por ejemplo, cuando un perro divisa algo agradable, digamos un bife grueso y jugoso, lo devorará sin cuidado. Cuando nosotros vemos ese mismo bife también salivamos, pero a la vez nos preocupamos por su contenido de colesterol, por las implicancias éticas de comer carne, o por nuestra cintura en aumento. Escuchamos la respuesta de nuestro cuerpo, consideramos las implicancias, rumiamos las opciones y tomamos la decisión. ¡Nada de bife esta noche! Allí ha entrado en acción nuestro cerebro superior.

Determinamos cómo hacer frente a la amenaza casi de la misma manera. En consecuencia, aunque nuestro instinto nos dice automáticamente que escapemos del peligro, nuestra mente a veces nos dicta lo contrario. Cuando un gato se encuentra en una casa en llamas, huirá a la salida más próxima lo más rápido posible. Nuestra respuesta dominante también es correr hacia la puerta. Es una reacción instintiva retirarse del peligro físico. Pero nuestra mente también participa, se pregunta si podemos rescatar el álbum de fotos de familia en el dormitorio del segundo piso. Obrar según este pensamiento podría llevarnos a un mayor peligro. Y un bombero toma la decisión consciente de entrar en un edificio en llamas para salvar a otros. Para mejor o para peor, no siempre seguimos nuestro instinto para acercarnos al placer o retirarnos del peligro.

Este mismo proceso instintivo es evidente en los síntomas

asociados con la timidez. En este caso la amenaza viene de una situación social poco familiar o atemorizante, más que de una amenaza física. Como hemos visto, la respuesta dominante del cuerpo tímido es excitarse sobremanera y retirarse a la seguridad del mutismo.

Por el mismo síntoma, sin embargo, podemos usar el cerebro superior para contrarrestar o reprogramar nuestra respuesta dominante. La clave es hacer conscientes estos sentimientos y recuerdos y poner en juego la mente racional. Así como podemos renunciar a un delicioso pedazo de carne y, al hacerlo, actuamos contra nuestro instinto de acercamiento, así también podemos usar la mente superior para vencer a nuestro instinto de huida.

Esta reprogramación puede ayudar a impedir la producción de síntomas de timidez y ansiedad relativa. Usted puede marchar hacia el nuevo cableado de su cerebro si aplica nuevos procesos de pensamiento a sus intercambios sociales. Puede calmar a la amígdala al cambiar la percepción de su control sobre su cuerpo, su mente y su yo durante los intercambios sociales.

EL ENIGMA DE LA LATERALIDAD

Los lados o hemisferios de los lóbulos frontales poseen propiedades especializadas. A esto se le llama lateralidad. El lado derecho es en general más creativo y emocional, mientras que el izquierdo es más racional, lógico y verbal. Sin embargo, un monto creciente de investigaciones indica que ambos lados están implicados en la producción de emociones, pero son de otro tipo. Específicamente, el lado derecho parece ser responsable de emociones tales como el miedo y la ansiedad, mientras que el izquierdo gobierna la alegría y la risa. Así, parecería lógico que el hemisferio derecho debiera estar más involucrado con la timidez.

Para comprobar si el hemisferio derecho predomina en las reacciones inhibidas, los investigadores estudiaron a bebés inhibidos y desinhibidos hasta los cuatro años de edad. Los bebés y los niños pequeños son sujetos ideales porque, dado que su corteza cerebral está subdesarrollada, ellos operan sobre sus instintos. Los bebés no tienen mucha experiencia en reflexionar, tampoco seleccionan en forma racional una acción o una respuesta emocional. Sólo tratan de hacer lo que sienten mejor. Las pruebas indicaron que los niños inhibidos hasta los cuatro años muestran en verdad signos de mayor actividad en el hemisferio derecho. Y, como era de esperar, los niños desinhibidos tienen más reactividad en el hemisferio izquierdo, que genera emociones positivas de acercamiento.

Louis A. Schmidt y Nathan Fox, de la Universidad de Maryland, estudiaron a adultos para determinar si esta lateralidad cerebral seguía siendo manifiesta a lo largo de la vida. Preguntaron a sus sujetos si eran tímidos (inhibidos cuando interactuaban con otros: un rasgo de conducta), o "sociables" (con tendencia a buscar la compañía de otros: un rasgo psicológico). A la mezcla de ingredientes agregaron rasgos fisiológicos midiendo el valor cardíaco y la actividad del nervio vago (que afecta el valor cardíaco y el sistema nervioso autónomo).

Schmidt y Fox pronosticaron que los adultos tímidos tendrían hemisferios derechos más activos y los adultos sociables mostrarían más actividad en los costados izquierdos, pero sus resultados fueron inconcluyentes. En efecto, encontraron que no existe ninguna diferencia real entre los hemisferios izquierdo y derecho de adultos tímidos y sociables. Encontraron, eso sí que los adultos tímidos tienen un valor cardíaco más alto y más estable que los adultos sociables.

¿Cómo podemos interpretar esto? No podemos inferir que usted hará "crecer" la actividad cerebral que lo hace tímido. Si así fuera no habría ningún adulto tímido. Pero podemos decir que la timidez es en extremo compleja. Una vez que su cerebro totalmente integrado desarrolla la capacidad intelectual para crear la timidez del cuerpo, la mente y el yo, se hace difícil medir e identificar procesos cerebrales específicos.

Mientras que podemos rastrear las reacciones más primitivas del sistema límbico en cuanto a la totalidad del cerebro, el verdadero rasgo de timidez de la personalidad humana sigue siendo un enigma. De hecho, puede que nunca lleguemos a comprender la intrincada estructura del cerebro tímido adulto, ya que en él tiene lugar una formación aparentemente infinita de conexiones, reacciones y respuestas.

¿EXISTE UN GEN DE LA TIMIDEZ?

¿Cómo se origina el temperamento tímido? Si la amígdala es más sensible o más apta para favorecer la retirada, ¿cómo se creó esta preferencia? ¿Aprendimos a reaccionar de determinada manera, nuestro sistema nervioso está dañado a causa de un trauma precoz, o estos rasgos nos fueron transmitidos genéticamente? ¿Existe un gen de la timidez? Si no hay ninguna causa genética para la timidez, ¿puede ser sin embargo innata?

En su búsqueda por encontrar la base biológica de la timidez y dar respuesta a estos interrogantes, los investigadores han descubierto muchas características físicas interesantes y sorprendentes que parecen acompañar a este rasgo de la personalidad.

Un hallazgo intrigante indica que niños muy reactivos o muy inhibidos tienden a tener la cara más angosta que la de sus pares más comunicativos. ¿Cómo se relaciona la forma de un rostro con la timidez? De acuerdo con esta investigación, una cara angosta puede hacer algo más dificultosa la respiración. La angustia o la amenaza podrían dificultar más aún la respiración. Una persona con una cara angosta podría tratar de evitar la angustia y sus problemas de respiración concomitantes; es interesante destacar que muchas personas se excusan de permanecer en lugares atestados con la manifestación de que "necesitan tomar aire". Tal vez esto tenga que ver con su fisonomía.

De igual manera, una serie de estudios no relacionados ha mostrado que las personas tímidas son más propensas a sufrir de alergias o fiebre del heno que las personas no tímidas. También tienen un sentido más agudo del olfato. Estas correlaciones podrían indicar sistemas inmunológico o nervioso muy reactivos, que son susceptibles a las impurezas del aire. La conexión entre alergias y timidez puede hacerse también en el nivel del comportamiento. Si usted no se siente bien, es menos probable que sea socialmente comunicativo y arrojado. Los síntomas de pánico, como respiración superficial y poco natural, también podrían desempeñar un papel en esta correlación.

Jerome Kagan y el sociólogo de Harvard Stephen Gortmaker encontraron evidencia preliminar de que las personas tímidas son más propensas a ser concebidas durante los dos últimos meses del verano. La especulación se basa en que las horas de luz se acortan, el cuerpo de la madre produce más melatonina, una hormona pensada para regular la glándula pituitaria y tal vez producir sueño. Dado que la madre tiene mayor cantidad de esta hormona en el cuerpo, se la pasará al feto y tal vez lo hará mucho más reactivo.

La timidez también ha sido asociada con un tipo de cuerpo delgado y ojos claros. Los niños caucásicos inhibidos es más probable que sean delgados y de ojos azules; y los niños desinhibidos de la misma raza son más propensos a ser regordetes y de ojos castaños. Los científicos se han visto desconcertados por la relación de estos rasgos. Algunos han especulado con que treinta o cuarenta mil años atrás, cuando el *homo sapiens* migró de África hacia el norte de Europa, necesitaban medios para calentarse el cuerpo en el clima de la edad del hielo. Sus genes pudieron haber mutado para proveerlos de capas adicionales de grasa o vello corporal. En cambio desarrollaron un alto nivel de excitación física que lleva más sangre a la superficie de la piel e impide la pérdida de calor corporal. Esta excitación aumentaría el nivel corporal de norepinefrina, el neurotransmisor involucrado en las reacciones de estrés.

Parece que la norepinefrina puede impedir la producción de melanina en los ojos (cuanta más melanina, más oscuros son los ojos) y, a través de una reacción con otras sustancias químicas, el crecimiento de los huesos faciales. Y puesto que los niños inhibidos tienden a tener altos niveles de norepinefrina, como también más reacciones de estrés, ésta sería la razón por la cual son más propensos a tener ojos azules y caras angostas.

Tomadas en conjunto, estas diferencias indican que algunas personas tímidas tienen que habérselas con una fisiología que es más reactiva que otras. Su sistema límbico percibe la amenaza con más frecuencia y señala huir con más prontitud que acercamiento; su hipocampo almacena recuerdos negativos o pocos de interacciones sociales pasadas; su sistema nervioso autónomo crea numerosas reacciones de estrés. Las alergias, las vías respiratorias estrechas y los ataques de pánico ocasionan problemas respiratorios durante situaciones tensas. Estas personas pueden ser "crónica" o "físicamente" tímidas, dado que constantemente deben adaptar su entorno a su excitación fisiológica. Pero, ¿son innatas estas diferencias? ¿Somos tímidos por naturaleza o por crianza?

Al igual que para otras preguntas relacionadas con la timidez, las respuestas son ambiguas. Sin embargo, una de las mejores maneras de comprender si la inhibición es heredada es analizar mellizos idénticos con estos rasgos. Unos pocos estudios recientes con mellizos han explorado si la conducta compartida, como la inhibición, viene de rasgos hereditarios (naturaleza) o de la manera cómo fueron educados esos niños (crianza).

Las investigaciones de gemelos idénticos son en especial útiles porque estas criaturas tienen los mismos cromosomas, en contraste con los hermanos mellizos que comparten sólo la mitad de sus cromosomas. Si un rasgo es heredado, los pares de gemelos idénticos exhibirán una mayor conducta similar si se los compara con pares de hermanos mellizos. Si los factores ambientales, tales como el trato de los padres o la educación influyen en un rasgo, entonces los pares de hermanos mellizos y los de gemelos idénticos deberían experimentar una conducta casi igual, puesto que comparten la misma casa, la escuela, la nutrición y el nivel de ingresos.

En 1994, un equipo de investigadores de la Universidad de Colorado y de la Universidad estatal de Pensilvania examinaron la inhibición en gemelos idénticos de catorce meses de edad. Repitieron las pruebas a los veinte meses. Hallaron que los factores genéticos parecían desempeñar un rol en la manera en que los infantes se acercaban o retiraban de la estimulación. Pero no pudieron garantizar que esos genes "inhibidos" habrían de ser tan influyentes cuando los mellizos maduraran.

A medida que crecemos desarrollamos capacidades intelectuales que pueden modificar nuestras tendencias inhibitorias. Además, enfrentamos mayores demandas verbales, el surgimiento del sentido de identidad, el juicio de nosotros mismos y de los demás, y nuestra adhesión a las reglas y normas fijadas por otros. Los bebés de catorce a veinte meses no tienen ninguna comprensión de estas funciones o influencias intelectuales. Por fortuna, ese equipo de investigación planea continuar con el examen de esos niños a medida que crezcan hacia la madurez. Tal vez sus esfuerzos nos enseñen más acerca de la evolución del impacto genético de la inhibición sobre la conducta tímida.

Otros estudios de mellizos de doce, dieciocho, veinticuatro y treinta meses también indicaron una influencia genética sobre la inhibición. Sin embargo, una comparación entre doce estudios sobre temor/emotividad en niños mellizos dio como resultado que, si bien hay un factor genético involucrado en generar esas respuestas, también entran en juego las influencias ambientales.

El grado de inhibición también es un factor. Lisabeth Fisher DiLalla, Jerome Kagan y J. Steven Reznick comprobaron que niños en extremo reactivos y temperamentalmente inhibidos, con probabilidades de tener respuestas intensas a la novedad, son más propensos a que su temperamento inhibido sea heredado. En contraste, los niños que experimentan suaves reacciones adversas a la novedad parecen haber adquirido esas respuestas.

También hallaron que los gemelos idénticos tenían más probabilidades que los hermanos mellizos de padecer inhibición intensa. Pero a pesar de esta evidencia, establecieron que el ambiente (cómo los padres o maestros tratan a los niños) también está involucrado en la aparición de la inhibición en la infancia.

Tal vez los estudios de vacas lecheras y ganado vacuno puedan ayudar a explicar de qué manera los genes interactúan para crear una respuesta inhibida. Un equipo de investigadores norteamericanos y brasileños comprobaron que las vacas lecheras y el ganado vacuno de engorde tienen diferentes reacciones ante el ser humano que se acerca. Los hombres ordeñan todos los días a las vacas lecheras, de modo que éstas permiten que la gente se les acerque, mientras que el ganado vacuno de engorde no permite que las personas se acerquen a él de ninguna manera. Estos rasgos parecen haber sido transmitidos a través de generaciones.

Pero los estudiosos fueron lo bastante afortunados como para encontrar ejemplos de vacas lecheras criadas como ganado de engorde y viceversa. Esto les permitió investigar de qué manera la predisposición biológica interactuaba con el medio ambiente.

Es interesante destacar que el ganado alimentado para comer pero criado para producir leche era más accesible que el nacido y criado como ganado de engorde. Sin embargo, las vacas lecheras criadas como ganado de engorde no eran menos accesibles de lo que habrían sido de haber sido criadas como ganado lechero.

Los investigadores sostuvieron que el ambiente y el trato tiene impacto sobre el ganado biológicamente predispuesto a evitar el contacto humano. Y es probable que lo mismo sea cierto para las personas. Aun cuando usted esté biológicamente predispuesto a sentirse incómodo entre personas "amenazadoras" o nuevas, puede, con el tiempo, acostumbrarse al contacto. No se autolimite a causa de su reacción inicial. Cuanto más tiempo mire sus temores desde arriba, menos probable será que lo sigan molestando.

¿NACEMOS TÍMIDOS?

El temperamento no está solo para causar timidez. El modo de ser biológico junto con las experiencias de vida y cómo interpreta usted esas experiencias se combina para causar timidez.

La biología influye en la reactividad del cuerpo. Usted ha nacido con capacidad para manejar un cierto nivel de estimulación amenazadora. Pero la biología es sólo un punto de partida, una influencia a la cual puede rendirse o controlar con voluntad y sabiduría. El poder biológico se manifestará a lo largo de su vida, pero será más evidente cuando usted es joven: antes de que entren en juego la experiencia y el intelecto.

Si usted hubiera nacido con un organismo altamente reactivo, su temperamento inhibido habría podido ser influyente durante los primeros dos años de vida, pues no contaba ni con capacidad mental ni con experiencia. Por consiguiente, como Kelly, habría podido aferrarse a sus padres, llorar cuando lo separaban de ellos y armar un alboroto cuando se acercaba algún extraño.

Pero después de los dos años, la biología deja de ser el factor más importante. Las experiencias ambientales aparecen en primer plano durante el segundo año de la infancia y después. Cómo lo tratan sus padres y maestros, las amistades que hace, la relación con sus hermanos, el ambiente en la clase... todos estos factores y los recuerdos que evocan pueden instigar o extinguir la conducta tímida.

Durante la adolescencia la mente se torna la fuerza más potente, y se mantendrá así en la edad adulta. Pero no hace falta que exija una vida de timidez. El adolescente tímido, al tratar de interpretar sus experiencias como las de un niño muy reactivo, puede empezar a hacer elecciones apropiadas que calmarán su sistema nervioso. Puede seleccionar amigos que apoyen esas elecciones al ahorrarle situaciones estimulantes abrumadoras. Puede construir una fuerte identidad basada en sus fuerzas y decidir cómo usará esas fuerzas en los negocios y en el mundo social. Mediante el uso de su cerebro superior será capaz de hacerse cargo de su vida.

Casi la mitad de la población adulta manifiesta ser tímida, y sin embargo sólo el veinte por ciento de los bebés nacen inhibidos. Así pues, muchos de esos adultos deben de haber adquirido su timidez a través de experiencias mentales y emocionales y al usar su mente superior.

Así como los cuidados paternos y la experiencia influyen sobre los niños temperamentalmente inhibidos, de la misma manera son temperamentalmente "desinhibidos" los niños formados por esos factores. Pero sus mentes tímidas interpretan estas circunstancias y crean timidez, registrándola en los meandros cerebrales con la repetición y el refuerzo. Su timidez viene de afuera. La mente tímida es decisiva para esta vía.

Algunas personas nacen con un cuerpo que las hace en exceso reactivas, pero eso no significa que serán tímidas. En el próximo capítulo exploraremos de qué manera estos procesos biológicos son importantes durante la infancia, antes de que una persona adquiera timidez aprendida o la experiencia y sabiduría para combatirla.

9

La timidez en la edad preescolar

"Recuerdo que me sentía mortificada si alguien se fijaba en mí", explicó Jenny, una productora cinematográfica de Nueva York.

Cuando era muy chica, antes del jardín de infantes, recuerdo que me colgaba de la falda de mi madre y trataba de mantenerla entre mí y cualquier persona que yo no quería que me viera cuando íbamos de compras o salíamos a pasear.

No podía hacerme amiga de otros chicos. Los únicos que conocía eran mis vecinos de al lado. Mis padres me decían que no debía juntarme con nadie más que con mis parientes directos y los chicos de al lado. Mis abuelos me aterrorizaban. Ni siquiera me gustaba ir a su casa. Con otros parientes o amigos de la familia, me escondía en mi habitación esperando que me dejaran en paz. Pensaba que la gente podía verme por dentro —esa sensación quemante que todavía tengo en ocasiones—, y quería desaparecer por un agujero del piso. Hasta me escondía detrás de los muebles.

Jenny tenía una brillante cabellera roja que todo el mundo admiraba, comentaba y quería tocar. Ella detestaba esa indeseada atención. Por añadidura, tenía muchas alergias de nacimiento.

"Tenía que tomar leche de soja —explicó—, y sufría de mucha alergia de piel durante el crecimiento. Sólo podía usar prendas de algodón. Odiaba ir a la iglesia porque tenía que ponerme calzas de nylon, que me sacaban sarpullido en las piernas."

Los padres de Jenny se mostraban sensibles a su situación y encontraban las formas de que se sintiera más cómoda.

"Mamá me acompañó el primer día de jardín de infantes —explicó—. Había hablado de antemano con la maestra. Pasamos unos quince minutos en la clase y después me llevó a casa. Cada día nos quedábamos un ratito más y al final de la primera semana me dejó sola allí. Mamá me hizo fácil la escuela."

Una vez que Jenny se acostumbró a su ambiente, lo pasó bien. Muchas veces era la preferida de la maestra porque era muy aplicada. Se hizo de una amiga íntima con quien compartía todo y se convirtió en la reina del patio de recreo debido a su natural condición atlética.

"La descarga física me ayudó a vencer mi timidez. De hecho, al empezar tercer grado mis padres me anotaron en deportes organizados y jugué softball y básquet de competición. La estructura del juego me hizo fácil llevarme bien con otros chicos porque no necesitaba hablarles uno por uno."

Jenny agradece que sus padres la hayan ayudado a cobrar confianza, al alentarla a explorar sus fuerzas.

"Ellos reconocieron que mi timidez o mi sensibilidad en general era un problema real, y siempre trataron de ser un apoyo para mí y de guiarme con suavidad hacia cosas que me ayudaran a abrirme. Cada vez que encontraban una actividad que funcionaba, me alentaban asistiendo a todos los juegos y haciendo cualquier sacrificio."

A la vuelta de los años la timidez de Jenny ha disminuido a tal grado, que ya no se considera tímida.

"He vencido la parálisis que me acometía y la incapacidad de hablar con la gente —dijo—. Ahora puedo poner mi timidez en contexto y comprender que no siempre soy responsable de los errores y que nunca voy a ser perfecta."

Siempre me encanta oír historias como la de Jenny. Aunque ella se enfrentó a unos cuantos desafíos, se ha convertido en una tímida exitosa. No se abrió camino mediante la lucha o la huida. Más bien llegó a comprender que tenía ciertos rasgos que podían obstruir su camino. La ayuda de sus padres fue enorme. Ellos tomaron conciencia de su timidez, pero no la excusaron de intervenir en las experiencias cotidianas de la infancia. Creo, y estoy seguro de que Jenny estaría de acuerdo, que hicieron lo correcto.

Pero no todos los niños tienen padres y maestros sensibles a sus necesidades. Estos chicos pueden haber soportado infancias llenas de miedos, inseguridad y malestar. Pueden haber sido descuidados, mal comprendidos o intimidados por padres, hermanos, amigos y maestros. Estos niños se refugian en su timidez porque no saben cómo entenderla y, a diferencia de Jenny, nadie les ha mostrado una salida.

Con la ayuda de padres y maestros sensibles, pacientes y devotos, los preescolares tímidos pueden llegar a ser tímidos exitosos. La timidez en la temprana infancia puede ser una carga, pero con una guía apropiada no tiene por qué ser una sentencia de por vida.

REDUCTO DEL TEMPERAMENTO

Muchas veces se confunde temperamento con destino porque se desarrolla en el útero, lejos de los efectos directos del nacimiento, el ambiente, la conducta paterna, la nutrición o la cultura. Pero el temperamento es maleable. Como expliqué en el capítulo anterior, nacer con un determinado temperamento no fija el destino de un niño. Las características manifiestas desde los primeros años de vida pueden hacerse más o menos salientes cuando el niño progresa hacia la adultez; la experiencia personal y el análisis intelectual las modifican.

Un niño temperamentalmente desinhibido, por ejemplo, que ha sido atormentado en el jardín de infantes o molestado por sus hermanos mayores, puede aprender a desconfiar de la gente. Ese niño adquiere su temor a través de la experiencia. De igual manera, aunque un bebé puede nacer con un temperamento inhibido —la predisposición a reaccionar más rápido y a los gritos cuando se enfrenta a circunstancias amenazadoras—, no está destinado a actuar en la edad adulta guiado por esos impulsos. Su mente y su concepto de sí mismo pueden contrarrestarlos y controlarlos. No tiene por qué ser tímido.

Tres visiones teóricas del temperamento inhibido en niños pequeños nos ayudan a comprender por qué se baten en retirada. Puede pensarse de estas perspectivas como una manera de evaluar a los precursores de la timidez, no a la timidez misma.

TEMPERAMENTO EN EXTREMO REACTIVO

Puesto que sabemos que las reacciones de estrés están en la entraña de los síntomas físicos de la timidez, el investigador Jerome

Kagan y sus colegas de la Universidad de Harvard se aplicaron a medir tales reacciones en bebés muy pequeños colocados en situaciones nuevas. Querían determinar si algunos bebés tienen reacciones de estrés más frecuentes o más intensas que otros.

Kagan midió las respuestas generales de los infantes a una variedad de estímulos. Les pasó dos cintas magnetofónicas, una con frases grabadas y la otra con una voz femenina que pronunciaba sílabas desarticuladas; agitó copos de algodón empapados en alcohol diluido debajo de su nariz; colgó móviles de colores frente a su cara y les reventó un globo detrás de la cabeza. Después les midió el ritmo cardíaco, la dilatación de las pupilas y los niveles de hormonas, como asimismo el llanto, el pataleo y el arqueo de la espalda —todas marcas de excitación—, a fin de determinar si esos niños experimentaban estrés.

En alrededor del treinta y cinco por ciento de los niños con los que experimentó, Kagan obtuvo resultados mixtos. Algunos estímulos estresaban a estas criaturas, mientras que otros no. Otro cuarenta por ciento de los bebés mostró relativamente poca excitación a algunos de los estímulos. Advertían la estimulación, pero parecían menos perturbados por ella. Kagan catalogó a estos bebés calmos como "bajo-reactivos" o "desinhibidos".

El último veinte por ciento tuvo reacciones extremas. Patearon, se agitaron y lloraron. Se tensaron sus músculos y se les aceleró el corazón. De hecho, cuando Kagan examinó sus historias clínicas prenatales, halló que su ritmo cardíaco también era alto antes del nacimiento. En general, estos niños gritones tenían reacciones de estrés extremas en situaciones nuevas. Los llamó "alto-reactivos" o "inhibidos" porque sus respuestas eran tan dramáticas y tan frecuentes.

Es interesante destacar que esos bebés tranquilos y complacientes que suponemos tímidos, en realidad son bajo-reactivos. Tienen menos probabilidades de ser tímidos cuando grandes. Los bebés que patean, se aferran a su madre y lloran tienen predisposición biológica a ser tímidos más adelante.

Kagan comprobó que, en la adolescencia, los alto-reactivos experimentan las mismas respuestas físicas internas que tuvieron de bebés, aunque, como es lógico, ya no pateaban ni gritaban. Sin embargo, en conjunto las diferencias entre los tres grupos —alto, medio y bajo— no estaban delineadas con tanta claridad como durante la infancia. Algunos bebés desinhibidos o de nivel medio se convirtieron en adolescentes tímidos. Bebés inhibidos y de nivel medio pasaron a ser adolescentes extrovertidos. Un tercer grupo no modificó en absoluto su conducta infantil.

De la investigación de Kagan queda en claro que cuando un niño crece y se desarrolla, su temperamento innato no puede predecir más su conducta. A partir de los tres años más o menos, un niño se muda de la seguridad del hogar al jardín de infantes, al patio de juegos o al preescolar. Como una consecuencia de involucrarse más con otros, empieza a hacer comparaciones y toma conciencia de sus limitaciones.

Bien pronto los otros elementos que componen la personalidad —experiencia, psicología y cultura— se hacen más decisivos y la influencia del temperamento disminuye. El ascendiente de la personalidad, que emerge día a día, se corresponde con un creciente desarrollo mental del preescolar. Los niños que son inhibidos de nacimiento pueden —o no— desarrollar estrategias y adoptar mecanismos que los ayuden a hacer frente a sus intensas reacciones iniciales a situaciones nuevas o amenazadoras. Basados en su experiencia y razonamiento pueden —o no— volverse tímidos.

EL TEMPERAMENTO LENTO
PARA ENTRAR EN CALOR

Mientras que los experimentos de Kagan explican la inhibición como una reacción inicial, los investigadores Stella Chess y Alexander Thomas, del New York Medical Center de Manhattan, investigaron qué les pasa a los chicos después de que han reaccionado a la novedad. Al observar a los niños poco después del nacimiento y seguirlos durante algunos años después, comprobaron que todos manejan lo no conocido ya sea aceptándolo, actuando en contra o tomándose un largo tiempo para aclimatarse a ello. Los tímidos típicos utilizan la última estrategia. En verdad, he sido enfático en cuanto a esta teoría de "lento para entrar en calor" porque creo que se aplica a la mayor parte de los aspectos de la adaptación a lo que está fuera de la zona de bienestar.

La tendencia "lento para entrar en calor" aparece en más o menos el 15 por ciento de los niños estudiados por Chess y Thomas. Esos niños tuvieron dificultad en habérselas con cualquier cosa nueva: ropa, alimentos, maestros, escuelas o guarderías. Hasta tuvieron problemas con nuevas demandas, tales como el aprendizaje en el control de esfínteres o vestirse solos.

Con paciencia y perseverancia, los niños lentos para entrar en calor pueden acostumbrarse a su nueva situación. Así como los adultos tímidos manifiestan que se relajan y se vuelven gregarios con personas que los conocen bien, los niños lentos para entrar en calor pierden sus inhibiciones una vez que se sienten más cómodos.

EL TEMPERAMENTO ESPERAR-Y-RONDAR

El temperamento esperar-y-rondar explica lo que ocurre cuando los niños inhibidos desean iniciar contacto con otros chicos. Jens Asendorpf, un investigador del Instituto Max Planck para la Investigación Psicológica, de Alemania, observó a niños de tres a seis años en sus escenarios naturales de juego y se dio cuenta de que no todos los chicos tímidos son iguales. Por el contrario, hay tres tipos de niños temperamentalmente inhibidos, cada uno con motivaciones y estrategias diferentes para unirse a otros en el juego:

1. El niño insociable. Feliz cuando está solo, el niño insociable ni teme a sus compañeritos ni desea unirse al juego. Tiene poca motivación para acercarse a ellos, porque le interesan poco.

2. El niño evitativo. Agresivo y destructor, el niño evitativo se une a otros cuando puede hacer un revoltijo. Es su manera de adaptarse, si bien es inadaptable. Además, sus pares la pasan mal a su lado y con frecuencia lo condenan al ostracismo.

3. El niño tímido. El niño tímido es infeliz cuando está solo, pero no tiene ningún deseo de desbaratar el juego de otros. Espera y ronda, se demora a la orilla de la acción, observa a los otros niños. Se siente ansioso porque desea acercarse pero carece de una estrategia que lo integraría al grupo (un típico conflicto acercamiento/evitación). En cambio, observa pasivo en la esperanza de que los demás lo noten y lo inviten a unirse a ellos.

En lugar de poner el foco en el mutismo, el rasgo más frecuentemente asociado a la timidez, estas teorías de temperamento inhibido en niños identifican tres factores que preceden al mutismo: facilidad de estresarse, incapacidad para aclimatarse a un nuevo ambiente, y deseo ambivalente de acercarse a otros niños.

Cuando ponemos de relieve lo que pasa bajo la piel, vemos que la timidez no es un mero problema de comunicación. Antes bien, se trata de un fenómeno del cuerpo, la mente y el yo que afecta a las experiencias de una manera complicada. En éste y en los dos capítulos que siguen, proporcionaré sugerencias acerca de la forma de evitar que su niño temperamentalmente inhibido se vuelva tímido.

Por desgracia, los niños con temperamento muy reactivo, lentos para entrar en calor y/o esperar-y-rondar pueden sentirse perdidos en el seno familiar, porque otro niño puede ser chillón y exigente. Por eso, el niño inhibido puede parecer "tranquilo" y "fácil". A veces no se nota que un niño es retraído porque simplemente no es fácil reconocer la inhibición temperamental en los niños pequeños.

Antes de que usted pueda intervenir, debe ser capaz de identificar si la criatura es inhibida. Las siguientes son las características más comunes de los niños de temperamento inhibido:

- Lloran, patean o se agitan cuando están en territorio o con personas desconocidos.

- Tienen aversión a los ruidos fuertes y un medio ambiente caótico.

- Los otros pueden excitarlo con facilidad.

- Manifiestan reacciones fuertes a impurezas del aire, tales como polvo, ciertos alimentos o fibras en la ropa.

- Odian cambios en la rutina, aun si sólo se trata de usar una nueva camisa o probar un nuevo alimento.

- Tienen preferencia por estar solos, ocupados en actividades que saben que disfrutarán.

- Se pegan a los padres cuando están en un ambiente desconocido o son confrontados con nuevas personas.

- Tienen reacciones fuertes y negativas al ser separados de los padres o de personas conocidas.

- Se retraen y observan cómo juegan otros niños.

- Son renuentes a iniciar contacto con otros niños.

Tenga presente, sin embargo, que es importante tratar de no hacer suposiciones acerca de la mente y el yo de su pequeño antes de que se desarrollen esos aspectos de su personalidad. Absténgase de rotular a su preescolar tímido basado en esas características. Más bien tome conciencia de cómo reacciona su cuerpo a las nuevas situaciones. Compréndalo y haga que se sienta querido y seguro.

AYUDAR A UN HIJO TEMPERAMENTALMENTE INHIBIDO

Usted podría creer que, si su pequeño es temperamentalmente inhibido, no necesita alentarlo a socializarse porque es más feliz cuando lo dejan solo o cuando está seguro y a salvo dentro de los confines de la familia. Su reticente hijo tiene aversión a que lo separen de usted —en el jardín de infantes, el preescolar o el campo de juego—, de modo que lo mantiene a su lado. Cuando grita de dolor o de miedo, usted por supuesto lo calma con la seguridad de que él puede escapar a cualquier cosa que lo perturbe. A ese niño ya lo puede catalogar de tímido y esperar que actúe de esa manera.

A pesar de sus buenas intenciones, esta conducta puede ser un grave error. Basado en mi experiencia, los chicos temperamentalmente inhibidos a quienes se les pone ese rótulo, se los mima en exceso y se les dice que no tienen que hacer lo que hacen otros, tienen escasas posibilidades de llegar a ser tímidos exitosos. Estos jovencitos creerán que sus miedos son mayores que las expectativas que usted deposita en ellos. Cuando se sienten tensos y amedrentados pueden llorar, darse por vencidos y replegarse en la seguridad. Por desgracia, usted refuerza su conducta retraída al decirle que está bien así.

Una mujer que respondió a mi examen de timidez escribió: "Mi madre siempre me permitió abandonar una situación en la que no me sentía cómoda; siento que eso ayudó a acentuar mi timidez".

Otra escribió: "Cuando los padres y los abuelos están preocupados y ansiosos, y convencidos de que casi todo va a terminar en desastre, alguna que otra actitud se desgasta. Los niños pequeños no tienen experiencia para reconocer que esa catástrofe es una distorsión de la realidad. El mundo puede parecer un lugar lleno de peligros y hostilidad cuando hay tanta presión para que sean cuidadosos. Hasta las buenas intenciones de ponerlos a cubierto de problemas, puede dejarlos incapacitados para hacer frente a cosas comunes.

Ningún niño, no importa su grado de inhibición, vive en una burbuja de plástico. Hay ciertas tareas propias del desarrollo que todos los niños deben enfrentar y dominar, ya se trate de jugar con amigos, funcionar en el preescolar, comprender sus propios sentimientos, aprender a andar en bicicleta, o correr riesgos apropiados. Los niños no pueden cumplir con esos objetivos si usted no los estimula.

Un niño de temperamento inhibido, lento para entrar en calor, del tipo de esperar y rondar, desde luego se va a apartar de nuevas situaciones. Pero no trate de reforzar su cortedad cediendo a todos sus miedos. Enséñele cómo vencerlos y ser un tímido exitoso a edad joven. He aquí algunas estrategias:

Esté atento al período de calentamiento lento. Es muy probable que su hijo tímido reaccione de modo negativo a las nuevas experiencias, de modo que no lo fuerce a estar en ambientes ruidosos o caóticos. Más bien alívielo en situaciones que usted cree va a rechazar, y dé un paso por vez. Explique y sea paciente.

Dé el ejemplo a su hijo. Si usted da la espalda a compromisos sociales, su hijo sentirá su ansiedad. A través de sus actos muéstrele que los demás son amistosos y pueden ser confiables. Organice reuniones en su casa y mantenga amistad con familias numerosas y con amigos. Involucre a su hijo en sus diligencias, así como en acontecimientos sociales y comunitarios.

No sobreproteja a su hijo. No le haga sentir que él no puede hacer algo porque es "tímido". Asegúrese de que tenga oportunidades de interactuar con otros niños.

Comuníquese con su hijo. Háblele de sus propias experiencias y haga que aprenda de sus errores. Explíquele los beneficios de la amistad, ayúdelo a comprender sus sentimientos, prepárelo para el futuro y, junto con él, elija actividades apropiadas para su temperamento.

Prepare a su hijo. Avísele por anticipado si la rutina de su familia está a punto de cambiar. Ayúdelo a pensar en lo que se avecina. Hable sobre acontecimientos venideros —desde el ómnibus escolar hasta fiestas de cumpleaños— de modo que no se sienta tomado por sorpresa.

Prepare a otros. Si a su niño le lleva algunos minutos acostumbrarse a otros adultos, explíquele a estos que se trata de una criatura sensible y requiere un poco más de tiempo para entrar en calor. Pídales paciencia para ganarse su confianza.

No rotule a su niño ni suponga que tiene un serio problema emocional o de desarrollo. En la edad joven, él reaccionará a su tendencia natural a sentirse amedrentado por lo nuevo o inusual. No hay nada de malo en eso. Ayúdelo a entender cómo vencer sus temores y dudas. Rotular genera profecías que se cumplen por sí mismas.

Quiera a su hijo por lo que es y no por lo que usted quiere que sea. Los niños no fracasan; ellos sólo fracasan en cumplir con las expectativas irreales de sus padres. Trate de entender las experiencias de su hijo desde el punto de vista de él, y hable a fondo de sus problemas.

En conjunto, los niños de temperamento inhibido necesitan ensanchar de a poco sus zonas de bienestar, desarrollando confianza en ellos mismos, en sus compañeros de juego y en el ancho mundo. En lugar de aislarlos y protegerlos, ámelos y estimúlelos.

TODO EN LA FAMILIA

Además del temperamento, las experiencias en el seno de la familia ejercen un profundo impacto sobre el desarrollo de la personalidad de su hijo. La familia es su primer ámbito social; le enseña cómo habérselas con la gente. Lo que aprende allí se reproducirá en su edad adulta.

Hermanos

Una estudiante universitaria de Pensilvania me explicó por qué creía ser tímida: "Tengo un hermano que es tres años mayor que yo —escribió—, y hasta donde puedo recordar dominó las conversaciones en las que yo estaba presente, ya fuera con nuestros padres, parientes o amigos. A causa de que él llevaba toda la conversación, yo nunca tenía que hacerlo. Sólo podía palidecer en la retaguardia. Hasta la fecha, eso sigue así".

Los hermanos son los primeros pares. La manera de interactuar con ellos con frecuencia afecta la forma en que nos relacionamos con los otros más adelante en la vida. Puede ser un cliché, pero sin embargo es verdad que los hijos mayores parecen ser demasiado responsables y maduros, los del medio quieren ser notados como individuos, y los más chicos, los "bebés de la familia", pueden eludir las responsabilidades porque sus padres son muy permisivos con ellos.

La rivalidad intensa entre hermanos a menudo influye sobre la forma en que las personas se ven a sí mismas y al mundo. Un caricaturista escribió: "No sé si tengo predisposición genética a ser tímido, pero sí sé que, mientras crecía, siempre me sentía como el segundo mejor para mi hermana seis años mayor. Yo no era nada y mis opiniones no le importaban a nadie. Tal vez ése no fue el caso en realidad, pero siempre lo sentí así".

Pero de acuerdo con las investigadoras Diane Arcus y Cathleen McCartney, de la Universidad de Harvard, aun si no experimentan rivalidad o estereotipia con hermanos mayores a causa de su lugar en la familia, los niños se verán influidos por la forma en que se relacionan con sus hermanos y, como resultado, pueden desarrollar timidez. A veces esta influencia empieza tan pronto como el bebé llega a la casa desde la maternidad.

Imagine que Karen acaba de nacer en casa de los Nelson. Cuando la presentaron a su hermano Jonathan, dos años mayor, le echó una larga mirada. Sabía que él era el mismo, sabía que era distinto de Karen, y sabía que en ese momento tenía un rival en el afecto de sus padres. Necesitaba una manera de atraer la atención de ellos, de modo que derramó la leche, hizo berrinches y en general se mostró hostil hacia su hermana. Los Nelson respondieron de inmediato. Pero aunque se enojaron y castigaron a Jonathan, él sintió que había ganado la batalla; había tenido éxito en desviar la atención hacia esa intrusa.

La pequeña Karen se perdió en la refriega. Los Nelson no descuidaron de ninguna manera a su nuevo bebé, pero a medida que ella ganaba conciencia de sí misma se hizo conocedora de las demandas de su hermano mayor. Aprendió que su conducta ruidosa era su manera de ser notado. Sin embargo, como era de temperamento inhibido, tampoco actuó. La conmoción ocasionada por la deliberada "maldad" de Jonathan hizo irritable a Karen, pero ella supo que no era una competidora para él.

Esta dinámica puede sembrar la semilla de la futura timidez. Karen tendrá que aprender que su papel es ser tranquila, obediente, pasiva y "buena"... todo lo que Jonathan no es. Los Nelson pueden alentar de manera inconsciente su mansedumbre porque es mucho más difícil de manejar que la conducta del hijo. Karen leerá sin duda el mensaje tácito de sus padres y guardará para sí sus preocupaciones, frustraciones y sentimientos complicados.

Mientras se encamina hacia la edad adulta, puede que constantemente se pregunte si no estará alborotando, creando problemas o haciando algún disparate. Puede que se sienta atraída por las personas más locuaces en las reuniones y se compare con ellas negativa y severamente. Pensará que va a ser ignorada a pesar de su talento y sus ideas y puede que fracase al querer ponerse a la altura de los demás. Aunque puede sentirse más cómoda si no la sacan a bailar, por dentro puede desear ser más parecida a Jonathan.

La rivalidad fraternal puede ser dura en niños menores, sobre todo en los que son de temperamento inhibido. Ésta puede ser la razón por la cual los hijos menores de una familia tienen más probabilidades de ser tímidos.

Dar a luz con menos de dos años de diferencia puede intensificar la rivalidad y la timidez de los hijos. Los niños nacidos próximos uno del otro tienden a parecerse. Cuando se comparan con sus hermanos, los mayores pueden acrecentar su mal comportamiento o hacer una regresión al estado de bebé (por ejemplo, hacerse encima después de haber sido enseñados a usar el inodoro, o volver a chuparse el pulgar) a fin de conquistar la atención de sus padres. Esta búsqueda del foco de atención puede llevar al desarrollo de la timidez en el niño menos dominante.

Además, si un nuevo bebé aparece en el hogar cuando el niño apenas está desarrollando su sentido del yo y de conciencia de sí mismo, el recién llegado puede desplazar en forma temporaria a su hermano mayor, con lo cual provoca celos y conducta regresiva. Esto no significa que tendrá problemas de desarrollo y ni siquiera que será tímido más adelante. Es sólo una manera de adaptarse a los cambios del ambiente.

De acuerdo con Arcus y McCartney, los padres tienen una oportunidad para minimizar la rivalidad fraterna y la conducta regresiva. La llegada de un nuevo bebé puede significar para la familia una fractura mínima si el hijo mayor tiene entre treinta y seis y cincuenta y cuatro meses. Tal vez para entonces su sentido del yo ya es relativamente autónomo. Puede soportar un nuevo bebé en la casa sin sentirse demasiado inseguro o desplazado.

Si usted no está en condiciones de espaciar el nacimiento de sus hijos, tome conciencia de cómo la mala conducta de un hermano mayor puede afectar a un hijo menor. Asegúrese de que cada uno de sus vástagos reciba suficiente amor, devoción y atención individual.

El rol de la madre

Las criaturas tímidas, en particular, dependen de su madre para obtener apoyo emocional; quieren sentirse a salvo y amados en un mundo que parece atemorizante y amenazador. Cuando se las separa de su madre, se vuelven irritables y confusos, y a veces hasta frenéticos. Confían en pocas personas fuera de la familia inmediata. La madre es su protector y defensor.

Como madre, usted no "crea" hijos tímidos, ni tampoco es culpable si sus chicos crecen para ser tímidos. Sólo necesita tener conciencia del temperamento de su hijo cuando toma decisiones sobre el estilo de disciplina, brindado de cuidados y guía.

La sobreprotección o "de invernadero" puede ser una estrategia destructiva para los niños tímidos. Los chicos protegidos en exceso, tímidos, nunca aprenderán a alcanzar niveles de desarrollo tales como compartir, jugar con otros, o aceptar la guía de los adultos si constantemente se los excusa de hacerlo porque son tímidos. Es muy natural prestar atención adicional a estos niños, pero no debería cederse a demandas irrazonables no importa cuán lindos, modositos o sufridos sean.

Muchas madres sobreprotegen a sus hijos tímidos porque ellas mismas son, o fueron, tímidas. De hecho, es más probable que los niños tímidos tengan madres tímidas, tal vez debido a un eslabón genético o a un estilo en la manera de brindar ayuda. Como me escribió una mujer: "El miedo de mi madre a la gente influyó de modo decisivo en mi vida". Si usted es tímida, puede verse reflejada en su hijo y hacerse cargo especial de sus temores. O su relación con otros adultos puede ser limitada, de modo que su hijo no experimenta con una amplia esfera de personas y en consecuencia lleve una vida relativamente tranquila y aislada.

Sin embargo, he hablado con un buen número de madres tímidas que se desviven por ahorrarles a sus hijos el dolor de la timidez, alentándolos a que expresen sus deseos y nesesidades, libren sus propias batallas y valoren la amistad con muchos otros niños. Una madre tímida de Ohio, con dos hijos, dijo: "Mis hijos no son tímidos y me siento en verdad contenta porque no quería que ellos tuvieran que pasar por las mismas cosas que tuve que pasar yo. Son bastante locuaces e independientes. No quería que fuesen como yo. Siempre los alenté a hacer cosas por su propia cuenta y a hablar por sí mismos".

Y una trabajadora social muy tímida me confesó: "Cuando tenga hijos pienso hacer lo imposible para que se relacionen con otros".

Estas mujeres deben ser ensalzadas. No sólo ayudan a sus hijos sino que también se ayudan a sí mismas al ser socialmente activas.

Varios estudios han examinado la manera en que las madres alentaron a sus hijos de temperamento tímido para que se convirtieran en tímidos exitosos. Esas madres ayudan a sus hijos a comprender que a veces se sentirán incómodos e inseguros, pero que se espera de ellos que cumplan determinadas tareas, tales como quedarse un día entero en la escuela o compartir sus juguetes con los demás. Al esperar que, a pesar de su vacilación inicial, sus hijos corran los mismos riesgos que corren niños más audaces, los ayudan a salir de la timidez.

Si usted intuye que su hijo es reticente a acercarse a un potencial compañero de juego, es útil discutir el porqué y el cómo del encuentro. En lugar de que retroceda ante la amenaza, ayúdelo a que se prepare para ella. Esto requiere paciencia de su parte, pues su pequeño puede entusiasmarse despacio con las nuevas situaciones, pero al final obtendrá su recompensa. Su hijo incorporará estas lecciones a lo largo de su vida. He aquí cómo puede guiar a su hijo para que sea un tímido exitoso:

Enséñele a tolerar la frustración. Los bebés muy reactivos tienden a agitarse cuando se los separa de su madre. Sus alaridos suenan agudos y urgentes para los atentos oídos adultos. Como es natural, usted querrá correr a calmar a su bebé, pero no hace falta. Cuando permite que su bebé inhibido llore un ratito en lugar de levantarlo no bien empieza a aullar, no lo está descuidando sino que más bien lo ayuda a que se habitúe a tolerar su excitación interna. Le enseña que la incomodidad es temporaria, normal, y una condición a la que no siempre usted puede atender en el acto.

Con el tiempo su niño aprenderá a calmarse solo y aceptará la moderada incomodidad como un hecho normal de la vida, no demasiado molesto. Cuando sea mayor no se sentirá aturdido por situaciones que le provocan ansiedad, porque ya las ha manejado antes.

Desarrolle un estilo de disciplina firme y coherente. Una encuesta entre estudiantes universitarios tímidos comprobó que a muchos los afectaba de manera adversa una disciplina incoherente. Cuando eran más jóvenes no podían predecir cuál de sus actos sería castigado y cuál sería aceptado. De acuerdo con estos estudiantes, la confusión los inhibía para el habla y la conducta.

Los niños tímidos están naturalmente inclinados a inventar justificaciones después de sus actos. Para crear una sensación de seguridad en su vida, es mejor establecer pautas y expectativas de conducta estables junto con un seguimiento consecuente.

Tenga cuidado con las críticas. Los niños temperamentalmente inhibidos tienen más probabilidades de internalizar las críticas porque son excitables, conscientes de sí mismos y medrosos. Cuando discipline a su hijo, establezca una distinción entre "niño malo" y "conducta mala". Deje que su hijo sepa que, si bien no le gusta que escriba en la pared con el marcador, lo quiere de todos modos. No es de extrañar que ésta sea la mejor manera de disciplinar a los niños, a la vez que se favorece en ellos una saludable autoestima.

Por sobre todas las cosas, reasegure a su hijo de que lo quiere, al mismo tiempo que, con suaves palmaditas lo ayuda a salir del nido y entrar en el ancho mundo exterior.

El rol del padre

La mayoría de los papás enseñan a sus hijos el poder y la autoexpresión a través de su estilo de juego. Arrojan a sus chicos al aire, los pasean como chanchitos sobre la espalda, los asustan y persiguen, luchan con ellos, o los aprietan fuerte hasta que se dan por vencidos.

Su hijo aprende muchas lecciones de vida a través de esa rudeza. Primero, ve que usted y los adultos en general son más fuertes y más poderosos que él. También debe tolerar un cierto nivel de frustración en un mundo que es cerril, duro y medroso. Observa con cuidado sus estados de ánimo y mensajes no verbales, el lenguaje de su cara y su cuerpo para anticiparse a lo qué pasará después. También aprende a comunicar con claridad sus emociones al soltar risitas, llorar, luchar, pedirle que se detenga, o escapando de la situación incómoda. Esto lo obliga a prestar oído a sus emociones, que pueden señalarle que el alboroto se está saliendo de los límites permitidos.

En suma, a través del juego usted entrena a sus hijos a defenderse bien en el mundo al enseñarles a tolerar la frustración, resolver problemas e interpretar y comunicar emociones.

Los niños muy reactivos pueden estar mal equipados para manejar el juego sin restricciones ni reglas que muchos padres prefieren. Es triste, pero ello puede ocasionar una ruptura en la relación, en especial con los varones. El niño inhibido también puede tener miedo de desarrollar un vínculo emocional estrecho con su papá. Y porque ese niño tiene aversión a los juegos rudos, puede dejar de aprender las lecciones que necesita para adquirir el conocimiento de cómo llevarse bien en el mundo "rudo".

De igual manera, un padre puede rechazar a su hijo inhibido a favor de otro vástago extrovertido porque no sabe cómo jugar con el más callado. Después de unas cuantas lágrimas —demasiadas—, puede creer que no sirve para tratar con los niños (o con ese niño) y se aparta. Usted debe evitar esta eventualidad a toda costa. No se trata de que tendría que dejar de alborotar, eso le enseña valiosas lecciones a su hijo; pero baje el tono del juego y tal vez encuentre otras actividades más tranquilas pero por igual desafiantes, que su hijo disfrutará.

El psicólogo clínico Mitch Golant sugiere un juego no competitivo en el cual "usted enfatiza el esfuerzo de su hijo, no necesariamente el resultado. El estrés disminuye cuando usted se detiene en el proceso del juego (cómo encara su hijo una situación) en vez de centrarse en el objetivo. En el juego no competitivo no hay ganadores ni perdedores, sólo personas que cooperan, traban amistad y se divierten". Actividades tales como leer con su hijo, contar cuentos, jugar con muñecos o arcilla y dibujar, tienen el valor agregado de acrecentar la creatividad de su hijo, la cual puede aumentar su capacidad para hacer amigos.

También puede adoptar algunos de los aspectos más femeninos de la paternidad —ser sensible, educador y comprensivo—, a fin de relacionarse con su hijo de una manera emocional e íntima. Si usted es tímido, haga un esfuerzo para practicar juegos sin restricciones ni reglas con sus hijos, a fin de desempeñar su parte en el delicado equilibrio de la vida familiar.

EL IMPACTO DEL DIVORCIO

El divorcio es duro para los niños en general y puede ser especialmente difícil para un niño tímido que reacciona más al cambio, es más sensible y tiene menos apoyo social que sus hermanos más comunicativos. Aun cuando la ruptura no sea tan dolorosa para los esposos, constituye un trauma que puede dar lugar a que niños de temperamento inhibido se vuelvan tímidos o que un niño inhibido se retraiga más aún.

En verdad, el retraimiento es sólo un signo de adaptación a la nueva situación. Para manejar su confusión por el divorcio, los niños pequeños también pueden deprimirse, culparse ellos mismos, desarrollar miedos intensos, crear fantasías de reconciliación, y hasta volverse agresivos y hostiles. Si usted se divorcia, tenga presente que sus hijos se verán profundamente afectados por la pérdida. Asegúrese de que los dos —marido y mujer— se comunican con ellos con claridad, ternura y honestidad.

Si no tiene la custodia de sus hijos, es importante permanecer en cuadro. En especial si su hijo es tímido, necesitará estabilidad emocional y que se le repita una y otra vez que no es culpable del divorcio. Por otra parte, es fácil sentirse culpable y ceder al retraimiento de un niño o malcriarlo, pero el apoyo y la comunicación constantes son acercamientos más constructivos.

También debería vigilar el aislamiento que su hijo podría sentir durante sus visitas periódicas. Los niños pueden sentir una aguda soledad cuando se los separa del progenitor custodio, de amigos y vecinos, por períodos prolongados. Si su hijo pasa un período prolongado con usted, podría resultar útil presentarle a los hijos de sus amigos, pero también quedarse con él mientras juegan, de modo que no se sienta abandonado.

También podría pasar el tiempo ocupado en actividades prosaicas como ir de compras, hacer mandados o lavar el auto. En esos momentos puede mantener conversaciones sobre cualquier tema y construir una fuerte relación a pesar de la separación.

Si usted es un progenitor custodio que debe trabajar, asegúrese de que su hijo no esté aislado en casa con niñeras o con abuelos. Una guardería o un preescolar lo ayudará a socializarse. También es útil unirse a un grupo para padres solos y mantenerse en contacto con familias vecinas para recibir el apoyo emocional que necesita. Unas pocas familias pueden reunirse en una casa, con los niños y las niñeras en una habitación y los padres en otra. Todos los miembros gozarán entonces de los beneficios de estar con un grupo de pares, con lo cual reducen su estrés y disfrutan de una vida social activa.

Por sobre todas las cosas, la clave es asegurarse de que su hijo no sufra emocional o socialmente a causa de su ruptura. Asegúrese de que ustedes dos (esposo y esposa) se involucran en la crianza del niño. Los dos tienen que mostrarse solícitos y cariñosos porque los dos proporcionan lecciones valiosas. Todos los niños que pierden contacto con uno de los padres sentirán la pérdida con mucha intensidad.

GUARDERÍA: UNA EXTENSIÓN DEL HOGAR

La gente me pregunta con frecuencia si a los niños tímidos les hace bien la guardería o si necesitan la seguridad y la atención individual que sólo un padre puede proporcionar. Para muchas familias éste es un asunto polémico. Un progenitor que se queda en casa no es una opción. Además, si el establecimiento es bueno, un niño —hasta un niño tímido— la pasará muy bien.

En efecto, creo que la guardería beneficia a los niños tímidos porque los instala en un grupo de pares con los que pueden interactuar, adquirir habilidades sociales y ensanchar su zona de bienestar. Aprenden a negociar, resolver problemas, compartir, cooperar y jugar en grupo, habilidades que no les llegan de manera natural a los niños tímidos, pero que son vitales para su futura adaptación.

Busque un establecimiento en el que las cuidadoras sean cálidas, pacientes y experimentadas en el manejo de niños tímidos. Un ambiente estimulante pero no caótico es lo mejor. Pida un programa de actividades para saber qué hará su hijo cada día. Los niños tímidos necesitan actividades y experiencias diversas, con un buen equilibrio entre la interacción personal y de grupo. Si ve un televisor, ni por

asomo piense en enviar a su hijo a ese colegio. Las probabilidades
son que el personal usará el televisor como una niñera electrónica, y
eso eliminará las oportunidades del niño para su socialización y su
desarrollo intelectual.

Una vez que ha seleccionado una institución apropiada, trabaje
con el personal para asegurar que su hijo esté cómodo y reciba la
atención adecuada. Avise a las cuidadoras de que es un chico lento
para adaptarse a las nuevas actividades, personas o lugares, de modo
que no interpreten mal su natural reticencia y crean que sufre de un
problema más serio.

Como los padres sabios de Jenny, usted puede poner a su retozón
en su lugar si empieza despacio. Primero dígale que va a ir a la
guardería, y prepárelo lo mejor posible para lo que le espera. Asegú-
rele que la maestra lo llamará si lo necesita. Al principio deje que se
quede un tiempo corto y luego prolongue en forma gradual la estadía
hasta que pueda soportar un día entero. Si tiene edad suficiente, puede hablarle sobre sus temores y la manera de hacerles frente. Observe
sus reacciones.

Con el tiempo, los niños tímidos vuelven en sí y se divierten en
la guardería, pero al principio pueden necesitar más ayuda. No hay
ninguna necesidad de que usted se sienta culpable por poner a sus
hijos tímidos en una guardería. Piense en sus aspectos sociales y
aliente a sus hijos a que hagan amigos y sean autosuficientes.

EL TIEMPO POR SÍ SOLO PUEDE SER ÚTIL O DAÑINO

Si bien yo lo he alentado a que ayude a su hijo a que se acostumbre a estar con otros, también puede ser valioso el juego solitario que
muchos chicos tímidos prefieren. Ello les permite relajarse, a pensar
a través de sus experiencias y a desarrollar su creatividad.

Pero estar todo el tiempo solo es útil hasta cierto punto, y sólo
si se cumple de una cierta manera. Kenneth Rubin, de la Universidad
de Waterloo, analizó el juego no social de niños de cuatro años y
comprobó que encaja en varias categorías. Concluyó que no hay
ninguna necesidad de preocuparse demasiado si a su hijo le gusta
jugar solo. Más bien debería observar cómo juega y alentarlo a que
emplee el tiempo con inteligencia.

Juego constructivo paralelo

El juego constructivo paralelo tiene lugar cuando los niños se comprometen en una actividad constructiva, como armar una torre con cubos de madera o resolver un rompecabezas. Juegan cerca unos de otros, pero no con cada uno de los otros. Esta clase de juego cimenta una buena capacidad para resolver problemas y ayuda a la adaptación social. Otros niños se acercan a los "jugadores paralelos" para ayudar con sus propios proyectos. El juego constructivo paralelo puede convertir a su hijo en un "experto" a la vez que cimenta su confianza en sí mismo.

Usted puede estimular el juego constructivo paralelo si proporciona apoyo indirecto. Por ejemplo, si su hijo construye una torre de cubos que siempre se cae, en vez de rearmársela haga sugerencias como: "¿Qué pasaría si pruebas con cubos más grandes en la base y más chicos en la parte superior?". De esta manera, usted lo ayuda a resolver un problema sin cumplir la tarea por él. Esto le permite experimentar frustración, sentirse cómodo con ella, vencerla, y por último ganar la sensación de que ha cumplido con algo.

Juego constructivo solitario

El "juego introvertido" ocurre cuando los chicos juegan bien en soledad, sin necesitar la proximidad de otros. De hecho, se encuentran tan bien solos, que los otros no tratan de unirse a ellos, pensando que es probable que prefieran que los dejen en paz. Este juego benigno es perfecto a la corta, pero a la larga puede causar problemas si su hijo nunca se compromete en juegos paralelos. Otros niños no piensan mal de los solitarios constructivos e independientes, pero no tienen ninguna oportunidad de conocer al chico que juega solo y así la amistad no puede prosperar.

Juego funcional solitario

Es cuando su hijo repite continuamente un movimiento, con o sin un juguete. Puede pararse una y otra vez sobre una silla, dar vueltas en círculos, o golpear reiteradas veces su camión de juguete contra el piso.

Cuando los chicos se entregan a este tipo de juego, no piensan en nada en particular. Lo más probable es que los otros no se les acerquen para jugar, y así pierden oportunidades de socializarse. Por cierto, los niños que pasan mucho tiempo jugando de esa manera pueden tener dificultad en resolver problemas y retrasarse en su desarrollo emocional y social, ya que no experimentan la novedad o ensanchan su zona de bienestar. Nunca aprenden estrategias alternativas de juego, y tampoco interactúan con otros niños.

Si ve que su hijo está ocupado en ese juego funcional solitario, pregúntele por qué golpea su camión. Si es el único niño en la casa, ofrezca alternativas y con suavidad aliéntelo a participar en nuevas actividades como el juego imaginario con otros chiquillos. Juntos pueden buscar hojas o pájaros, o jugar en el columpio. Intente una variedad de experiencias que agrandarán su zona de bienestar.

Juego de fantasía

Es normal y útil que los preescolares representen papeles imaginarios y escenarios hipotéticos, siempre que jueguen de esa manera "en compañía". Pero los niños que se pierden en sus fantasías solos pueden tener problemas en adaptarse al juego social de la vida real. Los maestros han visto que los niños que transcurren mucho tiempo solos en juegos de fantasía están mal adaptados socialmente y se toman un largo tiempo para resolver problemas interpersonales. Interactúan mal con sus pares y tienen una posición relativamente baja en su clase; se hallan perdidos en su propio mundo y no pueden relacionarse o mostrar empatía hacia otros.

Usted y los cuidadores de su hija deberían estar alerta a este tipo de conducta, así como asegurarse de que no se sienta perdida, sola en las nubes. Aliéntela a que juegue con otros durante el recreo, o invítelos a su casa. Puede resultarle de ayuda jugar con niños algo menores, pues estará más desarrollada cognoscitiva y físicamente y podría resultarle más fácil relacionarse. Además, jugar con niños menores puede reforzar la confianza en sí misma si se pone en el papel de maestra. Esto también la hará más benévola con las luchas de otros y la ayudará a involucrarse menos.

Estructure actividades que requieran un juego constructivo y/o interactivo. Llévela de vuelta a la realidad y sáquela de su propio mundo.

Esperar y rondar

Los niños tímidos quieren relacionarse con otros, pero les resulta difícil correr los riesgos necesarios para hacer amigos. Los niños que esperan y rondan tienden a ser mentalmente "más jóvenes" que sus pares. Se embarcan en menos conversaciones y son menos adaptados desde el punto de vista social. Esperar y rondar es útil sólo como una estrategia temporaria. En el Capítulo 10 le daré algunas sugerencias sobre cómo ayudar a que su chico crezca.

No debe preocuparse si a su hijo en edad preescolar le gusta jugar solo. De hecho, comprometerse en juegos paralelos constructivos permite a los niños volverse expertos y operar en sus propias zonas de bienestar. Usted puede introducir nuevas actividades para un niño a quien le gusta jugar solo. Pero esté alerta a una niña que se pierde dentro de sí misma y aliéntela a que llene su tiempo en forma constructiva. Los niños necesitan ensanchar su mente cuando están solos y deberían evitar actividades pasivas como la televisión o los juegos de computadora. Invite a su niño a dibujar, vestirse de etiqueta, resolver rompecabezas, jugar partidos, construir castillos, formar animales de arcilla, mirar libros con láminas... Cualquier cosa que ocupe su imaginación.

LA SENSACIÓN DE PERTENENCIA

Un niño muy reactivo puede sentirse abrumado en una fiesta de cumpleaños caótica y ruidosa. Un niño ligeramente tímido puede sentirse desbordado en el patio de juegos cuando los otros se ponen salvajes. Estas situaciones pueden no agradarle a su chico tranquilo.

El concepto de "pertenencia" vincula la búsqueda de su hijo de condiciones que sean compatibles con su temperamento y, a su debido tiempo, con su personalidad. Significa hermanar su medio ambiente con la persona que él es en realidad. Al igual que una zona de bienestar rudimentaria, la sensación de pertenencia cambia en forma constante a medida que su hijo crece, investiga territorios inexplorados y domina nuevas tareas.

Usted puede ver en acción la sensación de pertenencia en un nivel instintivo cuando una criatura asustada se arrastra de vuelta a la seguridad del regazo materno después de toparse con un gatito. Hasta en el nivel más fundamental, el niño intenta controlar su ambiente, sus reacciones temperamentales y las demandas de la situación al encontrar un puerto seguro. Cuando se sienta reconfortado y confiado, se aventurará otra vez a explorar lo que una vez fue amenazador.

Tal vez su niño tímido deba pasar tiempo en una guardería porque usted trabaja. Aunque él pueda manejar la separación, puede darse que no tenga una sensación de pertenencia con ese establecimiento. Usted no tiene por qué batallar cada mañana para vencer su repugnancia a ir allí. Por el contrario, trate de que su hijo esté más cómodo. Usando las pautas que delineé más arriba, busque un nuevo establecimiento que se ajuste más a su temperamento. Y no lo empuje más rápido de lo que a él le resulte cómodo.

Si observa, escucha y aprende sobre las necesidades de su hijo y trabaja con todos los elementos que abarcan una buena sensación de pertenencia, puede ayudar a su chico a ser un tímido exitoso. Los niños pequeños expresan sus emociones cuando están agitados, pero todavía no tienen la capacidad cognoscitiva necesaria para tomar decisiones sobre cómo remediar su situación. Le toca a usted, como progenitor, hacer los ajustes y elecciones que lo alienten a participar en actividades que sean apropiadas para él.

Tal vez su niño de cinco años quiere jugar a la pelota con los chicos del barrio. Tommy se muere de ganas por vestir el uniforme y ser parte del equipo, pero teme no ser bastante capaz y que sus amigos se rían de él. También usted cree que la experiencia lo instará a salir de su caparazón. ¿Cómo puede ayudarlo a controlar algunos de los factores que lo molestan y alentarlo a intervenir en el juego?

Si Tommy es tranquilo, se concentrará en sus habilidades y jugará bien. El objetivo de su intervención debería ser aumentar su tranquilidad al ayudarlo a volverse más listo para jugar. Puede empezar por compartir sus propias experiencias con las divisiones inferiores. Describa sus derrotas y sus triunfos de manera que él entienda que ganar y perder son sólo parte del juego. Practique tiros, atajadas y voleos para mejorar sus habilidades y aumente su confianza en su capacidad de juego. Déle tiempo para entrar en calor para el deporte dejándolo sentado en el banco durante algunas prácticas y partidos. Déle la oportunidad de jugar, pero no lo apure si no está listo.

Si después de todo ese esfuerzo Tommy todavía tiene rechazo a la pelota, puede ayudarlo a escoger un deporte más apropiado el año siguiente; tal vez natación o gimnasia.

Estas lecciones continuarán a lo largo de la vida de su hijo. Las personas tímidas exitosas que comprenden la bondad de sentir la pertenencia han aprendido a controlar su ambiente. Pueden salir de un bar ruidoso y caótico y optar en cambio por pasar la noche en un café tranquilo, sin remordimientos. Pueden escoger una profesión que se ajuste a su personalidad —convertirse en profesor de negocios en lugar de corredor de bolsa en Wall Street—, de manera que no se sientan abrumados por el tumulto inherente a ciertas ocupaciones. Se convierten en tímidos exitosos porque han aprendido desde edad temprana que pueden controlar sus sentimientos, sus reacciones y su destino prestando oído a su instinto.

10

La timidez al promediar la infancia

"Cuando tenía entre cuatro y ocho años —me escribió una mujer militar— padecía de una dolorosa timidez. Si algún adulto me hablaba o alguien trataba de ser mi amigo, me dolía el estómago y siempre sentía que estaba al borde de las lágrimas. Era fácil habérmelas con los adultos: sencillamente los evitaba. A los otros chicos empezaba a pelearlos y atormentarlos, para mantenerlos lejos; casi todos mis boletines decían 'tiene problemas para llevarse bien con otros niños'."

La timidez al promediar la infancia puede ser en verdad dolorosa.

Usted y los miembros de su familia tienen la primera y más fundamental influencia sobre la timidez de su hijo. Pero ésta puede menguar cuando su chico descubre a otros niños en el barrio, en clubes y en la escuela. De hecho, los niños se convierten de manera natural en compañeros de juego a los seis o siete años y entran en lo que se llama el período latente, durante el cual se hacen sociables.

El período latente es un ensayo con trajes para los papeles que los niños habrán de desempeñar como adultos. Las nenas cuidan de sus muñecas para practicar el rol materno y organizan reuniones de té para sentirse anfitrionas; los varones corren carreras para imitar a los atletas profesionales y juegan a la guerra para experimentar poder. En el proceso aprenden lecciones valiosas sobre cooperación, participación, amistad, liderazgo y negociación. No sólo "quieren" jugar con otros, sino que "deben" hacerlo para crecer.

El período latente puede ser en extremo crítico para la aparición de la timidez. Los niños necesitan aprender lecciones de socialización durante esa época, pero no pueden hacerlo si se aíslan mirando televisión, jugando con la computadora o leyendo. Necesitan estar con amigos y explorar el mundo.

No sorprende que muchos niños tímidos tengan problemas durante el período latente, ya que se trata de un momento muy abrumador desde el punto de vista social. En efecto, es entonces cuando casi todas las personas manifiestan haber sido identificadas como tímidas. Chillaron en el jardín de infantes, se resistían a jugar con otros niños, y eran más retraídas entre sus pares que en la casa. Una mujer de Connecticut escribió:

"Hasta en el jardín de infantes, yo era una de las criaturas más calladas en clase y me pasaba sola muchos períodos de juego cuando habría tenido que estar con otros chicos".

Si su hija nació con un sistema nervioso reactivo en grado sumo, puede sentirse amenazada y atemorizada entre otros niños y preferir jugar sola. Si usted no la alienta para que haga amigos, o si está aislada y le falta la oportunidad, puede desarrollar timidez durante el período latente porque no acumula experiencias sociales. Mi corresponsal de Connecticut, por ejemplo, creía que la timidez venía de que la desalentaban a que participara en actividades después de clase.

"Era un lío menos para todos si me iba derecho a casa después de la escuela —escribió—. Mi barrio era bastante opulento y muchos chicos empezaron a tomar lecciones privadas de tenis, natación y baile en los primeros años de la escuela primaria."

Ella no lo hizo y creía que la falta de interacción social la perjudicó.

Por fortuna, así como la timidez puede comenzar durante el período latente, también entonces puede reducirse al mínimo. He visto niños inseguros, medrosos o socialmente ineptos, aprender con rapidez cómo vencer sus temores con una guía apropiada. A lo largo de este capítulo le mostraré cómo ayudar a su hijo a que no lo aterrorice estar en la escuela o hacer amigos.

EL DESAFÍO DE EMPEZAR LA ESCUELA

Una exitosa corredora de bienes raíces de Nueva York manifestó: "Mi primer encuentro con el pánico fue cuando mi madre me dejó sola el primer día de jardín de infantes. Sentí como si me hubieran abandonado en una prisión. Hasta tenían rejas en las ventanas".

Esa experiencia es algo común entre niños tímidos que por naturaleza tienen aversión a los cambios de rutina, personas o lugares. Muchos encuentran traumático su primer día de escuela. Lloran, se pegan a la madre y corren hacia la puerta tan pronto como entran en la clase.

No es sólo el miedo al abandono lo que les preocupa. El ambiente escolar en sí mismo puede parecer rígido y amenazador si se lo compara con la casa. Instintiva o deliberadamente, usted puede haber adaptado su vida para acomodar las necesidades de su niño tímido, pero esta atención individual no es factible en una clase de veinticinco o treinta niños, muchos de los cuales son gregarios. Seguir un programa, recibir órdenes de un adulto, estar rodeado todo el día de un grupo de niños bulliciosos, y mantenerse separado de usted muchas horas, todo eso puede ser intimidante para él.

Puede que su hijo no entienda sus propias reacciones, pero sabe que no le gusta cómo se siente en la escuela. Hasta pensar en ella puede causarle dolores de cabeza, de estómago, ansiedad y pesadillas. En clase, está tan cohibido y nervioso que no puede concentrarse en sus tareas. Se contiene de unirse a otros chicos porque le resulta difícil adaptarse a su presencia y actividad. De hecho, sus maestros pueden creer que es inmaduro o hasta menos inteligente que los otros porque se rehúsa a intentar nuevas actividades.

Un hombre joven que me escribió, estudiante en una escuela técnica, recordó así su experiencia: "Cuando empecé a ir a la escuela, noté que todos los otros niños jugaban en grupos, pero yo no era parte de ninguno o de nada. Cuando la gente trataba de hablar conmigo me apartaba, de modo que supusieron que era mudo y me pusieron en clases terapéuticas. A partir de entonces, la timidez siguió convirtiéndome en algo que no era (o que no soy)".

Él puede no haber sido ni más ni menos inteligente que sus pares. Es probable que se encontrara fuera de su zona de bienestar y era lento para entrar en calor en sus nuevas circunstancias. Por desgracia, la mala interpretación de su conducta tímida le hicieron sentir que nunca era apreciado por lo que era.

No hay ninguna necesidad de consternar o castigar a su niño tímido si detesta la escuela. La ansiedad y el retraimiento son su reacción normal a un nuevo ambiente lleno de muchas caras y actividades desconocidas. En vez de reaccionar de manera exagerada a los instintos naturales de su hijo, contrarréstelos anticipándole los desafíos que se le presentarán en la clase. He aquí cómo.

Prepare a su hijo y a la maestra para el primer día. Conozca a la maestra antes de que empiece el año escolar y explíquele que su niño es lento para ambientarse con nuevas personas y situaciones. Sería magnífico si él pudiera conocer a la maestra y explorar el lugar antes de marzo. Usted podría mostrarle dónde están los baños y dónde cuelgan sus abrigos los niños. Si es imposible, no deje de haber hecho el camino a la escuela y haberle explicado qué pasará allí y qué esperará la maestra de él.

Comuníquese con su hijo. Si tiene pesadillas, dolores de estómago y de cabeza a causa de la escuela, no ignore estos signos de estrés. El pobrecito se siente terrible pero puede no saber por qué. Dígale que esas reacciones son ocasionadas por sus temores y ayúdelo a elaborarlos. Explíquele que es natural sentirse inquieto por una nueva situación. A todo el mundo se le revuelve el estómago, pero eso no significa que esté enfermo (puede darle ejemplos de su propia vida, tales como empezar un nuevo trabajo o pronunciar un discurso). Más que probable, sus síntomas vienen de su deseo de permanecer en la seguridad del hogar. Explíquele la lentitud para entrar en calor de una manera que pueda entender. Se sentirá mejor cuando se dé cuenta de que lo que sufre es normal y pasará.

Use refuerzos positivos. Céntrese en el hecho de que ya fue a la escuela aun cuando estaba nervioso. Construya sobre los éxitos.

Ayúdele a ramificar. Si tiene problemas en la escuela, aliéntelo a que tome clases y esté con otros chicos que no son sus condiscípulos, así establecerá amistades con niños que están fuera del ambiente de la escuela. Si lleva a chicos en su auto, hable con ellos sobre la escuela (a fin de minimizar la novedad).

Siga involucrado. Aun cuando el primer día pasa rápido y su hijo ya puede ser capaz de tolerar un día entero en la escuela, puede tener otros problemas a causa de su timidez. Si teme que lo llamen al frente en la clase, ejercite con él su tarea escolar de modo que esté preparado para el día siguiente y pueda articular lo que ha aprendido. Esto aumentará su confianza y reducirá su cortedad de ánimo.

Cuanto mayor sea la continuidad entre la escuela y el hogar, más fácil será la transición. De ser posible, asuma un papel activo en la experiencia de la clase. Pase allí algún tiempo como voluntaria. Si le resulta imposible participar durante el día, vaya a reuniones y programas después de las horas lectivas. Sirva refrescos, recoja las entradas y asista a conciertos de días festivos. Comunicará a su hijo el valor de la educación y él se sentirá reconfortado por su presencia.

También es importante tratar de permanecer cerca y accesible cuando su niño hace los deberes. Si usted lee su propio diario o libro, le muestra que ambos están ocupados en un ejercicio intelectual. De vez en cuando pregunte cómo le va. Hágale saber que está dispuesto a ayudar si lo necesita.

Siga manteniendo conversaciones con la maestra. Si no puede ir durante el día, pida información o mande cartas de consulta. Pregunte qué puede hacer usted en casa. Preste atención al ambiente de la clase. Si es caótico, su niño puede tener dificultades para aprender y adaptarse. La ventaja de acomodarse también se aplica aquí (véase Capítulo 9). Si puede localizar un ambiente más apropiado, podría ser inteligente mudarlo de clase.

Concédale un período más largo para entrar en calor. Trate de llevarlo a la escuela temprano en la mañana para que esté a solas con su maestra y establezca una corriente de simpatía con ella. Después podrá entrar en calor con cada niño en forma individual a medida que vayan llegando, lo cual hace menos probable que lo abrume un aula llena de compañeros.

Tenga presente que su niño tímido puede volver a las andadas al comienzo de cada año escolar. Recuérdele la experiencia del año anterior: al principio estaba aterrorizado, pero con el tiempo perdió sus inhibiciones. ¡Puede hacer lo mismo este año! Impida que se atasque en sus temores concentrándolo en sus éxitos: "El año pasado estabas asustado, te llevó un tiempo adaptarte, pero después lo hiciste en verdad bien".

Repase las estrategias que resultaron exitosas el año pasado: "Recuerda que llamé a la señorita Lindsay y ella explicó la tarea hogareña. Lo más probable es que este año podamos llamar al señor Patterson si tienes problemas, y él también ayudará".

Muéstrele a su niño que tiene confianza en su capacidad de adaptación. En vez de poner el acento en sus temores, explíquele el fenómeno del calentamiento lento, el conflicto acercamiento/evitación y las zonas de bienestar.

Sin embargo, a menos que el problema sea grave o que su hijo presente otros problemas de desarrollo, no recomiendo retenerlo. No debería ser penalizado por adaptarse despacio, ya que, en verdad, sólo actúa guiado por su instinto. Repetir un grado puede dañar su autoestima.

También me gustaría prevenir contra la enseñanza en el hogar como una manera de aliviar la timidez y la ansiedad. A menos que usted tenga controversias filosóficas de envergadura con las escuelas locales, la enseñanza en casa puede afectar de modo adverso a su niño tímido. Los largos períodos de aislamiento sólo reforzarán su dependencia y su temor a otros chicos. Puesto que su hijo debe estar con otros niños durante el período de la latencia, la enseñanza probada en casa puede retrasar el desarrollo de sus habilidades sociales al estrechar su zona de bienestar. Le enseña que evitar desafíos aporta sus propias recompensas. Por desgracia, esta recompensa es un aumento de la timidez.

Si se decide por la enseñanza en casa para su hijo, asegúrese de que tenga mucho contacto social con niños fuera de la casa.

EL CRECIENTE IMPACTO DE LA TIMIDEZ EN EL PERÍODO DE LATENCIA

Durante los primeros años de la escuela primaria, los niños pequeños parecen olvidar el hecho de que algunos de sus pares son más reticentes, pero esa actitud cambia a medida que crecen. En forma gradual, casi inevitable, los niños más dominantes empiezan a esquivar, rechazar e intimidar a sus condiscípulos más tímidos. Es triste comprobar que quienes por naturaleza son menos vocingleros y decididos y no gozan del beneficio de una red de amigos que los apoyen, pueden sufrir por ello.

Si bien es posible que salgan del caparazón cuando se encuentran entre nuevos niños que no los rotulan, los chicos tienden a atascarse en su timidez con aquellos a quienes conocen. Si los compañeros creen que un chico es tímido, no importa cuánto desee hacer propuestas, lo más probable es que sea incapaz de estallar y generar una nueva persona.

Este prejuicio contra los niños tímidos pronto hace su trabajo. Más o menos al llegar a cuarto o quinto grado se dan cuenta de que la vergüenza y la ansiedad son un problema para ellos. En efecto, estudios hechos sobre niños de quinto grado revelaron que estos poseen una autoestima más baja que sus condiscípulos más gregarios.

Quienes más sufren son los varones, que tienen percepciones negativas de ellos mismos, se sienten solos y creen que carecen de habilidades sociales. Estos muchachos, que también están convencidos de ser menos atléticos que sus pares, parecen tener dificultades para participar en todas las actividades deportivas, y se culpan por sus insuficiencias.

Es importante tomar conciencia de cómo cambia la percepción de su timidez a medida que el niño madura. No es suficiente decirle a su hijo estigmatizado: "A veces los niños son crueles" o "La popularidad no tiene importancia". Por desgracia, sí la tiene. Hasta los niños pequeños tienen aguda conciencia de quién "llegó" y quién no, quién es tranquilo y quién es un "bólido". Duele estar sin amigos. Y duele más aún ser incapaz de juntar coraje para hacer amigos, sobre todo cuando uno se arriesga a ser vilipendiado, atormentado o manipulado por un potencial condiscípulo.

Su hijo tímido puede ser rechazado si usted no interviene desde temprano. Pero los padres inteligentes que pueden transmitir de manera honesta cómo hacer y conservar amigos y captan la agitación de la infancia, pueden aliviar sus sensaciones de aislamiento, falta de adecuación y dudas íntimas.

CORRER UN PEQUEÑO RIESGO: HACER AMIGOS

Al igual que en la edad adulta, hacer un amigo en la infancia significa correr un riesgo. En verdad, para un niño tímido puede convertirse en una gran aventura ser capaz de compartir una caja de lápices, o unirse a un grupo de chicos que trata de armar un rompecabezas. Para ello tal vez tenga que abandonar una actividad en la que se siente cómodo, iniciar contacto con otros. Ello significa que alguien puede entrar en su zona de bienestar o sacarlo de ella.

Hay tres maneras en que los niños corren este riesgo: cooperando, desorganizando o esperando.

Imagine una clase de segundo grado llena de chicos, cada uno con un terrón de arcilla. Cuatro compañeros de clase juntan sus recursos y empiezan en forma cooperativa a construir un castillo en una mesa. Andy, Tracy y Corey se quedan a un lado para observar a sus amigos.

Mientras estruja su terrón de arcilla, Andy observa la actividad del grupo. Los niños ríen y discuten sobre la altura y el ancho que debería tener el castillo y dónde debería ir el foso. Uno de ellos trata de construir una torre, otro la base, y los otros dos aplanan las paredes y hacen agujeros en ellas para simular las ventanas. Toman un poco de papel azul de construcción para hacer un foso.

Andy aplana su arcilla y se acerca más a la mesa.

"Necesitan hacer un puente levadizo —dice a distancia de unos pasos—. Usen mi pedazo, si quieren."

Luego les ofrece su obra manual. El grupo se detiene un instante y mira el castillo casi terminado y después otra vez a Andy. Todos se echan a reír porque, es cierto, hicieron ventanas pero ningún medio para que el rey y la reina puedan entrar o salir. Entonces practican un agujero en una pared del castillo y Andy fija su pedazo de arcilla a la parte inferior. Llega hasta la orilla. Todos aplauden. En ese momento Andy ha pasado a formar parte del grupo, y todos juntos empiezan a añadir un bosque alrededor del castillo.

Tracy, que observaba desde un costado, se había acercado un poco mientras hacía girar su arcilla para formar una pelota. Decide que quiere unirse al grupo, de modo que corre hacia la mesa y levanta la pelota de arcilla por encima de su cabeza. La aplasta contra un costado del castillo y, mientras la pared se desmorona, grita: "¡Los estoy invadiendo!". Los otros chicos gritan enojados, al mismo tiempo Tracy ríe y agarra pedazos de la base. Trata de sentarse junto a sus compañeros, pero ellos la rechazan. No es bienvenida en su reino. Ella corre hasta un rincón de la habitación y escudriña por entre una pila de libros. Tracy ha disfrutado de su asalto, pero nadie más lo hizo.

Corey había observado el curso del juego desde una corta distancia. Sostiene su arcilla mientras el grupo se aboca a la recontrucción del castillo, pensando que quizá fuera más sólido si él agregara su pedazo a la base. Espera que alguno de los chicos hable de fortificar las paredes, pero nadie menciona el asunto.

Corey aplana su pedazo de arcilla y murmura hacia ninguno de sus compañeritos en particular: "Pueden usar mi pedazo". Nadie le presta oídos. Camina hacia los chicos, sólo un poquito, pero éstos ya casi han terminado su tarea. Corey piensa que no necesitan más su arcilla. Sus condiscípulos hablan excitados mientras dan los últimos toques al castillo y al bosque, y Corey se va a una mesa vacía y empieza a dar forma a un florero para su maestra.

Andy, Tracy y Corey, los tres querían unirse a sus compañeros, y sabían que tenían que asumir el riesgo de trabajar en el castillo. Si bien los tres empezaron por observar, esperar e imitar a los otros, cada uno manejó el desafío de distinta manera.

Andy cooperó. Esperó, observó y usó su tiempo sólo para discernir cómo podía ser de ayuda para los otros niños. Llegado el momento pensó en el puente levadizo. Imaginó que, si lograba demostrar a sus compañeros que podía ser confiable y cooperar con el castillo, ellos lo dejarían unirse al grupo. Tuvo razón. No es de extrañar que Andy sea bien visto en esa clase.

Tracy desorganizó. Primero, también esperó y observó. Decidió que si ella podía demostrarles que era más poderosa que los otros niños, no iban a poder rechazarla. Su estrategia fracasó y sus compañeros la rehuyeron.

Corey aguardó y observó. Y observó y aguardó. Esperaba que, si sus compañeros lo veían allí a un costado, lo invitarían a unirse a ellos, pero eso nunca ocurrió porque estaban absortos en su juego. Entonces trató de hablarles, pero eso tampoco funcionó porque él sólo murmuró algo entre dientes. Cuando una persona piensa en voz alta de esa manera, y nadie oye lo que dice, no hay ninguna consecuencia, y de ese modo inicia contacto con mínimo peligro de rechazo. Además, Corey estaba tan concentrado en sí mismo que pudo haber creído que hablaba más fuerte de lo que en realidad lo hacía.

Pronto perdió la oportunidad de hacer su jugada. Esto a Corey le sucede a menudo, lo cual es la razón por la que sus pares lo desdeñan y lo han rotulado como tímido.

Podríamos conjeturar varias razones para explicar la limitación de Corey. Tal vez las características físicas de la arcilla le resultaban incómodas; necesitaba tiempo para acostumbrarse a apretujarla. También podría ser que Corey fuera lento para entrar en calor en nuevas situaciones y necesitaba tiempo adicional para acostumbrarse a la disposición de los asientos y a la tarea. Pero puesto que los niños tienen lapsos cortos de atención, sus compañeros pasaron a una nueva actividad justo cuando él estaba listo para unirse a ellos.

Si Corey fuera un niño muy reactivo, habría podido sentirse demasiado excitado por la amenaza que le planteaban los niños. Ellos habían rechazado a Tracy y eso lo asustó. Pero si hubiera reaccionado a la amenaza, no habría pensado con claridad sobre cómo acercarse a los otros. O tal vez Corey se sintió impedido porque, al haber pasado un tiempo limitado con niños de su edad, sencillamente no sabía cómo actúan. Es casi imposible adquirir habilidades sociales por ósmosis.

Millones de niños se comportan exactamente igual que Corey. A pesar de las innumerables horas que se pasan observando a otros en clase y durante el recreo, no parecen ser capaces de identificar de qué manera los niños populares se unen a una actividad en marcha. Los niños tímidos suelen convertirse en excelentes amigos, pero no saben cómo hacer los contactos iniciales para entablar amistades. Por cierto, para un chico tímido, tener un nuevo amigo puede parecer mágico; el mecanismo se le oculta. Por consiguiente, espera que otros reparen en él, lo inviten a jugar y le muestren que lo quieren y aprecian.

CÓMO AYUDAR

Los niños como Corey necesitan explicaciones amables y refuerzo positivo para ayudarlos a que formen parte de la multitud. Si su hijo pasa la mayor parte de su tiempo de modo ambivalente mientras espera, observa y ronda cerca de un grupo que juega, no necesita sufrir "desde el banco".

El papel que usted desempeña es vital. Como me escribió una mujer: "Cuando era chica jugaba mucho sola y nadie me empujaba a hacer algo más socializado. Nunca hubo ningún: '¿Por qué no te haces socia de un club?' o: '¿Por qué no tomas algunas clases?'. Básicamente me empujaban a sentarme frente al televisor".

Hay muchas maneras de ayudar a su hijo tímido a que se convierta en un tímido exitoso.

Enseñe a su hijo cómo ganan amigos los niños populares. Ellos se concentran en los demás. Muéstrele a su hijo de qué manera observar el juego en marcha, enséñele a deducir cómo puede ser de ayuda y que los otros niños conozcan su utilidad. Señale las oportunidades para ofrecer ayuda y compartir.

Modelar es decisivo. La vida ofrece abundantes oportunidades para enseñar a su hijo cómo ser útil. Por ejemplo, cuando usted y su chico están en la sección de productos frescos del supermercado y una señora junto a ustedes quiere pesar fruta, arranque una bolsa de plástico y ofrézcasela. Cuanto más relacione lo que hace con la vida de su hijo, tanto mejor.

Aliéntelo a dar el paso siguiente de manera gradual. Por ejemplo, si en el mismo mercado un bebé deja caer su osito de peluche, invite a su hijo a que recoja el juguete y se lo devuelva a la madre. Esto aumentará su conducta altruista para asumir riesgos en un ambiente seguro. Es más fácil para él hacer ese acercamiento gradual que directamente ir y meterse dentro de un grupo de niños bulliciosos en el patio de recreo.

Enséñele a compartir. Los niños pueden compartir juguetes sin mucho sacrificio. Cuando su pequeño es el destinatario de una apertura amistosa, enséñele a agradecer a sus amigos.

Hable con otros padres y sus hijos en el campo de juego. Esto ayudará a su hijo a que se haga parte de la acción. Inicie la conversación, luego introduzca a su hijo en ella. Puede decir, por ejemplo: "A mi hijo le gusta jugar con camiones, ¿no es así, Billy? ¿Por qué no le muestras tu camión de volquete a este chico?". Después, en forma gradual, aléjese y deje que Billy actúe. Esto ayuda a crear confianza dentro de la zona de bienestar de su hijo.

Servir de ejemplo es siempre efectivo. Deje que su hijo observe cómo usted comparte sus posesiones.

Muéstrele cómo las recompensas son más grandes que el peligro. Enfatice el valor de la amistad y la cooperación. Relate historias acerca de cómo llegó a conocer a sus amigos, y explique a su hijo cómo puede aprender de sus experiencias. Use anuarios y fotos viejas. Puede ser tranquilizador para él saber que usted superó los mismos problemas con que él se enfrenta ahora. Recuérdele que involucrarse con los demás también ayuda a que los otros chicos se diviertan.

Asegúrese de que tenga oportunidades de jugar con otros niños. Invite a otros chicos a su casa, de manera que su hijo esté en su propio campo y se sienta más confiado. Sugiera un compañero de juego que sea algo menor (y menos intimidante), o gregario por naturaleza. Dos chicos tímidos pueden no saber cómo jugar entre ellos. Un compañero de juego comunicativo proporcionará más oportunidades para la interacción social. Aliente a su hijo a corresponder en lugar de apartarse de las oportunidades de interactuar. Usted podría quedarse un rato en la habitación para darles sugerencias o directivas, que esclarecerán el juego y ayudarán a los amiguitos a encontrar un terreno común. Una vez que las cosas estén encarriladas, su hijo ya no la necesitará.

Enséñele perseverancia. Ayúdelo a entender que si se queda en una situación el tiempo suficiente se acostumbrará a ella. Cuando la experiencia de juego termine, recuérdele que al principio se sentía incómodo, pero se quedó allí y terminó por disfrutarlo. Es importante para él saber que las sensaciones incómodas pasan. Esto lo ayudará a habituarse a la incomodidad inicial y a tolerar la ansiedad.

Léale libros que retraten amistades sólidas. Pídale a la maestra, a la bibliotecaria o al dueño de la librería que le sugieran libros o consulte revistas para padres. Mientras leen juntos, no hable más de cómo llegaron a conocerse los personajes y deje que su hijo hable de cómo y por qué se forman las amistades. Señale la manera en que las enseñanzas que aparecen en el libro se relacionan con su propia vida. Su participación activa, en vez de sólo leerle la historia, acrecentará su aprendizaje.

También puede asistir junto con su hijo al círculo de lectura de su biblioteca o librería. Hasta podría formar un círculo de lectura con otros padres y sus hijos tímidos.

Refuerce habilidades sociales en germen. Su niño puede ser incapaz de controlar el resultado de una interacción, pero sus intentos son dignos de elogio. Si por fin establece contacto con otros compañeros de juego, premie sus esfuerzos. Recuérdele que jugar con un nuevo amigo es como ir a la escuela: "Eso lo hiciste bien, y también puedes hacer esto". Hable sobre la zona de bienestar, la lentitud para entrar en calor, y el conflicto acercamiento/evitación en términos que su pequeño pueda comprender.

Recuerde la vieja máxima: los niños aprenden de lo que hacemos, no de lo que decimos. Siempre que tenga oportunidad de invitar a amigos a su casa, ayudar a un extraño o compartir sus experiencias, hágalo. Su hijo se sentirá más cómodo con la gente cuando vea que usted lleva sus palabras a la práctica.

Una enfermera en sus tempranos cuarenta años explicó las consecuencias de no proceder así: "Fui educada en un ambiente en el que no había mucho intercambio social —escribió—. Mis padres eran básicamente hogareños y no tenían amigos. No se estimulaba la expresión personal".

Ella cree que eso contribuyó a su timidez.

ESTRATEGIAS PARA LA ESCUELA

La escuela puede ser un nido de víboras para los niños tímidos que deben abrirse camino a través de situaciones embarazosas y que les provocan ansiedad. Si bien no podemos pretender que los maestros confeccionen su currículum para conformar las necesidades de unos pocos alumnos, en cambio pueden hacer muchos cambios en la clase a fin de hacerla más accesible para los niños tímidos.

"Tuve muchos problemas en la escuela a causa de mi timidez. Recuerdo cuando estaba en primer grado y la maestra me llamó al frente para leer algo. Me puse a llorar, porque no quería hacerlo. En realidad no estaba segura de por qué me sentía así; sencillamente no quería hablar delante de otras personas. Ahora puedo entenderlo, pero en aquel momento no sabía qué pasaba. Sólo no quería que los demás se fijaran en mí."

"La primera vez que recuerdo haber tenido sensación de temor en sociedad o timidez fue en tercer o cuarto grado, cuando me sentí muy incómoda con el sonido de mi propia voz mientras leía en clase, y me di cuenta de que podía ver, a través de la blusa, cómo me palpitaba el corazón. Antes de eso había sido una vehemente participante en clase."

La timidez no es un desorden emocional, una incapacidad de aprendizaje, una señal de que hay un problema más grande y más serio, o un defecto de desarrollo. Es más bien una percepción de amenaza que ocasiona sensaciones de incomodidad en un 20 por ciento de los alumnos. Los niños tímidos pueden no necesitar asesoramiento adicional o clases terapéuticas, y con seguridad no deberían ser abandonados a su aislamiento. Sólo requieren ser integrados a la clase a un ritmo más pausado. Una vez que se sientan cómodos, se desempeñarán a la perfección.

Los maestros pueden hacer esto si incorporan el entrenamiento en habilidades sociales al currículum general. Ello beneficiará a todo el mundo en la clase. Deberían subrayar la importancia de la amistad, los modales, la cooperación, la tolerancia y la participación. Pueden estimular a sus alumnos a que realicen varias tareas sociales, tales como compartir o cooperar, y guiarlos a través del ciclo de hacer amigos en el juego como detallé antes: observar, imitar y ofrecer ayuda. Todos los niños necesitan comprender la importancia de ser miembro de una comunidad más grande, y si aprenden esta lección desde temprano la tomarán en serio.

Los estudiantes colocados en un ambiente caótico, vocinglero y de bajo rendimiento tienen más probabilidades de ser tímidos, aun si por naturaleza son de temperamento desinhibido. Los chicos pueden sentirse incómodos con la constante estimulación que significa un ambiente tumultuoso. Puede que les preocupe que los intimiden y también pueden temer a la maestra, que suele estar más preocupada por la disciplina que por la instrucción. Por consiguiente, se refugian en el mutismo y el aislamiento para protegerse. Pueden estar siempre en guardia, al acecho de amenazas, incapaces de concentrarse en su trabajo.

Los maestros, desde luego, deben controlar el mal comportamiento de la clase, pero sin desalentar la expresión personal de sus alumnos tímidos. De hecho deberían ayudarlos a abrirse. Tomemos una actividad tan prosaica como "mostrar y decir". En esencia se trata de algo como esto:

Laurie lleva una foto de un caballo.

—¿Qué es esto? —pregunta la señora Brown.

—Un caballo —contesta Laurie, tranquila, y aguarda otra pregunta.

Queda pasiva mientras está a la vista y merced de la señora Brown. Detesta eso y puede tener miedo a futuras sesiones de mostrar y decir, a causa del escudriñamiento. Los niños tímidos necesitan más tiempo para pensar en algo.

Una estrategia mejor podría ser que los maestros guíen a sus alumnos a través de la discusión, compartiendo sus propias experiencias. De hecho, un estudio reveló que los maestros que hacen preguntas simples para obtener un sí o un no reciben respuestas breves de sus alumnos, pero aquellos que ofrecen información personal o hacen comentarios perspicaces mientras hacen pocas preguntas directas son recompensados con respuestas más profundas y una mayor participación.

Por ejemplo, si Laurie presenta en silencio la foto del caballo, la señora Brown podría incitarla con un:

—¡Vaya, qué caballo magnífico! A tu edad me encantaba montar a caballo. Mis padres solían llevarme a una chacra que tenía establos.

Entonces Laurie podría contestar:

—Yo monto a caballo cuando voy a la estancia de mi abuelo. Él me llevó a cabalgar el verano pasado, cuando estuve allí con mi hermana Rebeca. Ésta es la foto de una de las yeguas de mi abuelo.

La señora Brown y Laurie podrían hablar luego de la chacra, de lo qué se siente al estar sentada encima de un animal tan grande, o de si a Rebeca también le gustaba cabalgar. Estarán en situación más igualitaria cuando descubran que tienen algo en común. Eso podría ayudar a su relación en el futuro.

En este contexto, Laurie no sólo responde a preguntas. También aprende cómo entrar en conversación al ofrecer información sobre sí misma y responder a las manifestaciones de su maestra. Existe la posibilidad de que otros niños intervengan con sus propias experiencias relativas a caballos. Y hasta es posible que estas conversaciones entre Laurie y sus compañeros vuelvan a surgir en el patio de juego durante el recreo.

Sugerencias para maestros

Muchos niños tímidos temen a sus maestros, que son mayores, más poderosos y tienen la posibilidad de incomodarlos. Pero los maestros no deben intimidar a sus alumnos tímidos. Pueden ayudarlos a ser alumnos tímidos exitosos. He aquí cómo:

Cree un ambiente seguro. Cuando los alumnos se salen de los límites permitidos, es casi imposible enseñar, concentrarse y aprender. Los alumnos tímidos tienen escaso rendimiento cuando se sienten intimidados por otros estudiantes y no pueden prever lo que sucederá en la clase.

Comprenda las reacciones básicas de los niños tímidos. Tenga en cuenta que es muy probable que se sientan cohibidos cuando les proponen nuevas actividades, ambientes o individuos. Déles tiempo para entrar en calor respecto de los cambios en el currículum o disposición de asientos, como también la introducción de visitas en la clase.

Comuníquese con los padres. Ellos pueden no tener conocimiento de que su hijo es tímido porque, en la seguridad de su hogar, se siente cómodo. Haga saber a los padres si el niño parece temer a otros niños.

Tenga cuidado con los fanfarrones. Los niños tímidos suelen ser el blanco de los fanfarrones, de modo que asegúrese de que ninguno sea tratado con injusticia sólo porque es menos locuaz que los demás. No permita que un fanfarrón saque ventaja de un niño tímido, que puede tener pocos aliados que lo protejan.

Incorpore habilidades sociales en el currículum. Esto se puede hacer al hablar sobre la forma en que los personajes de una historia se hacen amigos, haciendo y contestando preguntas de otros para que se acostumbren a los intercambios espontáneos ("¿Adónde van para el Día de Acción de Gracias? ¿Qué van a comer?"), a oficios y juegos cooperativos, a presentaciones grupales, y al explicar el valor de las amistades.

Ábrase a la clase. Si sabe que algunos niños tienen miedo de hablar en clase, hábleles de sus propias experiencias con la ansiedad. Luego explique cómo venció sus temores al hacerles frente.

Proyecte actividades de grupo. Los estudiantes se benefician con el aprendizaje cooperativo en grupos de diferentes tamaños. Cada grupo debería incluir niños con diversos niveles de habilidades sociales, de manera que los más reticentes se guíen por sus pares más gregarios.

Detecte y refuerce los puntos fuertes de sus alumnos tímidos. Haga que expresen su opinión durante sus materias favoritas, y así, al destacarse su autoestima y su confianza en ellos mismos aumentará.

Juego de papeles. Deje que sus alumnos asuman roles de figuras históricas, otros maestros, parientes, personajes de la literatura. Divida la clase en grupos que representen escenas mientras los otros alumnos observan. (Aliente a los tímidos a que se junten con quienes no lo son, pero muéstrese comprensiva. Un niño en verdad tímido debería agruparse con otro moderamente tímido, pero no gregario en exceso; o de lo contrario puede sentirse desbordado.) Pase rápido de un grupo al siguiente. Los alumnos vivenciarán diferentes culturas, diferentes situaciones, y llegarán a ser otro. Pueden usar disfraces, cambiar la voz. Usted hasta puede incluir oficios como fabricar sombreros.

Después discuta lo hecho y lo que los alumnos aprendieron. Al principio puede que hayan estado nerviosos, pero pronto se entusiasmaron. Hasta pueden sugerir futuros tópicos. Se ven a sí mismos en diferentes actividades con personas distintas, y eso los ayuda a ampliar su sentido del yo (son capaces de pararse frente a la clase) y expandir sus zonas de bienestar.

Estimule habilidades de conversación. Como antes he mencionado, haga preguntas directas. No permita que los alumnos tímidos vivan con el temor de dar la respuesta "equivocada". Serán más confiados y locuaces cuando respondan a una pregunta que no tiene ninguna respuesta equivocada.

UNA ÚLTIMA PALABRA SOBRE LOS NIÑOS TÍMIDOS

Ame a su hijo en forma incondicional. Ámelo por lo que es y no porque es comunicativo como usted quiere que sea. Los niños, en especial los tímidos, necesitan progenitores que muestren un interés activo, de sostén, en su vida, opiniones y sentimientos. Entienda las necesidades especiales de su hijo cuando se enfrenta a una persona nueva, un nuevo ambiente o una nueva experiencia, y refrénese de rotularla. Ayúdelo a vencer sus temores, y aliéntelo a pensar de manera positiva sobre sí mismo.

Muchos padres quieren cambiar la conducta de sus hijos tímidos porque recuerdan lo doloroso que les resultó a ellos ser tímido, asustadizo y sensitivo. El sufrimiento de una infancia aislada es difícil de borrar. Usted puede desear que su criatura sea popular, que tenga experiencias mejores y más exitosas en lo social. Pero recuerde que no fueron los sentimientos en sí mismos, sino más bien que le hayan dicho que estaba equivocado al sentirse ansioso, temeroso o inseguro lo que causó gran parte de su dolor. Un amor así, condicional, puede impedir que su hijo desarrolle confianza en sus propios sentimientos y en sí mismo.

Si su hijo establece un firme sentido de su yo gracias a su amor incondicional y su guía benévola, será capaz de hacer frente a los desafíos de la timidez cuando madure. Utilizará las lecciones de la infancia —cómo acercarse a otro niño, como superar el malestar físico— en las relaciones más complejas e íntimas que enfrentará como adolescente.

Si su niño puede confiar en sí mismo, en su propio poder y en su instinto, será inmune a los mitos que socavan la vida de los adolescentes y los adultos tímidos. Se convertirá en un tímido exitoso y jamás será de otra manera.

11

La timidez en
la adolescencia

"Fui una adolescente terrible", admitió Kate.

Mis padres dicen que fui una hija dificilísima de educar. Andaba siempre con personas mayores y en general hacía cosas que no se suponía que hiciera. Diría que no era del tipo líder alegre. No sentía que encajaba en ese papel. Soy de una pequeña ciudad que pensaba era en verdad aburrida y no quería ser más una buena chica, de modo que me rebelé.

Si ahora miro hacia atrás puedo ver que era tímida, pero no lo sabía. Hice lo que pensé que debía hacer —hacerme la dura, vestirme como una rockera punk, estar fuera de casa hasta altas horas de la noche—, pero por debajo de todo eso era tímida en extremo.

Nadie alrededor de Kate se daba cuenta de eso. Ni ella ni sus amigos o su familia reconocían lo insegura que era. Parecía una niña confiada, inteligente, comunicativa y enérgica, pero todo eso cambió cuando empezó el colegio secundario.

"Mis padres sólo veían a la chica buena que se convertía en la clásica alumna cuyo rendimiento es menor que el esperado. Nadie me etiquetó como tímida, sólo pensaron que estaba confusa, una típica adolescente. Quería crecer y mostrar que era adulta. No podía hablar de mis sentimientos o hacerme notar en clase haciendo preguntas porque no quería mostrar a nadie que no tenía todas las respuestas."

Michelle recuerda su experiencia en el colegio secundario, pero ésta fue muy diferente de la de Kate. "Yo era una 'buena chica' tímida", dijo de sus años adolescentes. En efecto, Michelle creía que ser así era conveniente, porque tenía excelentes relaciones con sus profesores y autoridades del colegio y no le llamaba la atención beber o probar drogas.

También era una "buena chica" durante la infancia, aunque en extremo tímida: "Tenía amigos en la escuela primaria, pero era muy callada. Me sentaba en el fondo de la clase y trataba de ser invisible".

El mundo más grande y más complicado del colegio secundario fue una bendición y una maldición: "Ser una adolescente tímida era peor que ser una adolescente común —dijo—. Pero en algunos sentidos el colegio secundario era un poquito más fácil que la escuela primaria. Al ser más grande, resultaba fácil perderse. Uno no estaba obligado a ser sociable o a hacer cosas que detestaba".

Michelle encontraba solaz cuando se mezclaba en la multitud. Se pegaba a sus amigas y casi siempre vagaba por el shopping. Se desconcertó cuando le pregunté si había tenido novio mientras estuvo en el colegio secundario: "No, en absoluto —confesó—. ¡Imagínese si un muchacho se me iba a acercar o iba a invitarme a salir! ¡Me habría quedado dura! No habría sabido qué decirle. Y tampoco yo le habría pedido a un muchacho que saliera conmigo".

En este momento Michelle está cursando la universidad, sigue la carrera de psicología.

"La universidad está bien, pero no es fantástica. Creo que allí es más difícil ser tímida."

Pero va en camino de convertirse en una tímida exitosa. Participa de clases más pequeñas, ha hecho amigas en la residencia de estudiantes y se unió a un grupo de mujeres.

EL ENIGMA DE LA TIMIDEZ EN LA ADOLESCENCIA

Si nos basamos en las apariencias, Kate y Michelle no podrían ser más disímiles. Aunque Kate habría podido hallar un lugar para ella en el colegio secundario, se rebeló contra todo: padres, maestros, viejos amigos, y hasta contra ella misma y sus más íntimos sentimientos. Michelle, por otra parte, parecía haber emergido de sus años adolescentes sin mayores traumas. Tenía amigas, evitaba toda conducta antisocial y era fiel a sus instintos.

Pero a pesar de sus vidas, actitudes y niveles de autoaceptación en apariencia diferentes, las dos eran tímidas. ¿Cómo comparten dos jovencitas que parecen tan distintas el mismo rasgo subyacente de personalidad?

La adolescencia es una época compleja y contradictoria. Pero tal vez más compleja aún sea la timidez durante la adolescencia. Se manifiesta de muchas maneras sorprendentes, imprevisibles y enigmáticas cuando impacta en adolescentes que ya están atrapadas en un maremoto de cambios.

Las apariencias suelen ser engañosas. Las adolescentes tímidas como Michelle viven una vida normal. Son prudentes frente a nuevos desafíos y se apartan de los "líos". Aunque no acumulan una colección de experiencias, sólo abordan toda la estimulación que pueden manejar.

Pero muchas adolescentes tímidas son difíciles de detectar. Como Kate, se vuelven descaradas, desacatan la autoridad, y parecen tener demasiados reparos en expresarse y combatir sus demonios internos. Como me escribió una adolescente tímida: "En la actualidad nadie podría siquiera pensar que soy tímida. En realidad, soy todo lo contrario. Hago lo indecible por hacer barullo y atraer la atención hacia mí. Algunas veces puede ser tan simple como hablar un poco demasiado fuerte, y otras es tan dramático como la vez que transmití señales a la Guardia Costera de los Estados Unidos durante un viaje de pesca".

¿Cómo puede esta chica declarar que es tímida?

Exactamente lo mismo que las adolescentes tímidas tranquilas, las tímidas rebeldes hacen lo mejor que pueden durante el período más difícil de su vida. Estas jovencitas tímidas invisibles desean con desesperación que otros las consideren adultas, pero no se hallan ni mental ni emocionalmente equipadas para serlo. Sus ambiciones exceden sus recursos, puesto que todavía no pueden aplicar ideas maduras abstractas, formadas por completo, a sus complicadas vidas.

Pero esas adolescentes no quieren admitir sus limitaciones. Tapan sus inseguridades con rebeldía, sumisión o erudición. Las reinas sobresalientes, rebeldes y desfachatadas tienen mucho más en común bajo la piel de lo que les gustaría admitir; todas ellas se encierran con candado en una segura "identidad" prefabricada con tal de no tener que confrontarse con su verdadero yo tímido.

Mientras que la timidez es ambigua y a veces está enterrada tan en lo profundo que es difícil de reconocer, sin embargo tiene una profunda influencia en la vida de muchas adolescentes tímidas.

¿LOS ADOLESCENTES SE CURAN DE LA TIMIDEZ?

A Michelle la enfurecía que la malinterpretaran como una adolescente o una joven adulta tímida: "Todo el mundo piensa que la timidez se encuentra sólo en los niños y no en los adultos. En realidad es difícil convencer a la gente de que no se cura con la edad. Es real".

A decir verdad, sólo el veinte por ciento de los niños de escuela primaria son tímidos, mientras que sí lo son el cincuenta por ciento de los adolescentes. En efecto, muchos adultos manifiestan haberse vuelto tímidos, al menos de modo temporario, durante la adolescencia. Si su chico fue tímido en la infancia, puede serlo más aún de adolescente, y si fue gregario de niño, puede retraerse mientras encuentra su camino durante la adolescencia.

Los adolescentes se vuelven tímidos porque tratan de dar sentido a las enormes transiciones físicas, emocionales y sociales que enfrentan. No sólo tienen que habérselas con estos cambios, sino que también deben forjar una identidad más adulta. Apartarse de los demás los ayuda a aligerar la presión mientras se encuentran atrapados entre las conflictivas zonas de bienestar de la infancia y la edad adulta. Mientras luchan para desprenderse de sus intereses inmaduros, quieren responsabilidades y privilegios de adultos, pero pueden estar mal equipados emocional o intelectualmente para manejarlos y, así se sienten ansiosos, incomprendidos, abandonados.

Además, los adolescentes son en extremo conscientes de ellos mismos. Y los adolescentes tímidos carecen con frecuencia de una sólida red de amigos que los ayuden a atravesar la turbulencia. Muchas veces los amigos que tienen los presionan para que se metan en problemas. De acuerdo con Mary Pipher, autora de *Reviving Ophelia*, los adolescentes pueden retraerse porque no desean seguir a la multitud, y se protegen optando por quedar fuera de la escena social.

En una etapa de la vida en que todo parece caótico, el único elemento que los adolescentes pueden controlar es a ellos mismos. Lo hacen retirándose a zonas de bienestar seguras, tales como su dormitorio o los lugares familiares. Todos los adolescentes atraviesan enormes cambios, pero la metamorfosis de algunos presenta problemas especiales.

ADOLESCENCIA SIGNIFICA CAMBIO

Los adolescentes deben habérselas con alarmantes cambios físicos inherentes a la "explosión del crecimiento adolescente". La maduración física comienza en las extremidades y avanza hacia el tronco, de modo que los pies y las manos se hacen más grandes primero, después los brazos y las piernas, y por último el torso. Quienes experimentan estos cambios se sienten torpes y faltos de naturalidad; no están formados del todo y quieren ocultar su cuerpo desgarbado.

Además, los adolescentes tienen que vérselas con las hormonas. La sexualidad, con todos sus cambios fisiológicos, presiones sociales y confusión emocional, empieza a florecer. Pero para hacer aún más difícil la situación, los distintos sexos crecen a distintas velocidades, y las niñas maduran unos dos años antes que los muchachos. Con el tiempo estas disparidades se nivelan, pero durante un período las parejas atraviesan una fase desigual.

Emocional e intelectualmente, los adolescentes son narcisistas, así como suena. Tienen dificultad en cambiar sus perspectivas y comprender la mente de los otros —una tarea intelectual sutil y compleja—, al estar tan concentrados y pendientes de ellos mismos.

Para entenderse a sí mismos y sus experiencias, los adolescentes confían mucho en la comparación social. Pero en lugar de medirse contra padres o hermanos, como lo hacían en la infancia, se comparan con amigos. Juzgan a los pares con discernimiento discriminatorio, deciden dónde están ubicados y se amoldan a ese lugar. Todos hemos visto grupos de adolescentes que parecen exactamente iguales. Tienen miedo de destacarse en medio de una multitud.

Porque están tan ocupados con la comparación social, a los adolescentes los acaparan sus amigos y las pandillas; más que nada en el mundo quieren ser aceptados. Esas pandillas ejercen una profunda influencia sobre la forma en que los adolescentes se ven a sí mismos y a sus pares. Ser miembro de un grupo disminuye la incertidumbre, pero ser un miembro de un grupo altamente sobrevaluado como es una pandilla, hace que las cohortes se sientan mejor respecto de ellas mismas.

Sin embargo, como todos sabemos por triste experiencia, las

pandillas también pueden ser temibles. Los amigos pueden actuar como rivales al tratar de vencerse entre ellos, y los miembros de un grupo tienen prohibido asociarse con extraños. Si uno puede sobrevivir, excelente; si no puede, es de lamentar.

La apetencia por pertenecer a una pandilla evoluciona a través del tiempo. Adolescentes tempranos y medios, aquellos que están en grados siete hasta diez, las valoran inmensamente y están dispuestos a hacer cualquier cosa para encajar en una. Pero la pertenencia tiene un precio: los miembros deben ajustarse a normas rígidas en cuanto a qué vestir, qué comer, dónde frecuentar, con quién asociarse. En la tardía adolescencia, cuando el poder de la pandilla disminuye, los adolescentes se vuelven más remisos a ajustarse a normas de grupo. Se definen por ser individuos, no sólo miembros de un grupo.

No sólo hacer amistades se vuelve más importante durante la adolescencia, sino que aquéllas también se hacen más íntimas. Los adolescentes se comparan en todos los niveles, de modo que se escudriñan a conciencia para asegurarse de que experimentan las mismas emociones que sus amigos. Por desgracia, si bien entre ellos entienden los problemas de cada uno, no siempre tienen soluciones. Así pues, aun cuando las amistades son más íntimas que como fueron unos pocos años antes, todavía son muy indignas de confianza.

No es de extrañar que los adolescentes se rebelen contra la autoridad para pasar los límites y probar su elasticidad e independencia. Hay una razón para ello. De acuerdo con el psicólogo Erik Erikson, los adolescentes pasan por un período de experimentación del rol a fin de encontrar su propia identidad. Esta fase de rebeldía y experimentación es una parte esencial de la maduración.

Muchos de los problemas de la adolescencia están relacionados con la búsqueda de identidad. Los jóvenes toman atajos en esta difícil tarea uniéndose a una pandilla, consumiendo drogas o involucrándose en conductas antisociales. Los adolescentes como Kate experimentan con una "identidad negativa" antes de poder establecer su verdadero yo. La motivación para ello puede ser la rebeldía contra los padres (vengarse de ellos), en vez de una verdadera búsqueda de quién es uno en realidad.

Los adolescentes atraviesan una saludable crisis de identidad al tomar decisiones internas, no reaccionando contra tales factores externos. Por ejemplo, la decisión de rechazar la presión de los pares para tomar drogas emana de un saludable sentido del yo, mientras que la decisión de tomarlas puede surgir a partir de una necesidad de mortificar a los padres o de ser aceptado.

Dado que los adolescentes recorren despacio su camino hacia el mundo adulto, los que están en las márgenes pueden no adquirir las habilidades sociales que necesitarán. Puede resultarles difícil hablar con adultos, noviar o manejar los empleos usuales de los adolescentes en locales de comida rápida o de venta minorista que requieren interacción con el público. Suelen estar pendientes de su persona, sumidos en la comparación social y la conformidad. Los adolescentes tímidos, socialmente torpes, pueden sentirse "menos" que otros y les es muy difícil expresar su verdadero yo. Algunos manifiestan que sufren de baja autoestima a causa de su timidez. Todos sus compañeros de clase parecen ser extrovertidos y felices, de modo que se preguntan qué tienen ellos de malo. La verdad, sin embargo, es que simplemente son lentos para entrar en calor respecto de su nueva fase vital y creen que todos los demás se adaptan con más facilidad.

Con todo, los adolescentes tímidos pueden verse en dificultades para formar una sólida identidad que los conduzca al futuro. Las personas como Michelle con frecuencia orillan la crisis de identidad debido a que son demasiado inhibidas para probar nuevas conductas y tal vez fracasar. No se rebelan, jamás pueden imaginarse representando un papel, y dejan de probarse a sí mismas que son capaces de lo que todos los demás parecen hacer sin ningún esfuerzo. Estos adolescentes tímidos pueden no adquirir experiencias conducentes al éxito y a una visión robusta de sí mismos y de sus capacidades. Prefieren jugar sobre seguro y retirarse a una estrecha zona de bienestar integrada por un puñado de amigos, emociones y experiencias.

Este problema de identidad puede trasladarse a la edad adulta, y es la razón por la cual muchas personas tímidas sienten que en realidad no se conocen o se gustan. Sólo saben que son tímidas y que están perdiéndose una parte de la vida. Pero lo real es que han perdido su oportunidad durante la adolescencia, para ganar experiencia sin las responsabilidades de la edad adulta.

Los adolescentes tímidos también pueden verse presionados con más facilidad hacia la actividad sexual. Las chicas tímidas, en particular, suelen usar el sexo para sentirse aceptadas y disipar su soledad, sobre todo porque pueden asumir un rol más pasivo. No tienen que ser locuaces o iniciar la relación. Por lo tanto son más aptas para ser explotadas y manipuladas porque no habrán de levantar la voz. Las adolescentes pueden establecer su identidad enganchándose con un muchacho.

Los muchachos tímidos hacen frente a asuntos más complicados. Les resulta muy difícil acercarse a las chicas y por lo tanto es menos probable que sean capaces de expresar sus necesidades sexuales. Por supuesto, esto puede ser positivo pues ayuda a desalentar la actividad sexual en la adolescencia, pero cuando todos sus coetáneos están comprometidos, un muchacho tímido se sentirá inseguro. De hecho, puesto que la sexualidad es una manera de alcanzar una identidad masculina, puede ocasionar presión adicional en un joven tímido remiso a volverse sexualmente activo.

Las descripciones siguientes lo ayudarán a evaluar la timidez adolescente en su muchachito. Cuanto más reconozca a su hijo en estas afirmaciones, más probable será que su timidez vaya más allá de la incomodidad normal de la adolescencia.

- Les preocupa sobresalir en lo que hacen, dicen o usan, de modo que no se expresan por completo con otros.

- Pasan mucho tiempo preocupados por cuán populares son y creen que nunca serán aceptados por todos sus condiscípulos por no ser tan comunicativos o locuaces.

- Se sienten torpes y no saben qué decirles a los chicos que no pertenecen a su pandilla o a personas que son ditintas de ellos.

- Tratan de mezclarse con la multitud sin importarles hasta qué punto gustan los demás.

- Prefieren pasar el tiempo en su habitación a estar con otros, porque eso es previsible.

- Cuando se sienten incómodos, ansiosos o inseguros, no permiten que los demás lo sepan.

- Encuentran difícil hablar con personas hacia las que se sienten atraídos.

- La idea de proponer una salida —o hasta de acudir a una cita— los aterroriza.

- No saben qué hacer en situaciones sociales.

- Tienen miedo de probar nuevas conductas.

- Piensan que la gente no los entiende, de modo que no hablan mucho.

EL ESTIGMA DE LA TIMIDEZ ADOLESCENTE

Los jovencitos parecen aceptar a sus condiscípulos tímidos sin mucho reparo. Se adaptan bien a la renuencia del par tímido a involucrarse en grupos, y la timidez no parece afectar su popularidad entre los compañeros de juego. De hecho, puede que no reconozcan la timidez porque es sutil y abstracta. Hasta podemos esperar que sean tímidos, dado que son tan dependientes de otros. La timidez puede verse recompensada cuando un niño tímido recibe atención adicional y empatía de quienes le brindan cuidado.

Pero a medida que los niños maduran y las amistades y la posición social consume sus vidas, empiezan a reconocer la timidez. Poco a poco dejan de perdonar ese rasgo en sus amigos, porque quieren ser osados, conquistar atención, hacerse independientes. Quieren ser vistos como adultos. Los adolescentes tímidos, que por supuesto se adaptan más despacio, pueden retardar el progreso de sus amigos más audaces. Por consiguiente, su posición social declina.

De modo inevitable, los adolescentes se dan cuenta de que la timidez constituye una desventaja social. Observan no sólo lo que hacen las personas tímidas, sino también cómo los hacen sentir las personas tímidas. Estar rodeado de pares tímidos pone incómodos a los adolescentes. Por lo tanto, rechazan a los adolescentes tímidos y sus pares agresivos de pronto se vuelven más populares debido a su aparente fuerza y madurez.

Los adolescentes sienten una aversión activa por la timidez en sus pares y, en consecuencia, los que lo son se vuelven propensos a la autoaversión y la autocrítica.

CÓMO SE OCULTA LA TIMIDEZ

Dado que las consecuencias de la timidez pueden ser tan devastadoras, muchos adolescentes tratan de ocultar ese rasgo de su personalidad mezclándose con otros. Lo peor es que usted puede no advertir lo que ocurre porque ya está a la expectativa de que su adolescente sea antisocial, torpe o poco comunicativo.

Los adolescentes crean cuatro "actos de desaparición" que los hace menos perceptibles y los pone más cómodos con su timidez, incertidumbre e inseguridad. Después de todo, si encajan en un molde —cualquier molde— se sentirán más a salvo porque pertenecen a alguna parte.

El tímido ausente

Muchas personas tímidas con las que he hablado admitieron que con frecuencia faltaban a clase en el colegio secundario. Por consiguiente les costó completar sus estudios, no por falta de inteligencia sino porque no podían lidiar con los aspectos sociales de la escuela. Pasaban clases por alto, evitaban actividades extracurriculares y hacían lo posible por ocultarse cuando se veían obligadas a estar con un grupo de pares.

Esta estrategia sólo consigue agravar los problemas sociales, porque los tímidos ausentes pierden contacto con amigos potenciales e inhiben el desarrollo de sus habilidades sociales. En un momento de la vida en que uno debería ensanchar sus zonas de bienestar, las de ellos se estrechan. Esa retirada nunca funciona bien a la larga.

Maggie, una estudiante de Nueva Jersey que era dolorosamente tímida de adolescente, me dijo que la ponía fuera de sí que sus condiscípulos se mofaran de ella porque estaba excedida de peso: "Perdí muchas clases sólo porque no quería estar con otras personas. Siempre he tenido problemas de asistencia. O bien no quería ir a la cafetería porque sabía que todos iban a mirarme. Prefería sentarse en un rincón del salón, pero mis amigas elegían siempre una mesa en el centro y yo odiaba eso".

Al final, el acoso llegó a ser excesivo y Maggie persuadió a sus padres de que le permitieran tomar lecciones en casa.

"Era extraño —dijo, al referirse a su semestre en casa—. Logré lo que quería, porque no tenía que ir al colegio y estar con esos chicos, pero estar en casa no era para nada divertido. Me resultaba conveniente, pues no tenía que salir de casa y ni siquiera necesitaba ducharme o vestirme, pero era terrible porque no conseguía ver a nadie."

Cuando Maggie regresó a la escuela para sus exámenes, se dio cuenta de que sus atormentadores eran "bastante patéticos". Se rehusó a otorgarles cualquier poder sobre ella y se reinscribió en los cursos en forma permanente y más confiada. Enfrentar a sus compañeros de clase cambió las percepciones personales de Maggie y la ayudó a vencer su timidez. Ahora es una estudiante tímida comunicativa y exitosa.

El tímido conformista

Otros adolescentes tímidos optan por conformarse, como una manera de habérselas con la presión social. Pueden formar parte de una pandilla o encontrar refugio en redes sociales seguras, como asociaciones estudiantiles, equipos de juego o clubes. Estos grupos formales o informales pueden proporcionar una zona de bienestar al establecer normas y pautas que ellos deben seguir. La comparación social (desde luego en el primer plano de la mente de una persona tímida) pasa a trabajar demasiado en estos grupos conscientes de su posición. Como los adolescentes tímidos son tan buenos para comparar y desean adaptarse, pueden seguir con diligencia las pautas sociales rígidas y arbitrarias.

Aunque los grupos proporcionan a los adolescentes tímidos contactos y habilidades sociales e identidades aceptables, también presentan desventajas. Pueden no basarse en una verdadera amistad, si bien suele desarrollarse cierta camaradería mientras uno participa de un grupo. Tampoco son permanentes, lo cual puede resultar traumático para una persona a la que le incomoda hacer nuevos amigos. Una adolescente tímida abandonada en forma repentina puede experimentar más ansiedad y desesperación aun por su posición social inferior, que antes de involucrarse. Perder un amigo no es fácil para nadie, pero se vuelve especialmente difícil para un adolescente tímido que puede confiar mucho en una relación para la totalidad de sus necesidades sociales.

Existe entre los adolescentes una gran presión por ser popular y emular a aquellos que parecen tenerlo todo. Pero el esfuerzo social puede causar dolor interno. Cuando un adolescente tímido mira más allá de su viejo círculo en pos de uno más elegante, puede encontrarse fuera de su zona de bienestar. Tal vez sea poco conocedora de las nuevas expectativas, de modo que está todo el tiempo midiendo sus actos, sus pensamientos y su yo más recóndito, y se conforma con ser aceptada. En el proceso puede sacrificar su verdadero yo a la identidad del grupo. Cuanto más sofoca su autoexpresión y se esfuerza por mostrarse complaciente con la gente, más aumenta su timidez. En verdad, en su afán por ser aceptada puede olvidar quién es, con qué cosas disfruta de verdad, y qué cualidades aporta a cada amistad.

Un tímido conformista debe aprender a ser él mismo con los demás. No puede hacerlo si se concentra sólo en encajar en el grupo o ambiente. Aliéntelo a que encuentre una red de amigos que lo acepten sin condiciones por lo que es, sin reservas, en lugar de tratar de ser popular o vivir en base a normas de conducta arbitrarias. Ésos son los verdaderos amigos, con quienes será libre de ser él mismo dentro de su zona de bienestar.

El alumno tímido

Algunos adolescentes tímidos desaparecen mediante el recurso de concentrarse sólo en lo académico y dar la impresión de que la vida social es algo frívolo e indigno de ellos. Pueden que aspiren a sacar siempre diez, así no necesitarán pedir ayuda o ser molestados con invitaciones y llamadas telefónicas. Su éxito académico también los hace invulnerables a la crítica; después de todo, ¿quién se atrevería a criticar a un estudiante por su excelencia?

Un estudiante universitario me escribió:

Timidez, desesperación y soledad acompañaron a la embestida hormonal de mi primera juventud. Yo era un "cerebro" y no un "macho", y así mi posición social con mis pares era baja. Durante muchos años mi única fuente de autoestima fue el éxito académico, lo cual no era suficiente para hacerme sentir bien con la vida. Con frecuencia (o casi siempre) era introvertido y mis amigos tendían a serlo también. Las actividades sociales de mis compañeros raras veces fueron un interés que yo haya compartido: bailar (no soy muy coordinado), beber, y fiestas en general.

Un estudio de Gary Traub, de la Universidad del Estado de Florida, comprobó que los estudiantes secundarios tímidos tienen promedios más altos que sus pares no tímidos. Puesto que las calificaciones elevadas indican éxito, Traub razonó que es probable que esos estudiantes encuentren pocas razones para cambiar. La superioridad en la escuela, sin embargo, puede llevar a la evitación social si el jovencito dedica todo su tiempo al estudio.

Con los estudiantes universitarios puede pasar lo mismo si la única cosa de su vida con las que se siente bien son las calificaciones altas. Los libros y las computadoras son su zona de bienestar; una calificación sobresaliente, su recompensa. Pero ni libros ni computadoras ofrecen ningún riesgo emocional que ayude al adolescente tímido ilustrado a sentirse más cómodo con sus pares. Por el contrario puede que afronte la edad adulta con pocos amigos íntimos, habilidades sociales inadecuadas y dificultades con la intimidad.

El tímido rebelde

Los adolescentes tímidos como Kate desaparecen enmascarando su timidez tras la rebeldía. Se oponen tanto a las expectativas sociales como a su verdadera identidad. Incómodos con su inseguridad y su confusión, actúan para vencer sus miedos y mostrar que son "adultos". Tratan de ignorar su timidez y la disimulan.

Un estudiante del último año del secundario me escribió: "Cuando tenía catorce años pensé que, si actuaba como si no me importara lo que la gente pensaba, eso podría ayudarme a vencer mi timidez. Me rapé la cabeza, me agujereé la nariz, las cejas, el labio, la lengua y las orejas, siete veces en cada una. Cuando me hice mayor, mi rebeldía me aportó más atención negativa que positiva".

Los adolescentes tímidos en situaciones sociales pueden creer que necesitan una muletilla como beber o fumar para relajarse o para demostrar a los otros que son duros a pesar de su calma. Un estudio reveló que los adolescentes tímidos varones tenían más probabilidades de consumir drogas que sus pares, sin duda para mitigar la incomodidad social y las inhibiciones. En otro estudio se encontró que los muchachos tímidos fumaban cigarrillos con más frecuencia que sus pares menos tímidos, a fin de ordenar su ansiedad, su torpeza social y la imagen distorsionada que tenían de sí mismos.

Mientras que algo de rebeldía es necesaria durante esta época de la vida, su hijo puede rebelarse y sin embargo permanecer fiel a sí mismo si su rebelión es existencial, no química o cosmética. Al observar, participar y evaluar una variedad de estilos de vida se está explorando a sí mismo y sus valores. Puede probar con nuevos amigos y personas, pero ínstelo a preguntarse si esas alternativas expresan su verdadero yo y a que sea honesto cuando rechaza acciones que siente que no le cuadran. Ayúdelo a concentrarse en lo que le gusta.

En efecto, el adolescente tímido puede tener una ventaja sobre sus pares más comunicativos al explorar su yo interior. Tiene más probabilidad de ser consciente de sus sentimientos y limitaciones, como también de sus rasgos positivos. Por ejemplo, en lugar de seguir ciegamente a sus amigos a una fiesta que implica beber y tomar drogas, puede sentirse ansioso e insistir en irse a casa. Si presta oídos a las reacciones de sus entrañas, será prudente y no se involucrará.

EL IMPACTO DE LA TIMIDEZ SEGÚN LOS SEXOS

La adolescencia afecta de diferente manera a los sexos. Las adolescentes tímidas nos dicen que no les molesta demasiado serlo, y que hay más chicas tímidas que muchachos. Por otra parte, los muchachos tímidos consideran que la timidez es un verdadero inconveniente durante la adolescencia. En consecuencia, se sienten mal consigo mismos y con su timidez.

La identidad del sexo afecta la manera en que pensamos de nosotros mismos y cómo nos relacionamos con los demás. Empieza durante la temprana infancia y prosigue a lo largo de toda la vida. Durante la adolescencia, muchachos y chicas tratan de vivir de acuerdo con lo que creen que nuestra cultura espera de los hombres y mujeres mayores. Esto va mucho más allá de la forma de vestir, la vida sexual o las aspiraciones profesionales. La experimentación puede ser particularmente aguda en esta etapa; los adolescentes se hallan en una empinada curva de aprendizaje mientras tratan de averiguar quiénes son y cómo ser ellos mismos.

Las chicas adolescentes

La timidez permite a las chicas sumergirse en el rol tradicional femenino: una doncella pasiva y sumisa que dice que sí a todo. Conformarse al estereotipo femenino es seguro, aceptable y previsible. De hecho, la sociedad apoya este retraimiento, lo cual puede explicar por qué estas chicas creen que la timidez deja a salvo su autoestima.

Por desgracia, esto puede llevar a que las chicas tímidas establezcan una falsa identidad basada en un rol, en lugar de hacerlo según su carácter y sus talentos singulares. Estas adolescentes deberían dedicarse a descubrir quiénes son, qué cosas hacen bien y cuáles despiertan su interés, pero nunca van a tomar en cuenta todas sus opciones si eligen volverse pasivas y retraídas.

Aunque puede que no exploren del todo el mundo exterior, las adolescentes tímidas son capaces de entablar relaciones que las ayuden a explorar su yo interior. Establezcan amistades estrechas basadas en el conocimiento íntimo de las esperanzas, temores, fortalezas e inseguridades de las otras. Se ayudan mutuamente al compartir experiencias similares y así ganan penetración en un problema particular. Mantienen relaciones y atemperan la crítica al usar en su descargo frases tales como: "Puedo estar equivocada, pero..." y: "¿No crees que sería una buena idea si...".

Las fronteras de las pandillas femeninas son flexibles. Las chicas dejan entrar y salir a otras y están dispuestas a aceptar una red fluida. Si bien las chicas no admitirán nunca que dan puñaladas por la espalda, que son parciales o que presionan a sus amigas, todos sabemos que esas conductas se dan. Cuando están de novia todavía confían en sus amigas en busca de apoyo emocional, en lugar de recurrir a su novio.

Las chicas suelen decir que a ellas no les perturba la timidez porque se sienten cómodas dentro de sus relaciones íntimas y encuentran que el rol femenino tradicional complementa su tendencia a retraerse. Pueden hablar con facilidad con sus mejores amigas, ponerse en contacto con sus emociones y sentirse bien con ellas mismas. La sociedad no les exige que sean demostrativas o que conquisten el mundo. Mientras puedan tener amistades, creen que están bien.

Con todo, y pese a su aparente confianza en su conducta y sus relaciones, las chicas son bastante cohibidas. Pueden experimentar en un alto grado el fenómeno de la "audiencia imaginaria", es decir, la sensación de que el mundo observa cada uno de sus actos. Para hacer frente al escrutinio, actúan de cara a la multitud, perfeccionan su apariencia física y toman a pecho las críticas. Mientras que ésta es una deformación intelectual normal por la que todos los adolescentes pasan, a las chicas tímidas las quema de manera aguda.

Basado en el fenómeno de la audiencia imaginaria, el investigador de la timidez Jonathan Cheek ha argumentado que esas chicas
tienen un alto nivel de timidez —están "pendientes de ella mismas"—, que se arraiga en los pensamientos. Las que son tímidas
conscientes saben muy bien lo que hacen y piensan, son ansiosas y
controlan su conducta. Mientras el estar pendientes de ellas mismas
puede ser normal durante esta fase de la vida, las chicas tímidas
pueden sentirse abrumadas por ello.

Por consiguiente, la preocupación por la apariencia física puede
jugar un gran papel en la timidez de las chicas. Amortigua el estar
pendientes de ellas mismas al permitirles tener confianza en su
aspecto físico. Por desgracia, nuestra cultura estimula la preocupación de las chicas por la belleza. A diferencia de los muchachos, ellas
pueden modificar su apariencia gracias a la enorme industria cosmética. Ya es tradicional esperar que las chicas de esa edad empiecen
a maquillarse y que vivan obsesionadas por el pelo y la ropa. De hecho, las chicas tímidas sólo están tratando de acomodarse al mundo.

Un paso más lo dan al preocuparse por su peso. Las chicas tímidas, en efecto, tienen más problemas de imagen corporal que sus
pares menos tímidas. Tal vez porque están tan concentradas en la
apariencia física, sólo notan los defectos. Algunas pueden desarrollar
anorexia o bulimia en su intento por ganar control sobre su vida.
Otras, como aquella corresponsal mía, se exilian del intercambio con
sus pares a causa de la vergüenza que les provoca su sobrepeso. Una
chica disconforme con su apariencia, también puede estar disconforme con su autoexpresión.

Las chicas pueden desarrollar timidez consciente debido al simple hecho de la biología: pasan por la explosión del crecimiento
adolescente antes que los muchachos. De repente tienen que habérselas con cuerpos en maduración, algo que sus contrapartes masculinas aún no tienen que enfrentar. Pero, mientras su cuerpo se hace
más femenino, sus emociones y pensamientos son todavía infantiles.

Para evitar situaciones amenazadoras, como estar de novia a
temprana edad o salir con hombres mayores, las chicas pueden volverse más sumisas y tímidas. De hecho, la timidez puede ser un
recurso protector; las chicas se retiran a una zona de bienestar
estrecha porque las hace sentir a salvo. La timidez consciente hasta
puede ser más aparente entre chicas de florecimiento prematuro. No

sólo deben habérselas con estos cambios a temprana edad, sino que también son incapaces de recurrir a sus amigas en busca de apoyo.

En efecto, estas chicas de florecimiento temprano suelen tener más problemas de conducta que sus pares que se desarrollan a la hora debida. Cualquiera sea el estilo que las ayudó en la infancia —retraimiento incluido—, puede volverse predominante en el arranque de una pubertad temprana. Pueden experimentar problemas internos —ansiedad, confusión, inseguridad de ellas mismas o baja autoestima—, pero es probable que se ajusten una vez que sus amigas las alcancen.

Por último, las adolescentes tímidas deben adquirir conciencia de ellas mismas y confiar en su propia persona. Necesitan decidir quiénes son hoy y qué quieren para el futuro. Cada chica debe encontrar su camino para realizarse en la vida. Cada una debe salir de su zona de bienestar y probarse a sí misma, probar sus capacidades y sus relaciones.

Estimule a su hija tímida a que sea ella misma. Dígale que es normal sentirse tímida por un tiempo, pero que no debe permitir que su timidez le impida hacer amigos y explorar la totalidad de su potencial.

Por sobre todas las cosas, las chicas tímidas necesitan recordar que su identidad está compuesta de algo más que sólo su apariencia y su timidez. Pueden descubrir sus talentos y dones singulares si se compromete con su comunidad. Su creciente conciencia de ellas mismas las hará tímidas exitosas.

Los muchachos adolescentes

Los muchachos pueden volverse tímidos a causa de expectativas a las que se adelantan. Nos anticipamos a ellas para golpear primero, explorar la frontera final, conquistar mundos que no figuran en los mapas, y nunca traicionamos con dudas, sentimientos conflictivos o timidez. Un muchacho debería gustar de los deportes, ser sexualmente agresivo con las chicas (o al menos iniciarse en el noviazgo y la intimidad física), y hacer travesuras juveniles. Debe decidirse por una carrera que lo lleve al poder y a altos salarios. En todo esto debería despreocuparse de sus emociones y su nuevo lugar en la sociedad.

Los hombres pueden ser callados, pero sólo si son fuertes. Pero si el triunfador es silencioso, de ninguna manera es tímido.

Las amistades de los muchachos reflejan el tradicional estereotipo masculino; se preocupan por la jerarquía, la posición y el poder. Sus redes son rígidas, y los muchachos suelen ser hostiles hacia quienes no se encuentran en su grupo. De hecho, hasta pueden ser hostiles hacia muchachos de su propia tropa que son "más débiles" que los otros. Están todo el tiempo compitiendo por la atención y el dominio dentro del grupo, indiferentes a elaborar amistades íntimas o llegar a conocer a los otros individuos. Ocultar sus emociones a los amigos. Cuando quieren hablar de sus experiencias personales, recurren a la novia.

Más que cualquier otra cosa, los muchachos quieren llegar al tope. Lo hacen al actuar en el mundo —deportes, estudios, drogas, vandalismo, riñas—, no mediante la palabra. Cuando sí hablan, tratan de demostrar su superioridad por ser más conocedores (piense en las estadísticas deportivas, que están en boca de todos). Después de haberse puesto a prueba frente a los otros, sólo los muchachos poderosos tratan de salir con chicas. En el fondo es un solitario.

Aun cuando los muchachos están concentrados en sus acciones, son cohibidos simplemente porque son adolescentes. Pero a diferencia de las chicas, que se demoran en su yo físico por el fenómeno de la audiencia imaginaria, los muchachos son conscientes de lo que hacen. A esta distorsión se la llama "fábula personal", y es la que hace que los adolescentes se sientan únicos, poderosos e incomprendidos.

En esas fábulas personales, el héroe (el yo) se siente importante e invulnerable. Se arriesga cuando representa una conducta salvaje: manejar a demasiada velocidad, tener relaciones sexuales inseguras, cometer vandalismo contra la propiedad, rendir exámenes sin estudiar, etcétera. El héroe no alberga pensamientos de derrota porque en esas sagas es inmortal e invulnerable. Los muchachos adolescentes se sienten incomprendidos cuando los adultos les advierten acerca de las consecuencias de su conducta.

En vez de timidez consciente, los muchachos adolescentes se las tienen que ver con timidez "activa", que está arraigada en lo que ellos hacen y en cómo se sienten respecto de sus actos. La sociedad los juzga bajo esos términos. Pueden creer que no tienen las habilidades sociales necesarias para integrarse a la sociedad y que son menos atléticos que sus pares: manos torpes en el comedor y chapuceros en el fútbol. Sus fábulas personales no son aventuras, pero sí el drama oscuro y triste de un héroe torturado.

Los muchachos tímidos no se acomodan con facilidad a las expectativas relativas a la masculinidad. En la batalla por el dominio entre sus amigos, a menudo dejan escapar el fondo de la cuestión. Aunque se espera que actúen en vez de hablar, su falta de confianza en sus proezas físicas inhibe sus acciones. Sin ninguna inclinación por representar el estereotipo del macho tradicional, se retraen. Se enojan y se frustran por su dificultad en encontrar un lugar para ellos mismos. Los muchachos adolescentes tímidos están tan empeñados en hacer lo "correcto" —ser varonil y dominador— que pueden perder de vista su verdadero yo.

La imagen negativa del cuerpo también resulta perjudicial para los muchachos tímidos. Perciben sus debilidades en comparación con amigos varones. Este fenómeno puede comenzar en la escuela primaria. Los chicos poco (o nada) atléticos muchas veces se quedan marginados cuando sus amigos practican deportes o se meten en peleas para tratar de superar a los otros.

Pero así como no debemos juzgar a las chicas y a las mujeres en general por su apariencia física, tampoco los muchachos deben ser juzgados con dureza si no están hechos con un tono muscular denso o agilidad física o si muestran poco interés por los deportes.

Y así como las chicas de florecimiento prematuro sienten una aguda turbación porque están "fuera de tiempo" y son notoriamente diferentes, los muchachos de florecimiento tardío pueden ser más conscientes y susceptibles de volverse tímidos. Hasta pueden pasarlo peor aún al querer dominar a sus amigos y así convertirse en el blanco de los fanfarrones. Pueden comparar su fuerza y su cuerpo con sus amigos más maduros, sentirse inadecuados y dejar de competir.

Muchos muchachos tratan de mitigar su timidez fumando, bebiendo o consumiendo drogas. Creen que eso los ayuda a aliviar su ansiedad y los hace parecer poderosos. Aun si son delgados y poco atléticos, pueden superar a sus pares al ser los más endurecidos por los narcóticos. Ésta es una solución terrible porque confían en lo exterior para crear su identidad. Y lo más triste es que se vuelven más tímidos y, como resultado, dependientes de las sustancias químicas.

Hay otras implicancias a largo plazo en un adolescente tímido. Avshalom Caspi, de la Universidad de Wisconsin en Madison, estudió la vida de hombres tímidos que siempre lo fueron y comprobó que tuvieron un comienzo duro en sus tempranos años adultos. Tardaron en conseguir empleos estables, en casarse, en tener hijos. Sus matrimonios tendieron a ser agitados y en general tropezaron y cayeron antes de encontrar su nicho en la vida.

Caspi señaló que los problemas surgen del hecho de que estos hombres iban "a destiempo". Tuvieron poco éxito en el trabajo porque otros esperaban que avanzaran en sus carreras. Además carecían del apoyo de amigos de la misma edad; los hombres más expansivos ya se habían abocado a nuevos desafíos y no podían relacionarse con sus amigos tímidos que se quedaban atrás y en general se comprometían en actividades que ya habrían debido superar.

Los muchachos adolescentes tímidos lo pasan mal. Dudan de ellos mismos cuando la mayoría de nosotros ignora que tienen esos sentimientos. Mientras nuestra sociedad recalca la importancia de la imagen personal en las chicas, a menudo pasamos por alto la vida interior y la autoestima de los muchachos. Descontamos que serán torpes en las reuniones sociales, pero no hacemos nada por ayudarlos a desarrollar habilidades sociales y un sentido de competitividad y autoaceptación. No alentamos a los muchachos tímidos a que hablen de sus sentimientos para permitir que emerjan a la superficie y sean resueltos. Ellos, por su parte, ni siquiera confían en sus amigos, todos los cuales parecen adaptarse con facilidad a la adolescencia.

Un consejo para quienes piensan en ingresar en una pandilla. La formación de la identidad es difícil, y algunos pueden sentirse tentados a eludir el proceso uniéndose a una pandilla. Se trata de una ruta rápida a la aceptación instantánea a costa de la identidad personal. Una vez en el grupo, el muchacho ya no toma decisiones basadas en sus propias necesidades sino en la identidad de la pandilla. Ésta puede ser una situación peligrosa.

No deje que la timidez lo arrastre o que los mitos de la sociedad lo hagan sentir inferior. Tiene muchas oportunidades para levantarse solo, explorar su mundo, y llegar a saber quién es; cuando comprenda el rol de la timidez en su vida, será más apto para sacar ventaja de ella.

CÓMO PUEDEN AYUDAR LOS PADRES

Usted puede aturrullarse si su hijo antes afectuoso y burbujeante de repente se vuelve arisco y poco comunicativo. Si bien puede tratar de ayudar al adolescente que lucha con su timidez, sepa que ahora usted sólo tiene una influencia indirecta. No obstante, los adolescentes tímidos no tienen por qué quedar traumatizados por sus experiencias, emociones conflictivas y falsas expectativas. He aquí lo que usted puede hacer con el recurso que sí tiene:

Quédese en cuadro. Aunque su adolescente se comparará con sus amigos, siga involucrándose en su vida y déle un mejor ejemplo a seguir. Ínstelo a que hable sobre las presiones que siente. Recuérdele que el silencio no es varonil.

Mantenga las líneas de comunicación. No espere la "gran conversación" formal e incómoda. Cuanto más a menudo y más temprano tenga discusiones con su adolescente, mejor. Persevere.

Si su adolescente se rebela, pregunte por qué y discuta con él el significado de la rebeldía. Tal vez él trata de esculpir su propia identidad. Vuelva a asegurarle que todo el mundo pasa por esa fase. Podría preguntarle: "¿Te rebelas por no ser popular, o porque no tienes bastante libertad? ¿O estás buscando una identidad?". Hable sobre el proceso ininterrumpido de la formación de la identidad en su propia vida. Usted todavía hoy está formando su sentido de identidad: prueba nuevas clases, enfrenta nuevos desafíos en el trabajo, etcétera.

Si su hijo se aísla, explíquele los principios básicos de la timidez —sobre todo el concepto de zona de bienestar— y cómo puede entender con mayor profundidad ese rasgo.

Permítale asumir alguna responsabilidad por su vida. El viaje desde la infancia hasta la edad adulta se compone de pequeños pasos que abarcan un crecimiento gradual de riesgo y responsabilidad. Sus adolescentes tímidos pueden no asumir esos desafíos, de modo que depende de usted alentarlo a perseguir sus intereses, servir como voluntario o trabajar medio tiempo, programar sus propios compromisos, y comprometerse en forma activa con oportunidades educacionales. No deje que se retire al aislamiento de su zona de bienestar.

Bríndele oportunidades para que esté con otras personas. Reciba en su casa, llévelo de vacaciones con usted, o asóciese con él a un grupo comunitario, por ejemplo, un club de madres e hijas, si se trata de una niña. Asegúrese de que se asocia con una variedad de personas de modo que pueda entrar en calor despacio en lugar de hacer una evitación masiva lisa y llana.

Ayúdelo a descubrir sus talentos. Desaliéntelo a que pase todo su tiempo en actividades pasivas como mirar televisión. Ponga al descubierto sus fuerzas de manera que él pueda desarrollar una identidad positiva, no sólo la de un adolescente socialmente torpe. Apóyelo para que asista a sesiones de matemáticas, competiciones de natación o recitales de piano, y felicítelo por sus logros, por pequeños que sean.

Modere la actividad sexual. Los adolescentes con una fuerte identidad pueden ser menos activos sexualmente. Asegúrese de estimular a su hijo a que se comprometa con tantas actividades como su horario se lo permita: un trabajo de medio tiempo, teatro, deportes. Todo ello no sólo lo mantendrá ocupado y relacionado socialmente, sino que también contribuirá a su sentido de identidad más allá de ser la novia de alguien (en caso de tratarse de una niña).

Favorezca la diversidad. Muchos adolescentes tímidos internalizan su rótulo de tímido en la escuela, pero florecen cuando los sacan de ese ambiente restrictivo. Clases nocturnas, una organización de voluntarios o un trabajo de medio tiempo ayudarán a su adolescente a verse bajo una nueva luz. (Cortar el césped está bien, pero no ayuda a relacionarse con la gente. El muchachito debería trabajar en lugares que lo ayuden a desarrollar habilidades sociales, como restaurantes o negocios.) Las experiencias que gane lo ayudarán a sentirse más cómodo con personas de todos los estilos de vida. Hará nuevos amigos, descubrirá talentos, se acostumbrará a intercambios humanos espontáneas, y aprenderá cómo manejar su tiempo.

Recuérdele que no está solo. Él puede imaginar que a otros les es más fácil, pero casi el cincuenta por ciento de los adolescentes son tímidos y experimentan los mismos trastornos que él. Sólo que ellos se ocultan de diferentes maneras.

Apoye las actividades extracurriculares. El colegio secundario es una pecera. Puede ser difícil para un adolescente intentar nuevas actividades cuando se siente restringido por la mirada de otros. Si es imaginativo y curioso, él podrá aligerar la presión social para involucrarse en actividades que no tengan nada que ver con la escuela. En esos grupos puede ser más fácil que haga amigos, porque compartirá un interés común. Invítelo a que sirva como voluntario en un patio de comidas, en una guardería o como tutor. Será menos tímido cuando haga lo que le gusta y cuando no esté trabado por las expectativas de otros.

Sea paciente. No permita que su adolescente marche sin reglas, pero comprenda que él puede ser lento para sentirse entusiasmado con los nuevos desafíos, incluso mantener conversaciones adultas con usted. Por ejemplo, si no se ha comunicado con su hija cuando era más chica, ahora es probable que resista sus avances. Persevere.

Ayúdelo a reconocer el propósito de la adolescencia. Se supone que los adolescentes cometen errores. Esto no significa que deban ser irresponsables, pero pueden experimentar. Aliente a su adolescente a que ensaye distintos roles e intereses para descubrir lo que es correcto para él. Estas experiencias lo ayudarán no sólo ahora, sino más tarde, cuando deba asentarse en una carrera y crear relaciones íntimas estables.

Ayúdelo a resistir la presión de sus pares. Recuérdele que las personas que presionan a otros para que actúen de determinada manera son inmaduras, inseguras y tienen una identidad débil. Manipulan a los otros para sentirse mejor con ellas mismas. Aliéntelo a que preste oídos a su instinto y elija a sus amigos con prudencia. Será más consciente de sí mismo y más maduro si sólo hace lo que siente correcto para él, no importa lo que digan los demás.

Explíquele el rol de las drogas. No curarán la timidez, sino que sólo empeorarán la situación. Ayude a su adolescente a encontrar otro camino.

Ayúdelo a encontrar mentores modelos de rol sanos. Si no puede hablar con su hijo acerca de sus sentimientos, ayúdelo a buscar un maestro, instructor, sacerdote o médico comprensivos, o un gerente en su trabajo, que lo ayuden con decisiones sabias respecto de su futuro.

Ayúdelo a no estar pendiente de sí mismo. Recuerde a su hijo que su ansiedad y su torpeza no son tan manifiestas como él piensa. Su turbulencia interna es dolorosa sólo porque se concentra en ella. Ayúdelo a interesarse en los demás para no ser el centro de atención.

¡Ínstelo a que se ponga en movimiento! Puede que su hijo se pase el día mirando televisión, navegando por la red o jugando con la computadora, pero él necesita experiencias reales para convertirse en un adulto maduro y desarrollar una amplia zona de bienestar. Ínstelo a que sirva en la comunidad como voluntario, participe en grupos religiosos, se busque un empleo de medio tiempo o inicie un grupo por su cuenta (haga que se acerque a un maestro o consejero para que lo ayuden).

Inste a su hija a mantenerse en contacto con muchachos amigos en relaciones platónicas. Ésta es la mejor manera de aprender cómo relacionarse con un hombre. Inste a su hija tímida a que entable una sólida amistad con un varón que no sea un novio, efectivo o en potencia, como sus hermanos, su papá o el hijo de sus mejores amigos.

Inste a su hijo a mantenerse en contacto con chicas amigas. Puede ser un cliché, pero es verdad que las mujeres son mejores conversadoras que los hombres. Saben discutir de asuntos íntimos sin sentirse extrañas, y ayudarán a su hijo tímido a comprender mejor a las mujeres de modo que, cuando esté listo para noviar, no se sorprenderá.

Aliéntelo para que busque oportunidades de utilizar las habilidades sociales. Sugiera que simule noviazgos (con personas con las que no tiene ningún vínculo romántico) a fin de practicar conversación y conducta de noviazgo mientras cede la presión. Puede probar citas en grupo y hasta ayudar cuando usted recibe en casa. La evitación sólo lo hace menos confiado en sus habilidades sociales.

Trate de que trabaje para un gerente o jefe femenino. Su hijo tímido tendrá menos probabilidad de sentirse intimidado por las mujeres si puede recibir órdenes de una, sobre todo si realiza un buen trabajo. Eso lo ayudará a relacionarse con mujeres como personas, no sólo como novias en potencia.

Ayúdelos a hacer un inventario de sus buenas cualidades. No deje que su hijo tímido compre el prejuicio que invade a nuestra cultura de que los varones deben ser atletas, o que su hija se obsesione por su peso o su aspecto físico. Valore el hecho de que su hijo es un gran matemático, botánico, guitarrista o narrador de cuentos. Refuerce sus cualidades positivas.

No se divorcie de sus hijos. Los hijos pueden no reponerse con facilidad del divorcio de sus padres. Si usted se divorcia durante la adolescencia de su hijo, no deje que eso afecte de modo adverso su visión de las relaciones, la confianza y la comunicación. Hable con él o ella y muéstrese dispuesto a escuchar.

Ame a su hijo. Si él sabe que su amor hacia él es incondicional, los traumas de la adolescencia serán sólo una fase, no una dificultad para toda la vida.

Todas estas sugerencias implican interactuar e integrar su vida con la de sus adolescentes. Mantenga una pauta de comunicaciones continua con sus hijos. Introduzca conversaciones en su vida cotidiana: a la hora de la comida, mientras hace mandados o cuando limpia la casa. La adolescencia se refiere tanto a los adolescentes como a los padres.

Usted debe guiar con el ejemplo. No es razonable esperar de su hijo lo que usted no está dispuesto a hacer. Si usted no está involucrado con otros, involúcrese. Amplíe su zona de bienestar. No espere a que su hijo haga preguntas difíciles; debe introducirlas usted primero. Al traer a colación problemas por anticipado, usted ayuda a vacunarlo. Hable con él sobre el proceso de la resolución de problemas y cursos de acción alternativos que él pueda tomar, usando las cuatro íes. Explíquele la tendencia lento-para-entrar en calor, las zonas de bienestar y el conflicto acercamiento/evitación.

Cuanto más sepa de la dinámica subyacente a su personalidad, tanto más cómodo se sentirá con ella. Esté siempre al lado de su hijo, desde temprano, con frecuencia, de manera persistente y realista.

UNA ÚLTIMA PALABRA SOBRE LA TIMIDEZ EN LA ADOLESCENCIA

La misión evolucionista de la adolescencia consiste en decidir quiénes somos y cómo encajamos en la comunidad que se extiende allende nuestra familia. Los adolescentes deben tomar estas decisiones importantes basados en sus necesidades y talentos, no en lo que los demás quieren que sean. Si se trata de elegir un mayor, o cómo comportarse en una fiesta, o cómo vestirse, estas decisiones deberían reflejar su verdadero yo.

Esto es cierto sobre todo para los adolescentes tímidos que no quieren que su vida refleje su timidez. Pueden tratar de negar que se sienten inseguros, socialmente ansiosos y temerosos. Por consiguiente, pueden seguir los pasos de otros (y conformarse), rebelarse o retraerse. Por desgracia, todas estas opciones trabajan en contra de la conciencia de uno mismo.

Los adolescentes tímidos necesitan llegar a un acuerdo con ellos mismos y su timidez. Si son tímidos exitosos a una joven edad, estarán preparados para las tareas de la edad adulta: expresarse a través de relaciones íntimas y trabajo. Todos descubrimos quiénes somos al interactuar con otros en el trabajo o en casa. Pero si los adolescentes están indecisos acerca de sus emociones y opiniones, o las reprimen, se sentirán encadenados por mitos de timidez que pueden dificultar su crecimiento.

A fin de convertirse en adultos tímidos exitosos, los adolescentes deben comprenderse a ellos mismos y entender cómo la timidez influye en las muchas e importantes elecciones que llevan a cabo.

12

La timidez en la edad adulta

"Me casé con dos hombres 'equivocados' porque ellos me eligieron y yo sentía que ningún otro me iba a querer —me escribió Marsha, una mujer tímida infeliz—. No tengo ninguna vida social y no la he tenido desde que me divorcié, hace ya diez años. Estoy deprimida y me aíslo. De tanto en tanto me obligo a ir al cine sola, pero eso es todo. Veo tal vez dos películas por año, a menos que alquile alguna. No he estado en una fiesta en veinte años. Trabajé durante veintiuno en un puesto que detesto. No trato de ascender, porque entonces tendría que hablar con la gente."

Qué triste estado de cosas. Marsha ha elegido aislarse y sufre muchísimo. Si uno no ha aprendido durante la infancia y la adolescencia a ser un tímido exitoso, la timidez puede convertirse en un rasgo de personalidad atrincherado más en profundidad cuando se llega a la edad adulta. Como en el caso de Marsha, trabajar más puede convertirse en una respuesta habitual y destructiva a las situaciones sociales.

Usted puede aislarse y perder la fe en su capacidad de conocer nuevas personas, ser confiado durante las situaciones sociales, o vencer su timidez. Puede sentir de esa manera debido a su estrecha zona de bienestar —parece estar atrapado siempre en el mismo bache—, y a las ideas negativas sobre usted mismo. Cuanto más prolongada sea una conducta tanto más difícil es cambiar, de modo que puede encontrarse con que no acierta de qué manera salir de la prisión de su timidez y tener más contacto social.

Por desgracia, la timidez en esta etapa de la vida tiene muchas implicancias negativas. Puede dificultarle llevar a cabo las tareas propias de la edad adulta: encontrar una pareja, alcanzar satisfacción sexual, cumplir un trabajo gratificante y desafiante, sentirse satisfecho con usted mismo, y ser capaz de dar algo de sí a los demás.

De hecho, la timidez en la edad adulta puede convertirse no sólo en un rasgo de personalidad sino en una cuestión de calidad de vida. Los investigadores la han correlacionado con soledad, depresión, abuso de drogas, progreso limitado en la carrera, baja autoestima, duda de uno mismo, poca habilidad para manejarse, incapacidad para resolver problemas, falta de compromiso comunitario y mala salud. Las personas ven los desafíos como amenazas a su sentido del yo en lugar de considerarlos fuentes de crecimiento personal. Por lo tanto, son propensos a apartarse de ellos y vivir en un estado de estancamiento social e intelectual.

La triste experiencia de Marsha parece confirmar esto. Lo suyo no es más que uno de los varios mecanismos igualmente nocivos que usan los adultos: aislamiento, evasión hacia la vida de fantasía, y consumo de alcohol u otras formas de automedicación.

AISLAMIENTO

Las personas tímidas tienen pocas amistades y la soledad puede costarles caro en términos de felicidad. De acuerdo con el psicólogo Richard Booth y sus colegas, las personas solitarias y tímidas pueden experimentar un "déficit de felicidad", sobre todo si su soledad y timidez se convierten en circunstancias para toda la vida. De hecho, la investigación que realizaron reveló que "las personas solitarias tienden a ser tímidas, que las personas tímidas tienden a ser solitarias, y que las personas solitarias y tímidas no tienden a ser felices". Eso es seguramente cierto para Marsha.

Aunque por lo general no están rodeadas de un grupo social amplio, casi todas las personas tímidas tienen amigos. Pero dado que son propensas a hacer comparaciones, pueden creer que no tienen bastantes amigos o que no necesitan amigos diferentes. De hecho, si usted se encuentra en esta situación, puede que descuente las amistades que sí tiene, porque las ha mantenido durante años y las da por supuestas. Esto puede ser una señal de que desea ampliar su zona de bienestar, pero también puede hacer que se sienta despojado de conexiones sociales aunque no lo esté.

Además, sus amistades pueden estar en una situación fluctuante porque la timidez tal vez aflojó el ritmo al cual vence los obstáculos del desarrollo. Quizá los amigos que ya se han casado y formaron una familia lo dejaron atrás. Es irónico, pero aquellos que necesitan el apoyo de los amigos son los que tienen los mayores problemas para hacer nuevas amistades.

Es importante para usted avanzar profesional y socialmente mediante la expansión de su red social. Para ser un tímido exitoso y establecer amistades, debe invitar continuamente a nuevas personas y buscar un terreno común con aquellas que ya son parte de su vida.

Una amplia red social brinda muchos beneficios. Hablar sobre uno mismo con los amigos ayuda a ganar en percepción de los problemas y cómo resolverlos. Las personas tímidas con redes sociales pequeñas tienden a tener defensas pobres porque se aíslan, se comparan con otros que parecen tan confiados, y otorgan un carácter de catástrofe a sus problemas. Cuando uno está aislado pierde objetividad sobre sí mismo y sobre los asuntos que enfrenta. Los amigos pueden ayudar a empuñar la batuta.

Pero la tendencia de los tímidos de ubicar a cada persona en una categoría distinta puede estorbar la expansión de su red social. Puede decir, por ejemplo: "Jim es mi compañero de bolos; Frank es mi vecino; Harvey es mi colaborador; Bill es mi hermano". Si estas categorías no se entremezclan nunca, ¿de qué manera descubrirá alguna vez que tiene más en común de lo que piensa con las personas que forman parte de su vida? A Harvey puede gustarle jugar a los bolos, o a Frank puede encantarle ir alguna vez al cine con usted.

Jackie, una mujer tímida de treinta y tantos años, luchó precisamente con ese tema. Durante meses, ella y su vecina Gena trabajaron juntas para resolver un problema con el encargado de su edificio de departamentos. Después de resolver el conflicto a su satisfacción, Jackie de repente dejó de hablar con Gena. Cuando le pregunté por qué ella y Gena no se habían hecho amigas, Jackie respondió: "Oh, nunca podría hablar con Gena de una manera más personal".

Jackie puso a Gena en la categoría de vecina, pero no la consideró una amiga en potencia. No sabía cómo conectarse con otros en un nivel personal para ensanchar su círculo social. Pero esto no tiene por qué ser así. Fácilmente Jackie habría podido aprovechar la oportunidad de hacerse amiga de Gena como consecuencia del éxito que tuvieron. El triunfo habría sido una excusa perfecta para celebrar con un café o una cena afuera. Entonces habrían podido explorar otras esferas de interés común que pudieran disfrutar juntas en el futuro. O puesto que trabajaron tan bien juntas en ese plano, habrían podido buscar otra tarea para cumplir juntas. Tal confluencia social habría creado un sentido de interdependencia que habría de nutrir la relación en el futuro.

El "pensamiento divergente" lo ayudará a descomponer esas categorías a fin de crear relaciones más plenas. Las personas creativas utilizan esta técnica para vincular ideas no emparentadas y encontrar semejanzas donde al principio no había ninguna aparente. (Un pensador divergente, por ejemplo, puede vincular el software de la computadora con la idea de cuidar bien a un niño y desarrollar un servicio de cuidadores infantiles por Internet.) Más abajo daré algunas sugerencias útiles tendientes a desarrollar una mayor creatividad para examinar las relaciones y ensanchar su zona de bienestar coloquial.

ESCAPE A LA FANTASÍA

"Soy en extremo introvertido", escribe un abogado de treinta y seis años de Carolina del Norte.

> Ahora no tengo vida social y nunca la he tenido. Tiendo a creer que no soy un hombre de cuya compañía puedan disfrutar las mujeres. También tengo tendencia a recordar de pronto otro mal momento en la vida, como un mecanismo de defensa para protegerme, de modo que tengo que lidiar con el dolor por la timidez o el posible rechazo. Cuando veo a una mujer a la que pienso me gustaría conocer, en lugar de presentarme interviene mi fantasía y la conozco de esa manera. Es más fácil eso que intentar un acercamiento real. He tratado de decirme que otras personas sienten también de ese modo (¡podría ser!). Pero en realidad nunca ayuda.

Como expliqué en el Capítulo 9, estar solo es necesario para hacer un inventario de la propia vida y desarrollar intereses y talentos. Una imaginación activa puede ayudarlo a actuar papeles sin peligro y a pensar a fondo en los problemas antes de enfrentarlos en el mundo real. Pero demasiado tiempo solo puede resultar aislador...

y perjudicial. Retirarse del mundo y sumergirse en sus fantasías lo separa del abundante contacto personal que usted necesita y le impide practicar para ser un tímido exitoso. Sus relaciones pueden pensar que son mal vistas por usted y no hacen ningún esfuerzo para desarrollar una amistad. Y usted puede olvidar cómo relacionarse con los demás en la vida real. Tal uso improductivo de su tiempo puede llevar a soledad, merma de la autoestima y depresión. Puede, de hecho, haber pasado todo el tiempo perdido en fantasías desde que era un niño, pero, por desgracia, nadie se dio cuenta.

Cuando usted fantasea sin actuar, puede deformar su papel en situaciones difíciles. Puesto que se convierte en el centro de atención en su propia vida de fantasía, puede hacer atribuciones internas más autoinculpatorias, como por ejemplo: "Don Smith nunca hablará conmigo porque yo no soy más que el hombrecito del tótem" (véase Capítulo 6). Pero, en vez de centrarse en sus propios atributos (o la falta de ellos), es más útil fantasear sobre cómo podría remediar la situación. En lugar de rumiar sus faltas, piense qué puede hacer para que avance la conversación. Concéntrese en su conducta en vez de hacerlo en sus características personales.

Usted puede fantasear sobre la manera en que va a hablar con Don Smith en la próxima convención anual, y luego representar en su cabeza los roles y escenarios de una manera constructiva. El paso siguiente es actuar, según una escena que haya armado. Practique delante del espejo. Después practique su línea de pensamiento en una conversación con su cónyuge, un vecino o alguien en el ómnibus. Por último, dígaselo a Don Smith, su jefe.

Las consecuencias de la fantasía son nulas. Usted puede representar una escena de la manera que quiera. La fantasía es práctica si la usa en forma constructiva.

MEDICARSE CON ALCOHOL U OTRAS DROGAS

La automedicación con alcohol u otras sustancias es otro mecanismo de defensa descaminado, acerca del cual me escriben muchas personas tímidas. El alcohol es un "desinhibidor", es decir, puede aflojar la lengua de las personas tímidas. Como me escribió un hombre que promediaba sus cuarenta años:

"En situaciones sociales consumo alcohol con moderación para relajarme y ser menos cohibido y más comunicativo".

Y una estudiante universitaria coincidió:

Cuando estoy con un grupo de personas que no conozco o que estoy
empezando a conocer, no digo una sola palabra. Tal vez "Mucho
gusto" y "Hasta pronto". No puedo resistir ni un poco, pues me pone
muy incómoda y me siento frustrada. Tengo miedo de que, si digo
algo, la gente me mire como a una idiota o no querrán contestar. Y
hay veces en que, cuando estoy con personas a las que acabo de
conocer y digo algo y me ruborizo, entro en pánico y pienso que ojalá
no vean mis colores.

Me gusta tomar un trago con amigos, pero noto que tengo tendencia
a entregarme al alcohol para sentirme más suelta y más locuaz cuando se trata de conocer a los amigos de mi novio. Pero después,
cuando los veo estando sobria, me siento fracasada porque la otra
noche me vieron como una borracha feliz y locuaz.

Otra estudiante universitaria me escribió: "Como ahora estoy en
la universidad, la mayoría de los acontecimientos sociales implican
tomar alcohol. Admito que lo consumo como un lubricante social. Si
se trata de una reunión con un grupo grande de personas con las que
me siento incómoda, no voy a menos que haya alcohol".

Las investigaciones han revelado que las personas tímidas
utilizan el alcohol como una muleta para ayudarlos a entrar en calor.
Sin embargo, en algunos estudios se comprobó que los tímidos intensos no beben cuando están en compañía de otros, pues le preocupa
tanto la impresión que causan que temen parecer empalagosos o
perder el control. Pueden beber en casa, en la equivocada creencia de
que el alcohol ayuda a enmascarar el dolor de la soledad. Pero esto
puede hacer menos probable aún que salgan y conozcan nueva gente.

Las personas tímidas moderadas pueden beber en sociedad porque creen que ésa es la mejor manera de calmarse, y así reducir su
ansiedad y sus inhibiciones. Quienes consumen alcohol, ya sea en
privado o en público, para resolver problemas relacionados con la timidez deben enfrentar el hecho de que la suya es básicamente una
lucha cuerpo a cuerpo con un problema de bebida.

He comprobado que los tímidos con frecuencia atribuyen su
gregarismo a los efectos del licor más que al período de calentamiento. Sin embargo, si usted amplía este razonamiento, verá que

esas personas sólo se permiten volverse conversadoras cuando están bajo su influencia. Como la estudiante universitaria que sólo asiste a grandes reuniones si se sirve alcohol, han entregado de buena gana el control de su timidez y en cambio se han vuelto dependientes del licor. De ese modo, no sólo sienten que la bebida las ayuda a hablar, sino que también eliminan muchas opciones y la sensación de control de que disfrutan las personas tímidas exitosas. Además, si son rápidas para tomar un trago, nunca experimentarán la magia genuina del período de calentamiento. Se escamotean cualquier crédito por sus éxitos si creen que el alcohol los hizo gregarios.

Usted no necesita la muleta del alcohol para cobrar confianza. El tiempo y un sentido de control personal son sus mejores aliados. Puede dominar sus vacilaciones practicando las técnicas que recomiendo a lo largo de este libro, en especial las sugerencias para crear armonía y hablar con libertad y sinceridad.

EL ARTE Y OFICIO DE UNA CHARLA INTRASCENDENTE

Gloria, de treinta y dos años, tiene un salón de peinados en el Pacífico Noroeste. De chica era en extremo tímida.

"Cuando era realmente joven —explicó— y una persona desconocida entraba en la habitación, me pegaba a las piernas de mi madre... ¡Parecía una parte de ella!"

Pero su elección de carrera la obligó a enfrentar situaciones en las que tenía que conocer a nuevas personas y charlar de cualquier cosa.

"Me asustaba hablar de mí misma porque significaba poner demasiado ego en ello —admitió—. Pero inventé una técnica y ahora puedo referirme a mí misma con mis clientas y de ese modo hacer que la conversación camine. Primero empiezo con las formalidades: qué desean hacer con su pelo. Después introduzco preguntas como: '¿Es casada?' o '¿Tiene hijos?' o '¿Vive en la ciudad?'. Trato de encontrar cosas que pueda relacionar con ellas, de manera que podamos hablar un poquito mejor."

Las personas tímidas se quejan a menudo de que no les gusta o no pueden hablar de cosas intrascendentes. Un hombre me escribió: "Encuentro casi imposible iniciar una conversación con extraños, sobre todo con mujeres. No se me ocurre qué decir".

De hecho, Gloria también sentía de esa manera. Por fortuna, una maestra reconoció sus talentos y nutrió sus habilidades para la frivolidad, de modo que se volvió más confiada y exitosa.

"Ella me observaba trabajar con la gente —explicó Gloria— y me decía: '¡Gloria, tienes que abrir la boca! ¡Pregúntales cosas a la gente!'. Me enseñaba de qué hablar y qué temas no traer a colación... usted sabe, religión, política, esa clase de cosas.

"En verdad creo en lo que a uno le dicen en la escuela de belleza. El ochenta y cinco por ciento de las clientas vienen porque una les gusta y se sienten cómodas con ella, y sólo al quince por ciento le interesa su capacidad."

Gloria se ha hecho adepta de la charla intrascendente y le ha venido muy bien. Toda relación, ya sea de negocios o social, comienza con charlas semejantes; hasta las usamos con miembros de la familia y establecemos amistades cuando entramos en calor para una conversación con ellos. Por consiguiente es vital que se haga experto en el asunto si quiere ser un tímido exitoso.

La intrascendencia es sólo una fase pasajera en un diálogo, un primer paso. Si lo hace bien, puede pasar a conversaciones más íntimas casi de inmediato. Una vez que ha aprendido el arte y oficio de una charla insustancial, puede usarla en una variedad de escenarios: en el trabajo, la red, el noviazgo, en el almacén, el salón de belleza o el consultorio del médico.

Practicar lo básico de una charla intrascendente exitosa lo ayudará a mitigar su timidez. Sentirá el cuerpo más relajado si confía en cómo hablar con un extraño; su mente luchará con menos pensamientos negativos porque pensará en forma creativa en la manera de crear un terreno común con alguien. Por último, una charla insustancial ensancha su sentido del yo en tanto agranda su zona de bienestar. Créase o no, la charla superficial ayuda a desplegarse social y personalmente.

Cómo entablan una charla insustancial las personas seguras

Parece fácil, mágico, misterioso. Algunas personas parecen ser capaces de hablar con cualquiera. Philip Manning y George Ray, sociólogos de la Universidad Estatal de Cleveland, analizaron pautas interactivas en pares de estudiantes universitarios tímidos y seguros para descubrir por qué las personas seguras conversaban con tanta fluidez y las personas tímidas no. Querían saber si una y otras llevan adelante de diferente manera una charla intrascendente. Comprobaron que las primeras usan ciertas pautas de comunicación que faltan entre las segundas. Son éstas:

1. *Preparación para la charla.* Esto es breve y consiste en comentarios sobre el ambiente. Manifestaciones neutrales como: "Hay poco aire aquí, ¿verdad?" o: "Asientos incómodos, ¿eh?" establecen contacto y orientan mutuamente a los compañeros.

La preparación para la charla ha sido llamada un "tópico falso" porque está desprovista de información íntima y pronto se agota. Esto lo hace ideal para situaciones en las cuales la gente desea mostrar lo menos posible de ellas mismas, o para evitar que a uno lo tomen por un metido. Pero funciona como un escalón para la fase siguiente. Las personas seguras tienden a reducir a un mínimo la preparación de la charla. ¡No hay mucho que decir acerca del tiempo, pero por algo hay que empezar!

2. *Intercambio de nombres.* Hay una vidriera de oportunidades en el comienzo de una conversación cuando el intercambio de nombres es natural y cortés. El intercambio temprano de nombres muestra que usted está interesado en llegar a conocer a la persona con la que habla y quiere que se sienta cómoda con usted. Crea un grado de familiaridad. Puede intercambiar nombres más tarde, pero se hace cada vez más difícil a medida que pasa el tiempo. Las personas seguras con frecuencia intercambian nombres en el inicio de su charla.

3. *Secuencia pretópico.* Después de saludar a una persona nueva e intercambiar nombres, la persona segura empieza a buscar en derredor algo de qué hablar, de la misma manera en que lo hizo Gloria. Puede hacer preguntas para ver cómo se categoriza el otro, tales como: "¿Cuál es su profesión?", o: "Oh, es ingeniero. ¿En qué clase de trabajos se especializa?". En esta pesquisa por encontrar un tópico, podría intentar una línea más general de indagación, como por ejemplo: "¿De dónde conoce a nuestro anfitrión?". Si un tema no alcanza ("¿Puede creer que en el Congreso se aumentaron sus propios sueldos?"), abordará otro que pueda ser más fructífero ("Detesto estas reuniones de directorio de los lunes porque me pierdo el partido de fútbol"). Las personas seguras están dispuestas a hablar de una variedad de temas. Piense en esto como el período de calentamiento.

Hay algunas reglas básicas para encontrar un pretópico conveniente:

- Relevancia. El tópico debe entrar en la conversación en forma natural. Usted no hablaría con un extraño en el ascensor sobre el próximo presupuesto de la NASA. Un mejor tema pretópico podría referirse al estado del edificio, o a la dificultad de encontrar dónde estacionar en el centro.

- Sensibilidad. El tópico debe ser sensible al antecedente "no dicho" de los interlocutores. Debe referirse a conocimientos compartidos, sin ser ofensivo o demasiado familiar. Por ejemplo, dos mujeres embarazadas que inician una conversación en el consultorio del obstetra tendrían experiencias compartidas. Sus preguntas pretópicas podrían relacionarse con el tiempo de embarazo, si conocen el sexo de sus bebés, si es el primer embarazo, o cómo llegaron a ese médico. Podrían evitar temas polémicos como la posición social del padre del bebé, el aborto, las preocupaciones financieras, o si ése fue un embarazo planeado. Tales preguntas podrían ser consideradas demasiado personales u ofensivas.

¿Cómo hacer para darse cuenta si han traspasado los límites? Un conversador afinado estaría alerta a los signos de sorpresa o de estrés en la otra persona: ojos desviados, una larga pausa, rubor, vacilación o tartamudeo. Estos signos indicarían que han tomado desprevenida a la otra persona y la hicieron sentirse incómoda.

- Equilibrio. En sus preguntas pretópicas, las personas seguras no actúan ni como sabihondas ni como alguien desesperado por compañía. Encuentran un equilibrio.

¿Cómo pueden evaluar si son exitosas? La otra persona puede sonreír o asentir con la cabeza; podría hacer preguntas, proporcionar anécdotas o contribuir con información similar. Sus comentarios podrían superponerse con los de ella como si estuviera anticipándose lo que estaba a punto de decir. Ella también estaría comprometida en el tema.

Por supuesto, tener algo que decir ayuda. Ahí es donde cae bien la exploración social. Si eso es imposible (digamos que la conversación improvisada ocurre en la fila de la caja del supermercado), usted podría tener en cuenta el hecho de que ambos interlocutores están en la misma situación: varados en la cola. Al contar con esa identidad situacional, usted podría comentar el precio creciente de las verduras, la manera en que una cadena de supermercados compra otra, o las historias atroces de los diarios en venta al lado de la caja.

4. *Establecer turnos.* Una vez elegido el tópico, las personas seguras establecen turnos para hablar. Cuando la conversación fluye con suavidad, los que hablan hasta pueden superponerse y tomar ideas uno del otro, moviéndose hacia otros rumbos. Dan y reciben calce (contacto visual, pausas, desviar la cabeza o cambiar el tono del discurso) en cuanto a que quieren hablar o despejar el ambiente para el otro.

5. *Desterrar silencios.* Las personas seguras reconocen que el silencio es terrible para la otra persona. Y por eso asumen el papel de anfitrión en la conversación. Negocian turnos con rapidez mediante una pregunta directa y abierta ("Así que usted cultiva trigo? ¿Cómo afectaron las lluvias a su cosecha?"), o bien saltan ellas mismas con un nuevo tópico.

Esto muestra una enorme sensibilidad social. Puesto que las personas seguras no están concentradas en sí mismas como las que son tímidas, se encuentran capacitadas para dirigir su atención hacia los demás y leer su lenguaje corporal en busca de indicios de fastidio, incomodidad o torpeza (sonrisas forzadas, ceños fruncidos, ojos apartados, inquietud, control de la mirada del otro, mirar en derredor), signos todos de que la otra persona está abandonando su zona de bienestar.

6. *Abrirse.* Las personas seguras se esfuerzan por igualar el nivel de apertura del otro. Esto lleva a los interlocutores más allá de su identidad situacional —dos personas que por casualidad tienen cita con el médico a la misma hora—, hasta una relación que puede ser más íntima y gratificante. Niveles apropiados de apertura personal se convierten en un excelente modo de encontrar terreno común entre dos individuos. Si un interlocutor se ofrece para contar una anécdota

sobre un tópico ("Me recomendó al doctor Meyer mi socia, que tuvo un bebé el año pasado. Ella también me ayudó a encontrar una buena niñera"), significa que puede responder en el mismo nivel de intimidad. ("La niñera también es una gran preocupación para mí. Mi hermana tuvo muchos problemas en encontrar una buena niñera el año pasado, cuando tuvo su bebé. ¿Qué preparativos ha hecho usted?") Esto puede abrir la puerta para una conversación más profunda.

Si, por otra parte, el individuo es renuente a revelar algo sobre sí mismo, puede ser prudente abandonar la empresa, no importa lo incómodo que pueda sentirse el choque. El otro, sin duda, necesita más tiempo para entrar en calor. Usted puede esperar algunos minutos y después lanzar otro tema, pero a veces no hay hacia dónde ir. Gloria se encontró en esa situación con una de sus clientas.

"A veces me encuentro con alguien que se sienta en completo mutismo, sin decir una palabra, y eso es en verdad penoso. Ahí tiene, por ejemplo, ese engreído, ese Kenneth. Recuerdo haberle preguntado qué hacían él y su esposa los fines de semana, y me contestó: 'Bueno, eso es algo muy personal'. Después dejó de hablar. Y yo sólo quería saber '¡si iban al lago o lo que fuera!'"

Gloria supuso que ese cliente era arrogante, pero también es probable que fuera tímido.

A menudo los individuos tímidos atraviesan el proceso de apertura personal con demasiada lentitud y demasiada ansiedad. Si supone que la otra persona tiene pensamientos negativos acerca de usted, sin duda no querrá abrirse por temor de aburrirla, sin darse cuenta de que está interesado en lo que usted tiene que decir. Además, si empareja con cuidado el nivel de apertura íntima, puede anticipar que el otro no sentirá que revela demasiado y demasiado pronto. La clave es negociación y sensibilidad.

Cómo entablan una charla intrascendente las personas tímidas

Los doctores Manning y Ray comprobaron que las personas tímidas tienen un estilo de charla intrascendente notablemente distinto. En lugar de ayudar a la otra persona a sentirse cómoda en la situación, lo que les preocupa es evitar su propia turbación, desaprobación y rechazo. En consecuencia no corren riesgos en una conversación haciendo preguntas, aumentando su nivel de apertura personal o discutiendo un tema fuera de su zona de bienestar. En cambio, dado que temen desprestigiarse u ofender al otro, permanecen en lo que creen es terreno "seguro", recaen en respuestas cortas, intrascendencias prolongadas, temas favoritos, o mutismo. Y eso es lo que hace tan incómodas las charlas intrascendentes para las personas tímidas y para aquellos con los que hablan.

La charla intrascendente de los tímidos procede como sigue:

1. *Preparación para la charla.* Las personas tímidas confían en una preparación para la charla que vaya a la larga. En la investigación de Manning y Ray, los individuos identificados como tímidos que se encuentran por primera vez en un laboratorio invierten un promedio de trece turnos de preparación de la charla al comienzo de sus conversaciones (en contraste con las parejas seguras que sólo se demoraron cinco turnos) y, a diferencia de los interlocutores confiados, volvieron a preparar la charla más tarde, en nuevas conversaciones.

Podríamos entender esta prolongada preparación para la charla como un período extendido de calentamiento. Los individuos tímidos necesitan un buen rato para relajarse y hablar con fluidez.

2. *Secuencia pretópico.* Los participantes más seguros del experimento de Manning y Ray, al confiar en sus identidades situacionales, pasaron rápidamente de la preparación para la charla a las preguntas pretópicas, y comenzaron a preguntarles a sus compañeros acerca de sus intereses universitarios y planes de carrera. Poco de eso ocurrió entre los tímidos. Lo cierto es que a menudo rechazaron las preguntas pretópicas apropiadas (con respuestas monosilábicas). En consecuencia, hubo poca información compartida para desarrollar un tema y disponer el terreno para una conversación. Pronto retrocedieron a la improductiva preparación para la charla.

Lo triste es que este estilo de charla insustancial puede producir más y más largos silencios torpes, y poco es lo que usted puede hacer para remediarlo. Además, puede hacer que parezca grosero o frío, puesto que se mantiene alejado de su interlocutor. ¿Por qué ocurre esto? En parte tiene que ver con su temor a la evaluación y el rechazo. Debe creer que, cuanto menos diga, menos será juzgado en forma negativa. Por desgracia, esta estrategia suele resultar contraproducente. Pone el peso de la conversación en la otra persona, que puede cansarse pronto de tener que sondearlo y simplemente ir en busca de un individuo más accesible.

Esto sólo cumple con sus expectativas y sus peores temores: que es incapaz de sostener una charla intrascendente, que los demás son renuentes a darle una oportunidad, que usted es aburrido, que no tiene nada en común con los otros.

3. *Tópico favorito.* En su mayor parte, las personas tímidas sólo son capaces de entrar en calor cuando tienen oportunidad de hablar de su tópico favorito. De hecho, se entusiasman con ese tema, que puede ser cualquier cosa en la que se sienten expertos, desde el estilo de canto de Ella Fitzgerald, el arte japonés del origami, las batallas famosas de la Guerra Civil, hasta las aplicaciones del software de Internet, su trabajo y las últimas decisiones del consejo de educación.

Por desgracia, elaborar un tópico favorito no constituye una conversación. Usted sólo habla "a" alguien, no "con" alguien. Lo cual puede constituir una fuente de seguridad para usted porque sabe más sobre el tema que su interlocutor. De hecho, puede sentirse exitoso cuando hace eso porque, después de todo, está hablando con un extraño.

Pero al atenerse a un tópico favorito corre el riesgo de aburrir a la otra persona. Usted domina la conversación, concede pocas oportunidades para dar y recibir, e ignora los deseos de su interlocutor y sus sugerencias no verbales. Además, cuando está ocupado con ese tópico, puede atascarse en su zona de bienestar, puesto que no aprende nada nuevo.

Es sensato atenerse al tópico favorito sólo si la otra persona hace preguntas sobre él. Mida siempre el interés de su interlocutor mediante la búsqueda de los signos de incomodidad y aburrimiento mencionados arriba. Si no lo hace, esté seguro de que él buscará un camino fácil para salirse de la conversación.

4. *Volver a la preparación para la charla.* Cuando la secuencia pretópico y el tema favorito fracasan en lograr un verdadera encuentro espiritual, las personas tímidas regresan a menudo a la seguridad y anonimato de la charla preparatoria. La frustración y la incomodidad aumentan y pronto hay que dar por terminada la conversación.

Errores en el estilo de charla intrascendente de los tímidos

Por mucho que usted anhele entablar conversación con otros, su estilo tímido de charla intrascendente puede poner en peligro su capacidad de comprometerse en un discurso vívido y fluido. He identificado una serie de errores en la manera de encarar la charla insustancial de los tímidos que puede constituir la fuente de desconexión y estorbar su capacidad para hacer nuevos amigos.

- Las personas tímidas no se presentan pronto en la conversación y tampoco pueden hacerlo más tarde cuando es más difícil. Ello sólo demora o destruye un clima de intimidad.

- Puesto que no se abren al interlocutor, los tímidos no desarrollan identidades más allá de lo situacional, si es que lo hacen. Dado que no buscan un terreno común con la otra persona, nunca intiman y, como consecuencia, nunca dan a su interlocutor motivos precisos para volver a hablar con ellos. Por lo tanto, siempre parece que están hablando con un extraño. En semejantes circunstancias no hay amistad que pueda prosperar.

- Las personas tímidas no saben cómo desarrollar temas de interés común. Rechazan los pretópicos que se les proponen respondiendo de la manera más sucinta posible. Esto parece grosero y así la conversación nunca va más allá de la fase preparatoria y de las preguntas pretópicos desviadas. Hace falta un interlocutor muy perseverante y motivado para atravesar esa barrera.

- Las personas tímidas sólo hacen preguntas sin salida o comentarios retóricos sobre el medio ambiente inmediato. Esto hace que parezcan desinteresarse de su interlocutor.

- Las personas tímidas no ocupan las brechas lógicas de una conversación ni toman su turno cuando se produce un silencio. Dejan que éste se prolongue, lo que obliga a su interlocutor a proponer un nuevo tema que también puede encontrar rechazo. De acuerdo con los doctores Manning y Ray, hay un "modelo organizado de silencios" en las conversaciones de los tímidos: pregunta, respuesta breve, silencio, nueva pregunta, respuesta breve, silencio, y así sucesivamente. La otra persona termina por aburrirse si el tímido no contribuye al diálogo.

¿Por qué podría usted cometer estos errores? Como expliqué más arriba, puede preocuparle que lo evalúen de modo negativo. O puede creer que el silencio es más seguro que arriesgar un tema en el que se tiene por incompetente. Por desgracia, ese silencio puede causar una mala impresión, ya que lo hace parecer frío, distante, desinteresado y poco interesante.

Hay muchas otras razones posibles para este estilo de conversación improductivo. Usted puede creer que le hace un favor a su interlocutor al dejarlo hablar para una audiencia cautiva. Puede creer que sus ideas son poco interesantes o de poca o ninguna importancia. ("De todos modos nadie quiere escuchar lo que tengo que decir. Entonces, ¿para qué exponerme?") Puede faltarle confianza en lo previsible de la vida cotidiana. Puede percibir como riesgosas las conversaciones con extraños. Puede no confiar en que otros sean amables o comprensivos con usted, o puede sentir que los otros son más poderosos y van a herirlo. Puede temer desprestigiarse. Adscribe a la creencia de que "cuanto menos sepan de mí menos podrán criticarme". Puede incomodarle hacer preguntas. Eso es un "acercamiento" y por lo tanto lo siente demasiado asertivo para usted. Teme ser percibido como "curioso" o "entrometido". Puede atenerse a la ociosidad social hasta en conversaciones de a dos. Usted deja que su interlocutor haga todo el trabajo en una conversación mientras se esfuerza por salir de su caparazón y sugerir una serie de tópicos sobre los que podría estar dispuesto a hablar.

Cómo corregir su estilo tímido de charla intrascendente

Comprender la dinámica de la intrascendencia exitosa y las trampas con que puede tropezar lo ayudará a ser más exitoso en ella. Las siguientes son algunas sugerencias adicionales para ayudarlo a hacerse amigo de nuevas personas que conozca.

Preséntese al comienzo. Es más fácil intercambiar nombres a poco de iniciada la conversación. Si le resulta difícil recordar el nombre de su nuevo conocido, asegúrese de repetirlo por lo menos tres veces en su conversación y coméntelo para fijarlo en su mente. ("Alejandra. Qué nombre tan bonito. ¿Es de origen español?")

Recuerde que el rechazo de un tópico no es algo personal. Si hace una pregunta y la otra persona pasa a otra cosa, no es que lo rechace a usted sino sólo a su tópico. Tal vez sea un tema que lo pone incómodo o lo hace sentir inseguro. Déjelo pasar.

Busque compartir temas de interés. Sea creativo. Para temas en potencia siga las historias importantes del día en los periódicos, o mire el noticioso de la mañana mientras se viste.

Sea "anfitrión" en vez de "invitado". Haga preguntas y concéntrese en el nivel de bienestar de la otra persona mientras conversa.

Elabore sus respuestas. Un simple "sí" o "no" deja poco lugar para desarrollar un tópico. Revele algo de usted mismo. Por ejemplo, cuando se presente, cuente una historia o anécdota que se relacione con lo que hace para vivir. "Trabajo en una casa de software que produce..." Trate de relacionar su carrera con algo de la vida personal del otro. "¿Qué clase de software usa en su computadora?"

Cuando tenga alguna duda, pregunte. Es una manera fácil de llenar silencios. Su pregunta puede ser de clarificación o replanteo, como por ejemplo: "Déjeme ver si estoy en lo correcto. ¿Usted quiere decir...?". Esto permite que su interlocutor sepa que usted participa, presta atención y busca un terreno común. También le da a él la oportunidad de elaborar y explicar más. Pero asegúrese de que la pregunta es apropiada. Busque más arriba los signos de incomodidad.

Evite sus tópicos favoritos. Aunque usted pueda creer que un tópico favorito es su red de seguridad, puede hacerle más mal que bien. Manténgase apartado de ellos a menos que también sean tópicos favoritos de su conocido. Note si él le hace preguntas, si inserta alguna historia personal y retransmite información adicional. Si no es así, retroceda con un: "Mire cómo monopolizo toda la conversación. Así que cuénteme sobre sus hobbies favoritos".

Amplíe sus opciones temáticas. Dése permiso para hablar de temas en los que es un novato. Es perfectamente aceptable confesar que no sabe mucho sobre pesca en aguas profundas o pintura medieval. Su interlocutor apreciará su sinceridad y es posible que le enseñe una o dos cosas. Además, también lo hará sentirse bien consigo mismo el hecho de compartir sus conocimientos con usted. Asegúrese de decir

"Caramba, eso no lo sabía"; o: "En realidad nunca lo había pensado así", a fin de ayudar a la otra persona a que se arriesgue.

Preste atención a los silencios. Intervenga rápidamente con una pregunta o comentario en una pausa de la conversación. O bien, si está en el uso de la palabra, haga pausas periódicas para dar a la otra persona una oportunidad de que responda. Si la otra persona no lo hace, tal vez esté poco interesada en el tema, no sabe qué decir o desea hablar de alguna otra cosa. Busque pistas de que ella quiera seguir o abandonar.

Practique el arte de la conversación. Trate de entablar charlas intrascendentes cuando hay poco riesgo en juego. Inicie una conversación mientras espera en la fila para entrar en el cine (podría hablar de otras películas que ha visto con la misma estrella o director). No hace falta que vea a la persona otra vez, pero la práctica lo ayudará a sentirse más cómodo cuando se encuentre en situaciones que considera más importantes. Después puede pasar a personas a las que ve todo los días en la parada del ómnibus o en la cafetería. Las charlas superficiales se hacen más fáciles y más naturales cuanto más se las practica.

Aprecie el esfuerzo que implica entablar una conversación. Si su interlocutor se esfuerza mucho, prémielo con su total atención y respuestas completas (lo cual es imposible si usted sigue concentrado en su propia persona y en cómo lo está pasando).

Arriba ese ánimo. Pocas personas criticarán su desempeño y su personalidad en las etapas iniciales de una conversación. Corra el riesgo de hablar en lugar de refugiarse en el silencio.

UNIRSE A UNA CONVERSACIÓN EN MARCHA

Algunas personas tímidas tienen poca dificultad en iniciar una charla insustancial cuando son presentadas a una persona, pero se frustran cuando se trata de incorporarse a una conversación ya en marcha. Cuando ingresan en una reunión en la cual la gente ya está embarcada en una discusión, no saben cómo intervenir sin parecer groseras o mal educadas.

En el Capítulo 10 expliqué de qué manera los niños exitosos se integran en un grupo de compañeros de juego. Primero rondan en las orillas del juego, observan la actuación e imitan las actividades de sus pares. Pronto formulan una manera de ser útiles. Proporcionan asistencia a otros niños, ofrecen sugerencias cuando el juego declina, hacen cumplidos o elogios, comparten, y en general se concentran en los otros. Estos actos pro sociales demuestran que beneficiarán al grupo y pueden ser confiables, y pronto se convierten en un participante valioso en la actividad. Los adultos pueden aprender mucho de estas interacciones. En la edad adulta, la dinámica de unirse a un grupo en marcha es en gran parte la misma, aunque las situaciones y capacidades verbales cambian con la madurez.

Mientras que los adultos también son capaces de cimentar confianza con actos pro sociales, son más aptos para hacerlo si comparten detalles personales sobre su vida. Las mujeres tienden a hablar de ellas mismas para mostrar que tienen la misma experiencia que otras, mientras que los hombres tienden a subir y bajar a otros en un grupo, en un intento por nivelar la percepción de poder y status.

Este modelo de desarrollo de intimidad puede confundir a una persona tímida, que o espera intimidad instantánea (y revela demasiado), o bien reprime su propia exposición por temor. Al entrar en calor podría ser útil retroceder a actos pro sociales y ofrecer de modo voluntario una atención. Si se encuentra en una fiesta, ofrezca traer una fuente de comida. Si está en una reunión de negocios, podría decir: "¿Puedo traer café para alguien?". Esto ayuda a romper el hielo, incluso si su ofrecimiento es rehusado.

Esperar y rondar cumple un doble propósito. Permite que entre en calor con el grupo y compruebe su nivel de intimidad, pero también hace que los otros se familiaricen con usted. Por cierto, hay una relación recíproca entre usted y el grupo. Si usted se mete de inmediato, puede desorganizar la conversación y los otros pueden verlo como que quiere dominar.

Respete y responda al flujo de la comunicación en curso. Asegúrese de que los otros digan lo suyo. Mientras escucha, sonría y asienta cuando esté de acuerdo. Un momento de silencio en la conversación proporciona una oportunidad natural para intervenir. Haga una pregunta de esclarecimiento en vez de expresar una opinión que podría ser vista como demasiado agresiva. Deje que los otros lo introduzcan en la conversación. Usted quiere ser aceptado, pero lleva tiempo involucrarse.

Ahora imagine que se encuentra con cuatro colaboradores que sostienen una discusión animada. Usted supone que es relativa al trabajo, pero tan pronto como alcanza a oír sus palabras, se da cuenta de que debaten los méritos del último partido de básquet, un tema en el que usted tiene poco interés o conocimiento. No tiene nada de malo excusarse y pasar a otro grupo. Esto no es una señal de fracaso, y con seguridad le será más cómodo que quedarse mudo mientras ellos siguen hablando de los distintos jugadores. Tal vez más tarde pueda conectarse con quienes desea relacionarse en otro contexto.

Para unirse a un grupo en curso:

- Quédese en la orilla y escuche durante un rato.

- Ofrezca una atención.

- Intervenga en las brechas lógicas durante los silencios o pausas.

- Haga preguntas al principio.

- Deje que los otros lo introduzcan en la conversación.

- Proporcione información relevante.

- Apártese si tiene poco que ofrecer.

PENSAR CON LA CABEZA

De acuerdo con el experto E. Paul Torrance, la creatividad consiste en cuatro elementos principales:

1. Fluidez: la capacidad de pensar en un gran número de ideas o posibles soluciones.

2. Flexibilidad: la capacidad de pensar en diferentes acercamientos o estrategias.

3. Originalidad: la capacidad de pensar en posibilidades desusadas para escapar de las frases trilladas.

4. Elaboración: la capacidad de elaborar los detalles de una idea e implementarla.

La creatividad inhibida subyace en muchas conversaciones tímidas insatisfactorias de las personas tímidas. Y la investigación ha revelado que éstas parecen perder su creatividad verbal cuando creen que son evaluadas, por lo general durante las ocasiones sociales. Se concentran en juzgarse a ellas mismas en lugar de atender a la tarea que tienen entre manos. De hecho, hasta cuando la gente no las evalúa, ellas piensan que lo hacen. (Esto explica por qué usted puede conjurar respuestas agudas una vez que se ha ido de la reunión, ¡pero no mientras lucha por entablar una conversación allí!) Usted se siente incapaz de pensar en algo que decir o en cómo abordar un tema desde un nuevo ángulo; puede estar maldispuesto a intentar nuevos temas de los que conoce poco; puede no discurrir sobre temas sobresalientes al dejar de hacer preguntas penetrantes, abiertas, persistentes.

Todo esto es para decir que, cuando uno está cohibido puede perder la capacidad de pensar con la cabeza. Es difícil concebir un seguimiento lógico en una conversación si está ocupado en luchar con la ansiedad y concentrado en exceso en su estado interno —la paradoja narcisista— en vez de en lo que dice su interlocutor. Recuerde que su cerebro puede manejar un solo asunto a la vez. Es mejor concentrarse en el momento, no en la ansiedad. Una vez que lo haga, podrá prestar atención a lo que se está hablando.

Piénselo así. Un reportero que tiene una lista de preguntas de las cuales no quiere desviarse, puede perderse la mitad de lo que su entrevistado tiene para decir. Puede no hacer preguntas abiertas porque, al estar tan ocupado en tomar notas y preocupado con su pregunta siguiente, no presta atención a las respuestas tácitas y verbales de su entrevistado. Necesita haber hecho algún trabajo previo sobre el tema, a fin de ser capaz de hacer preguntas lógicas que producirán la clase de información que él busca, pero también necesita concentrarse en el momento presente. Así como tomar notas y las preguntas preconcebidas distraen al reportero, a usted pueden distraerlo la ansiedad y el estar pendiente de usted mismo.

Otra manera de acrecentar la creatividad durante la conversación es comprometerse en pensamientos divergentes. Esto significa generar muchas ideas nuevas o juntar dos o tres que puedan tener conexiones remotas. Por ejemplo, puede alabar un broche de perlas que lleva su interlocutora, luego recordar un documental sobre la pesca de perlas y por último relacionar todo eso con unas vacaciones en las Bahamas. Al establecer turnos en la conversación, puede preguntar a su compañero si alguna vez visitó los Trópicos o si ha practicado buceo. O podría preguntarle qué otros deportes le gustan, y así sucesivamente.

La creatividad no está relacionada con la inteligencia. Las ideas siguientes pueden ayudarlo a ser más creativo.

Agrande su base de conocimientos. Mediante el reconocimiento social, obtenga más información sobre las personas que tiene más probabilidad de conocer en una reunión. Eso lo ayudará a formular preguntas relevantes durante las conversaciones con ellas, y a ampliar el campo potencial de temas sobre los que puede discutir. Leer el diario o revistas semanales puede ayudarlo al respecto.

Revise su red de amigos y conocidos actuales. Usted puede haber caído en la trampa de categorizar a las personas. En su Diario de la vida de un tímido haga una lista de las muchas personas de su vida e imagine relaciones alternativas que podría tener con ellas. ¿Puede ir a tomar un café con su peinador? ¿Asistir a un partido con un colega? ¿Mirar una exposición canina con su entrenador personal? A través de la charla intrascendente, trate de descubrir intereses comunes. Su entrenador personal puede tener una fotografía de un perdiguero dorado en la pared. "Hay un criador que presenta una exposición la semana próxima. ¿Le gustaría ir conmigo?" Si él no responde, puede que tenga la política de no entablar amistad con los clientes. No generalice por un solo caso. Vuelva a intentarlo con algún otro.

Asóciese a personas creativas. Observe cómo trabajan sus mentes. Lea libros y entrevistas sobre ellas. Averigüe el máximo posible sobre ellas y trate de hacer lo mismo. El proceso creativo incluye el conflicto acercamiento/evitación. Comprobará que las personas creativas corren riesgos con moderación. Es típico que tengan problemas para arrancar y con frecuencia cuentan con un mentor.

Las personas creativas exitosas no se sienten amenazadas por su éxito. Les hace más que felices compartir. Busque a aquellos que están contentos con lo que hacen; ése es un buen signo.

Experimente con la novedad. Salga del molde. Visite un supermercado diferente; pruebe la última moda, peinado o estilo de maquillaje; cuelgue distintos cuadros en su oficina o ponga en nuevas ubicaciones los actuales; almuerce en un restaurante que acaba de abrir;

lleve flores a su casa; tome una ruta poco conocida a casa desde el trabajo, y así sucesivamente.

Libre asociación. Hasta que no se sienta más confiado entre la gente, puede hacer esto en su Diario de la vida de un tímido: escoja un tópico y vea adónde lo lleva. Visualice posibles escenarios. No censure sus ideas: cuanto más locas, mejor. Junte nociones que por lo general no irían juntas. Por ejemplo, yuxtaponga el rol de un anfitrión en una fiesta con el rol de un mediador en una reunión de negocios. Esto constituye un uso constructivo de la fantasía.

Practique el pensamiento divergente. En su Diario de la vida de un tímido anote todos lo usos que pueda imaginar para un ladrillo. Empiece con el obvio —construir una casa, pavimentar un patio, sostener estantes de libros— y avance hacia empleos más creativos tales como una plataforma para macetas, un tope para la puerta, apoyapiés, intrumento de escritura, y así sucesivamente. Escoja objetos nuevos e insólitos y repita el ejercicio. No evalúe sus ideas durante el proceso. Eso reduce la creatividad. Recapacite quince minutos y luego vuelva a encadenar ideas y evaluar.

Analice pautas de conversación. Recuerde las amenazas de pasadas conversaciones exitosas y reflexione acerca de cómo viraron de un punto al siguiente.

Aliente la creatividad en otros. Brinde apoyo a los demás en su intento por ser creativos. Expóngales sus estrategias para la creatividad. Comprométalos en pensamientos tipo "tomenta de ideas" o divergentes. Que la gente sepa que puede extraer ideas de usted. Muestre a través de sus actos que apoya la creatividad. Relacione lo que hacen los demás con otras cosas que ocurren en su vida o en la vida de quienes lo rodean.

No se atenga a lo obvio. Vaya más hondo; haga preguntas.

La creatividad puede ocurrir en cualquier momento y en cualquier lugar. Una vez que desarrolle un estilo de conversación más creativo, siempre podrá retomar el hilo de una vieja conversación y generar nuevas preguntas o tópicos relacionados a fin de llenar cualquier silencio. En la base del estilo de conversación creativo hay un estilo de pensamiento creativo. Usted puede practicar todo el tiempo modos de pensar divergentes, ya sea a través del uso creativo de la fantasía o simplemente al estar con otras personas, escuchar sus conversaciones e imaginar cómo respondería.

UNA ÚLTIMA PALABRA SOBRE LA TIMIDEZ EN LA EDAD ADULTA

La timidez puede ser un problema en todas las etapas de su vida. Por cierto, las investigaciones han revelado que los adultos que fueron tímidos pueden tener más dificultades a medida que envejecen. Tienden a volverse más solitarios; sus redes sociales y de asistencia son más reducidas y más imprevisibles; tienen más dificultad en reemplazar amigos perdidos por jubilación, enfermedad o muerte; y tienen más probabilidad de ser institucionalizados.

En muchos casos, los adultos crecen en timidez y pierden sus viejas zonas de bienestar a continuación de un divorcio o de la muerte de un cónyuge. La respuesta tímida cambia a medida que evolucionan las expectativas y las circunstancias vitales. En la Parte IV de este libro examinaremos que la timidez se manifiesta en cuatro aspectos de la vida adulta: en las relaciones íntimas, en el trabajo, en nuestra cultura, y como parte de la Era de la Información.

La timidez
en el mundo

Las muchas tareas de la edad adulta incluyen desarrollar un sentido de comunidad, descubrir el lugar de uno en la sociedad, encontrar y conservar amor, crear una familia y comprometerse en un trabajo significativo. Es triste, pero muchas de esas misiones son difíciles de realizar si la timidez hace que uno se sienta un ciudadano de segunda clase.

Los investigadores han mostrado que las personas tímidas saben cómo hacer para que su vida sea más agradable, pero dudan de su capacidad para llevarlo a cabo. Por ejemplo, usted admite que tiene que correr un riesgo para iniciar una relación, pero sin embargo se preocupa en exceso por no exponerse, por temor a convertirse en el foco de la atención, o del rechazo. Desea hacer contacto visual cuando habla con alguien, pero se siente demasiado cauteloso y cree que no estará a la altura del desafío. Se refrenará de hacer preguntas porque teme ser entrometido, aun cuando sabe que sólo significa una muestra de interés de su parte. Puede que tenga expectativas irrazonables: desea intimidad inmediata y, paradójicamente, espera que otros lo sondeen.

Los hombres de ciencia han comprobado que algunas personas tímidas son en extremo ansiosas y pobres en habilidades emocionales. Dejan que sus sentimientos corran a ciegas porque no se abren a otros en busca de marcos de realidad o de consejo. Hasta se niegan el consuelo que viene de saber que otros han pasado por la misma experiencia. Se sienten solos en situaciones nuevas o desafiantes.

Si usted no cuenta con amigos, la ansiedad y la duda lo emponzoñan y disminuyen su capacidad para manejar problemas de una manera constructiva. Cuando está ansioso, se encuentra con que es incapaz de dividir un problema en componentes manejables. Abrumado por sus problemas, cae pronto en un círculo vicioso. Constantemente está haciendo una evaluación negativa de usted mismo, pero nunca se da una oportunidad de tener éxito.

En momentos de desafío puede comprometerse en pensamientos y evitación social catastróficos, negativos, y entonces no puede reconocer las oportunidades de crecimiento. En lugar de resolver sus problemas con creatividad, se vuelve pasivo y sólo atina a detenerse en ellos. Llega a creer que otras personas no pueden relacionarse con usted porque, a diferencia de usted, ellas parecen tan seguras y capaces de manejar sus dificultades.

El resultado es una caída de la autoestima. A sus ojos, las personas tímidas siempre fracasan. Saben qué es lo correcto, no prueban, no tienen éxito y se sienten desdichadas porque no pueden concretar lo que saben que se espera de ellas.

Es fácil ver cómo la timidez, la infelicidad y la soledad están estrechamente entrelazadas. El apoyo social es imprescindible para ser feliz. Afecta la manera en que usted piensa sobre el mundo y su lugar en él. Le brinda esperanzas y fe en su capacidad para cambiar sus circunstancias. Acrecienta su habilidad para resolver sus problemas y sus motivaciones.

Woody Allen tiene fama de haber dicho: "El noventa y cinco por ciento de la vida es mostrarse". En la Parte IV le ayudaré a aprender cómo "mostrarse" en su propia vida cual exitoso amante, trabajador y ciudadano del mundo, todo ello pese a su timidez.

13

El amante
tímido exitoso

"No voy a reuniones sociales como bodas y fiestas —me escribió una estudiante universitaria—. En realidad, nunca tuve novio porque me aparto de los hombres cuando intentan hablar conmigo. Esto es realmente molesto, porque todas mis amigas están de novia menos yo. ¡Ridículo!"

"Por lo general no le dirijo la palabra a una mujer a menos que ella me hable primero —admitió un desempleado neoyorquino de treinta y dos años—. Se me hace difícil iniciar una conversación."

Un profesor que promediaba los cuarenta escribió: "En mi mente veo a los demás en una fiesta como un grupo unido donde todos la pasan bien por igual, en lugar de imaginarlos como un conjunto de individuos con sus propios fracasos y exclusiones".

Todas estas personas han tenido dificultades para conectarse socialmente. Y aunque parezca paradójico, menos del siete por ciento de las más de ciento cincuenta cartas que analicé para un estudio reciente manifestaba que la timidez interfería en sus relaciones íntimas. Por desgracia, el problema no reside en llevarse bien una vez cimentada la conexión, sino ante todo en acercarse a alguien.

Usted puede esforzarse por conocer nuevas personas, reúne coraje para pedir una cita a alguien, y trata de comportarse de modo natural y abierto durante sus primeras salidas con un nuevo compañero. Dado que tiene problemas en abordar a la gente y embarcarse en una charla frívola con nuevos conocidos, eso es fácil de entender. Pero hacer conexiones románticas no es tan complicado como usted pueda suponer. Compartiré con usted las relativamente pocas reglas que necesitará recordar para actuar con éxito. Algunas personas parecen hacerlo en forma intuitiva, pero otras sacan provecho de la práctica, la paciencia y la perseverancia.

Pero ante todo tratemos de entender las muchas fuentes de las dificultades que padecen los amantes tímidos.

LA FALACIA DE LA QUÍMICA INSTANTÁNEA

Muchos problemas relativos al primer encuentro con una mujer derivan de expectativas irrealistas. Por cierto, las personas tímidas suelen poner demasiado énfasis en la química instantánea, pero es comprensible. Si usted tiene aversión a invitar a una joven a salir, a causa de su timidez, supone que pondrá fin al malestar de esas citas frustrantes si encuentra su verdadero amor. Entretanto, cada cita se convierte en la "supercita"; quiere que cada nuevo compañero sea "él" o "ella".

Pero la química instantánea es una falacia y la intimidad súbita no existe. Las buenas relaciones no existen sólo en el plano físico sino también en un nivel mental, intelectual, físico, espiritual, psicológico y emocional. A despecho de lo que vemos en las películas, las amistades y vinculaciones románticas no se sueldan de repente. Lleva tiempo que dos personas entren en confianza y lleguen a conocerse. Es un proceso de perseverancia, paciencia y avance hacia la intimidad.

Por desgracia, la creencia en la química instantánea puede poner más presión sobre usted y dejarlo más ansioso aún y menos natural en una cita. Los riesgos son terriblemente altos. Y al final se sentirá más decepcionado cuando la situación o la persona resulte imperfecta.

Sid, de cincuenta y nueve años, un oftalmólogo de mucho renombre, tiene problemas en ese sentido. Divorciado hace poco, después de treinta años de matrimonio, de repente se encontró noviando de nuevo y no le gustó.

"En lo profesional, la timidez no me afecta en absoluto —explicó—. Puedo plantarme frente a un grupo y hablar y no me molesta. Supongo que siento que controlo la situación. Sé más que ellos. Puedo conocer gente nueva profesionalmente y me siento cómodo. Tal vez soy tímido sólo con las mujeres. Noviar no es tan bueno como esperaba. Siento que no tengo nada que decir, que la gente no querrá escucharme. Encuentro difícil conocer mujeres. Si conozco a alguien en una fiesta, puedo hacer buenas migas bastante bien. Pero si no conozco a nadie allí, en el acto busco la puerta."

Sid ha caído víctima del conflicto acercamiento/evitación y las falsas expectativas. Si no puede hacer una conexión instantánea con alguien, echa a correr. Al huir no arriesga nada. Pero el resultado es que ha sido incapaz de pasar el tiempo que se requiere para encontrar y llegar a conocer a alguien nuevo.

DÓNDE RESIDEN LOS PROBLEMAS

Ser sociable no es un torneo de popularidad que sirve para levantarle el ego. Significa hacer conexiones y ayudar a que otros se vean y se sientan apreciados. Sus expectativas irrealistas pueden obstruirle el camino. Pero hay muchos otros temas que pueden impedirle hacer una vinculación romántica con alguien de sus sueños.

El conflicto acercamiento/evitación. Usted se siente atraído por alguien, pero su timidez y el miedo al rechazo es tan grande que no hace conocer sus intenciones y no se acerca. La tensión está entre el miedo a sentirse mal con uno mismo y la necesidad de una relación plena. En el caso de Sid venció el temor.

Falta de confianza en uno mismo. Usted tiene poca fe en su propio atractivo social. Es probable que la timidez le cause preocupación respecto de la atracción física. El psicólogo Robert L. Montgomery y sus colegas de la Universidad de Missouri han comprobado que las personas tímidas no cejan en su empeño de considerarse menos atractivos físicamente que quienes no son socialmente ansiosos; y ellos, con independencia de su apariencia real.

También puede olvidar su propia valía social. Recuerde que usted puede brindar mucho más de lo que es evidente a la primera impresión: ingenio, capacidad para escuchar, magnífico arte culinario, pasión, fidelidad.

Comparaciones. Hay dos tipos de comparaciones que estorban en el noviazgo. Usted se compara con otros. Los demás parecen mucho más sofisticados que usted y más aptos para conectarse. Un panadero de diecinueve años me escribió: "Me pongo muy celoso porque me pregunto por qué no puedo ser como otras personas. Siento que soy un inservible para la vida social porque no siempre sé hablar de cosas 'divertidas'".

Ninguna conexión es posible si usted siempre se pone del lado de los perdedores en una comparación injusta, y cree que todos sus amigos son mejores que usted con el sexo opuesto.

También puede compararse con la persona a la que desea acercarse. Puede creer que él o ella son demasiado atractivos, refinados, serenos o inteligentes para interesarse como en personas como usted.

Problema con los cumplidos. Usted nunca ha aprendido cómo responder a ellos. Cuando alguien flirtea con usted, no se da cuenta o lo descarta como un halago vacío. Es mejor aceptar el cumplido por bueno y responder con otro. Por ejemplo, si alguien hace un comentario sobre lo bonito que es su nuevo portafolios, podría contestar: "Gracias por darse cuenta. La mayoría de las personas no prestan atención a detalles tan nimios". Eso mantiene en marcha la conexión. A partir de eso usted podría hacer preguntas y después pasar a frivolidades.

Derrotismo. Hay miles de suposiciones que pueden estorbar un romance en curso. Usted no puede creer que la persona por la que se siente atraído también pueda gustar de usted. Cuando conoce a alguien nuevo, recuerda y se detiene sólo en las experiencias negativas del pasado. Si invita a salir a una mujer y ella se excusa, es el fin del mundo. Usted es demasiado feo, gordo, flaco, estúpido, simplote, viejo, poco interesante, para que alguien lo encuentre atractivo. Una vez que la gente lo conozca, no gustarán de usted. Pensarán que es aburrido.

Escasa capacidad para la charla intrascendente. Usted quiere intimar con alguien, pero está maldispuesto a atravesar las etapas iniciales de la conversación que al final lo conducirán a la intimidad. Se niega el muy importante tiempo de calentamiento. Parte del proceso de la intimidad es descubrir información sobre el otro. Lo que descubra durante la charla insustancial le dirá si quiere seguir adelante con la relación. Por ejemplo, si durante su charla descubre que la otra persona tiene creencias religiosas o filosóficas que usted no puede soportar, podría decidir que es mejor dirigirse a otra persona. Las averiguaciones llevan tiempo.

Excesiva preocupación por uno mismo. Esto inhibe su capacidad de actuar con naturalidad y mostrar a su pretendiente su verdadero yo. Un estudiante universitario de Virginia me escribió: "Me siento terriblemente incómodo en una fiesta cuando alguien trata de evaluarme en cinco minutos o menos, para ver si soy digno de ser agregado a su repertorio de amigos".

El tímido supone que todos las miradas están sobre él y que son críticas.

Si usted está en exceso preocupado por su persona, puede creer que todo el mundo notará que trata de hacer un movimiento o ganar intimidad con alguien. Está pendiente de usted mismo porque siente que su conducta se halla en exhibición pública. Cruzar un salón para invitar a alguien a bailar es un movimiento público que requiere mucho valor. Si la persona rechaza su ofrecimiento, pensará que la gente lo juzga con más dureza de lo que en realidad es. Lo más probable, en caso de juzgarlo en absoluto, será que piense: "Al menos esa persona lo intentó", en lugar de: "¡Qué fracasado!".

Problemas para abrirse al otro. ¡O da demasiado poco o dice demasiado! Si no comparte sus sentimientos podrá parecer cerrado, esquivo y distante. Si habla de su mundo íntimo demasiado pronto, su noviazgo podrá prosperar (véase Capítulo 12 para las señales de incomodidad mientras se abre a su interlocutor).

Pequeñas redes sociales. Es difícil conocer parejas potenciales a través de amigos si tiene relativamente pocos. Dejará de sacar ventaja de los contactos sociales que sí tiene, no pensará en invitar a un compañero de trabajo a tomar un café después de hora. Su pobre autoestima o sus conceptos rígidos pueden impedirle hacer proposiciones a las muchas otras personas de su vida.

El poder de la primera impresión. En su necesidad de sentirse bienvenido en una reunión, puede dar demasiada importancia a las primeras impresiones. Confiará demasiado en lo que es discernible de inmediato a través de la comparación: atractivo, símbolos de status (joyas y ropa costosa), y tener un interlocutor conversador. Esta preocupación puede impedirle pensar en el hecho de que está con otra persona. Puede creer que si ha fracasado, no se repondrá jamás.

Pero esto es sólo una primera impresión y nada más. En lugar de esforzarse por causar una buena primera impresión, póngase cómodo durante el período de calentamiento de manera que pueda comportarse de manera natural.

Falta de experiencia en salidas. Usted se vuelve tímido en una experiencia de noviazgo porque está fuera de su zona de bienestar.

Quizá no haya salido con muchas chicas en el colegio secundario, o acaba de enviudar o de divorciarse, o se está recuperando de una larga relación. Tal vez se casó con su novia del secundario —la única persona con la que ha estado de novio/a—, y ahora, veinticinco años después, no tiene idea de qué hacer. Divorciado hacía poco, Sid explicó: "Hay mucha confusión en eso de estar "de novio". Soy nuevo en el asunto. Todavía trato de resolver qué grupo de edad debería buscar para salir. Hay muchas cosas que pensar al respecto. Tengo muchas inhibiciones. Ahora las cosas son muy distintas de como eran cuando me casé con mi ex esposa".

Ninguno de estos problemas es insuperable. Además, todo el mundo tiene dificultades para encontrar pareja simplemente porque es difícil. Requiere estabilidad, confianza y encanto, rasgos que pueden escasear cuando uno se siente tímido. Tal vez tenga que tomarlo con un poco más de calma y percibir los "riesgos" como menos riesgosos. A lo largo de este libro y sobre todo en este capítulo, encontrará muchas sugerencias para ayudarlo a ensanchar su zona de bienestar con el noviazgo y convertirse en un amante tímido exitoso.

MUJERES TÍMIDAS Y HOMBRES TÍMIDOS

Al igual que en la adolescencia, la timidez afecta a los sexos en formas singulares. Estas diferencias están vinculadas con nuestros tradicionales roles sexuales, y se vuelven especialmente notorias en situaciones de noviazgo.

Las mujeres tímidas

Por tradición era aceptable —hasta esperable— que la conducta de las mujeres fuese pasiva, recatada y silenciosa. También contábamos con que fueran el sexo más emotivo. Aunque hoy es aceptable y hasta muy deseable que las mujeres sean positivas, independientes y activas, cuando se comprometen en el juego del noviazgo todavía pueden recurrir a las expectativas tradicionales de conducta.

Las mujeres tímidas encajan con más facilidad en el rol tradicional del sexo. En situaciones románticas, una mujer tímida es percibida como recatada, difícil de conseguir y segura. Si tiene atractivo físico, para ella es más fácil aún permanecer pasiva durante los encuentros sociales. Se limita a esperar que los hombres se le acerquen. De hecho, las mujeres atractivas tienen tendencia a comportarse con más timidez que aquellas que no lo son. Estas últimas se acercan con más frecuencia a los hombres y en general son más comunicativas.

Durante el ciclo de la charla intrascendente es probable que una mujer tímida dispare un tema potencial tras otro. Un hombre que desee establecer una conexión con ella debe formular nuevos temas potenciales de manera continua. Éste es el período extendido de calentamiento de la mujer tímida, durante el cual se acostumbra a hablar con un hombre desconocido. Las mujeres atractivas pueden hacer esto, en particular, porque están habituadas a que los hombres se les acerquen y no quieren ser molestadas.

En general los hombres aceptan esa conducta sin alterarse. Si consideran atractiva a la mujer, se sienten cómodos con su recato. De hecho, si creen que ella juega a ser difícil, pueden perseguirla con más ahínco. Pero un hombre que no es perseverante puede sentirse desalentado por la conducta de una mujer tímida. Con toda probabilidad no sobrevivirá al largo período de calentamiento y se retirará.

Es interesante destacar que este ritual del cortejo puede ocasionar problemas para las mujeres tímidas porque limita a sus compañeros en potencia. Pueden toparse con hombres muy perseverantes que resultarán luego parejas cuestionables. Estos hombres suelen ser dominantes, o creen que pueden controlar a las mujeres. Además, los hombres pueden mostrarse sorprendidos cuando termina el período de calentamiento y descubren que esa mujer tímida, que se autoanula, con la que salen es más obstinada e independiente de lo que ellos pensaron en un comienzo.

Dada la perseverancia que requiere, un hombre tímido raras veces se abrirá paso hacia una mujer tímida. También él puede ser demasiado tímido para acercarse a ella, o puede intentarlo para renunciar demasiado rápido. Además, una mujer tímida puede que no aliente a un hombre tímido porque es inexperta en el arte del flirteo o no sabe cómo emitir señales que comuniquen que podría disfrutar de su compañía.

Sería útil que las mujeres tímidas aprendieran cómo acercarse a hombres tímidos o, por lo menos, volverse ellas mismas más accesibles. He aquí algunas sugerencias para ayudarla a conectarse con hombres, tímidos o no.

- Trate de ser menos seca durante la charla insustancial, a fin de alentar a un hombre tímido a que continúe la conversación.

- Sonría, asienta y actúe mostrando interés. Haga contacto visual en vez de mirar hacia abajo o a los costados.

- En situaciones grupales, ya sean de trabajo, de ocio o sociales, converse con la gente. Charle de cualquier cosa. Haga saber a los otros que es accesible.

- Aprecie las atenciones que recibe. Si alguien trata de hablar con usted, contéstele. No se muestre distante.

- Haga contacto con los demás a través de cortesías sociales. Ofrézcase para ir a buscar comida o bebida o ayude de otras maneras.

- Invite a un hombre por quien se siente atraída a que se incorpore en un grupo que usted frecuenta.

- Si un hombre se le acercó antes y usted lo desairó porque todavía no había entrado en calor y se sentía demasiado tímida, retome el hilo de la conversación con él cuando se sienta más cómoda.

- No trate de monopolizar la conversación (véase Capítulo 12). El arte de la intimidad comienza por conocer a una persona. Cuando sepa más acerca de él, sabrá qué temas abordar.

- No sea pasiva. Hable.

Recuerde que la intimidad implica riesgos y recompensas, acercamiento y evitación.

Los hombres tímidos

"He tenido una adolescencia particularmente penosa, cuyas consecuencias sólo he descubierto hace poco en mi terapia —me escribió un músico de treinta y cuatro años—. Una infancia alegre, en la cual yo era el 'bebé' dilecto, fue reemplazada por el tormento de un hermano mayor abusivo cuya dominación no era sólo física sino que incluía humillaciones ante mis pares y presión para que saliera con chicas. Descubrí que si evitaba potenciales situaciones desastrosas y las pruebas de 'masculinidad' que se me exigía podía sobrevivir... siendo invisible."

Este hombre desdichado pasó por experiencias difíciles a causa de su timidez. Otro lo hizo casi por maldad. "He pensado bastante en mi timidez a lo largo de los años", me escribió este contador:

> Me di cuenta de que he sido tímido desde la adolescencia. Antes era relativamente locuaz y comunicativo en la escuela, pero eso cambió para cuando cumplí los doce años. Varias veces me dijeron que pronto mudaría mi actitud hacia las mujeres, y que les resultaría atractivo. Discrepé con energía. Soy lo bastante testarudo como para haber luchado mentalmente con esto durante un largo tiempo. No volví a pensar en serio mi actitud hasta que no tuve tal vez diecisiete años. Para entonces, la mayoría de los chicos de diecisiete ya tenían un par de años de habilidades sociales que yo no poseía a causa de mi inexperiencia, de modo que en realidad nunca perseguí a ninguna mujer porque tenía miedo de que aflorara mi ingenuidad. La brecha no hizo más que ampliarse mientras esperaba.

Este hombre sufre del síndrome de "fuera de tiempo" y ahora siente que nunca podrá recuperarlo.

Parece que, en general, la timidez es un problema mayor para los hombres que para las mujeres. Ellas pueden refugiarse en los roles tradicionales femeninos cuando se sienten tímidas, y a pesar de ello ser aceptadas (y hasta valoradas). Los hombres, en cambio, cuando son tímidos dejan de cumplir el esperado rol masculino de afirmación, acción y confianza y no inician relaciones de manera activa. (El "tipo muy callado", por otra parte, está lejos de ser tímido. Puede que sea distante, controlado y seguro de sí mismo, pero estos rasgos resultan atractivos para muchas mujeres.) Un hombre tímido es percibido como débil, evitativo y neurótico. No obstante, hay algunas excepciones. Si un hombre tímido es apuesto, las mujeres se acercarán a él, pero eso también le puede costar algún esfuerzo.

Los hombres tímidos muchas veces carecen de confianza. No sólo son inseguros en cuanto a su conducta en sociedad, sino que también se creen poco atractivos. Por consiguiente, cuando se acercan a una mujer se sienten muy en peligro y suponen que serán rechazados.

El ciclo del intercambio social insatisfecho empieza con las atribuciones negativas del hombre tímido ("Ella no querrá hablar con un imbécil como yo"), que engendra su infrecuente contacto visual. Esta clave no verbal pone incómoda y confunde a la mujer, y ella se cierra. Los dos hacen atribuciones negativas. (El hombre: "Es todo por mi culpa. No sé hablar con las mujeres". La mujer: "No está interesado en mí. Ni me mira, mira en torno de la habitación".) Esto conduce a intercambios afectados, más evitación, más pausas, más conflicto entre quedarse e irse. La comunicación cae al nivel de la preparación para la charla. Con el tiempo, las atribuciones negativas del hombre tímido se convierten en una profecía de autocumplimiento: la mujer no quiere hablar con él.

No sólo la conducta de los hombres tímidos es contraria a las expectativas tradicionales, sino que es triste comprobar que esta conducta tímida en efecto incomoda a las mujeres y las aleja. Durante las conversaciones iniciales, los hombres tímidos inquietan, tienen un lenguaje corporal cerrado, no hacen contacto visual y dejan que crezcan silencios embarazosos. (Cuando las mujeres hacen eso, a los hombres no parece importarles.) No comunican empatía a la mujer. Se hace evidente que el hombre está incómodo, pero también pone incómoda a su compañera. Los silencios y turbaciones se tornan agudos, la conversación se hace forzada o tensa, y con el tiempo termina por atascarse.

Las investigaciones han revelado que los hombres tímidos temen los aspectos relativos a la conversación en el noviazgo y sienten una viva preocupación por lo que van a decir en una cita.

"Nunca sé qué decir —admitió un típico hombre tímido en ocasión de un estudio—. Si le hago muchas preguntas, ella dice que la interrogo. Si no le pregunto nada, dice que no estoy interesado. Si hablo mucho, cuento anécdotas, etcétera, piensa que no me importa lo que ella tiene que decir. Si no hablo mucho, dice que soy aburrido. Entonces, ¿qué se supone que haga?"

Otros se ponen ansiosos cuando ven que la conversación se

arrastra. Un hombre dijo: "Al cabo de un rato, la conversación sobre el tiempo se agota, y cuando el diálogo muere es algo terrible".

Este joven no había aprendido cómo pasar de las frivolidades hacia preguntas pretópicas y hacia un dar y recibir más satisfactorio (véase Capítulo 12).

Paradójicamente, sin embargo, las parejas de estos hombres tímidos luchan contra sus indeseados avances sexuales. Parece que los hombres son demasiado tímidos para hablar mucho en una cita, pero de cualquier modo... ¡tratan de hacer la suya! Olvidan que si una mujer no disfruta de una conversación satisfactoria o si se siente incómoda, no querrá llegar a la intimidad.

Si una mujer está dispuesta a tomarse tiempo para permitir que su pareja se relaje y si lo alienta a hablar, la relación podría progresar. Pero usted debe aprender de qué manera acercarse con éxito a las mujeres, a fin de no depender demasiado de la benevolencia de los demás. Cuando ninguno de los dos está dispuesto a hacer la primera jugada, dos personas tímidas raras veces se conectarán. Eso conduce a muchas oportunidades perdidas y a un amor no retribuido, lo que confirma sus peores temores sobre usted mismo: que es antipático, despreciable, y que está condenado a una vida solitaria.

Brian Gilmartin, del estado de Montana, estudió a hombres tímidos en el amor... hombres como mi corresponsal, que nunca en su vida han salido con una mujer. Estos individuos solitarios no tienen vínculos estrechos con otros hombres y virtualmente no han tenido ninguna conexión con el sexo femenino ni siquiera durante el crecimiento. No tienen hermanas, amigas mujeres o relaciones estrechas con su madre u otros parientes femeninos. Por consiguiente, nunca aprenden de qué manera mantener una relación platónica o romántica con las mujeres. Ya adultos, se sienten perdidos cuando se trata de manejarse con mujeres, pero fantasean mucho con ellas y tienen ideas irrealistas acerca de cómo son. Van tan a la zaga de sus pares en lo que concierne a experiencias románticas, que creen que nunca se pondrán al día.

Si esto lo describe a usted y sus experiencias, no todo es irreparable. Hay muchas cosas que puede hacer para reducir su temor al rechazo.

Practique citas. Practique conversar con mujeres en general. Esto le dará mucha de la experiencia necesaria, sin "practicar" con la persona que podría interesarle en realidad. Practicar citas lo ayuda a acostumbrarse al proceso del noviazgo, aligerado de la presión que significa querer causar una buena impresión.

Determine el ambiente para conversaciones íntimas. Todo lo bueno en la vida viene de correr un riesgo. El secreto es comunicar su deseo de intimar más, a la vez que minimiza la posibilidad de un rechazo. Al controlar la hondura de la intimidad, usted hace conocer sus sentimientos.

En una fiesta trate de decir: "¿Podemos hablar en un lugar más tranquilo?". En una reunión de negocios pregunte: "¿Podemos encontrarnos en un ambiente menos formal?". En una organización de voluntarios diga: "Tal vez podamos tomar un café después de juntar fondos el mes que viene", o: "¿Por qué no se queda por aquí después de la reunión, así hablamos un poco?".

Sea perseverante. Usted tiene que atravesar por un período de calentamiento, pero también lo hace la mujer.

Haga pausas periódicas para gentilezas sociales. Las gentilezas sociales lo hacen parecer considerado y brindan un beneficio secundario. Cuando usted se excusa y regresa con bebidas o algo para comer, da tiempo a la mujer y a usted mismo para relajarse y recuperarse. El contacto no necesita ser continuo, pero sí fluido.

Repita sus acercamientos. No invierta todo su sentido del yo en el éxito o fracaso de un encuentro. Si ve a una persona con frecuencia y regularidad —en clase, como parte de un grupo profesional o voluntario, en el ómnibus— a la cual le gustaría acercarse, siga diciendo hola y charle de cosas intrascendentes. Esto le da a usted y a la mujer una oportunidad de entrar en calor para el otro. Tal repetición y perseverancia traerá familiaridad. Puesto que no hace la tremenda inversión en un solo encuentro, el contacto repetido alivia el conflicto acercamiento/evitación. El riesgo es menor.

Vuelva a poner en examen el "rechazo". Piense en sus acercamientos iniciales como sesiones de práctica. No es forzoso que tenga éxito la primera vez o con la primera mujer. Si ella no está interesada, aproveche la experiencia para ganar percepción para la próxima vez que lo intente. En lugar de ver un desaire como fracaso o rechazo, piense en él como una fuente de información o realimentación.

Evalúe lo que hizo y dijo. ¿Reveló demasiado con demasiada rapidez? ¿Hizo contacto visual? ¿Hizo preguntas directas? ¿Dominó la conversación con sus temas favoritos? ¿Ella estaba apurada o interesada en hablar con alguna otra persona? Ésa es decisión de ella. ¿Pudo haber contribuido alguna otra cosa (por ejemplo, el ambiente)? Analice su experiencia en su Diario de la vida de un tímido.

Céntrese en sus éxitos. La timidez de la mente refuerza la tendencia a pasar por alto los éxitos y centrarse en los fracasos. Preste atención a lo que funciona, a lo que dijo o hizo que llevó a que la mujer conversara con usted. ¿Hizo una pregunta de interés común (programa de voluntariado, notas de clase), hizo varios acercamientos antes de iniciar una conversación, contó un chiste, usó un vínculo para llamar la atención? ¿Miró las noticias y tuvo algo que decir?

Si después de llegar a conocer a esa mujer, se da cuenta de que no es para usted, aproveche la experiencia que ha ganado con su éxito cuando se relacione con otras.

Arregle una serie de citas con varias personas. Esto hace que una sola cita parezca menos importante. Si no funciona, no se sentirá tan devastado. Siempre hay otras a las cuales recurrir.

Hable con hombres y mujeres. Si varía sus contactos en reuniones sociales se sentirá más cómodo. Hablar también con hombres quita la presión suya y la de la mujer. Mantiene la conversación en un nivel más social (en vez de íntimo) y es menos amenazante para usted y para aquellos que lo rodean porque no está "encendido" todo el tiempo.

Recuerde las reglas de la revelación de su intimidad. Si su interlocutora titubea, tartamudea o se rehúsa a hablar, puede que esté ansiosa. Son signos de que usted se mueve demasiado rápido.

Haga correr la voz. Haga saber a sus amigos que está interesado en conocer gente.

Ser un tímido exitoso tiene sus ventajas. Una vez que se ha involucrado en una relación íntima, el hombre tiene mucho que ofrecer: puede ser más galante, más fiel y un buen oyente. Toma la relación en serio y es considerado. Entienda la naturaleza de su timidez y de qué manera impacta en sus interacciones con los demás.

CÓMO CONOCER PAREJAS POTENCIALES

Muchas personas tímidas me dicen que no saben cómo conocer parejas potenciales. Uno de los métodos más comunes es tratar de entablar una conversación en un bar o una fiesta. Dichas "escenas" sociales resultan difíciles sobre todo para las personas tímidas, que son renuentes a acercarse a extraños. Como explicó Sid: "Si estoy en un bar, ¡es inútil: no puedo caminar hacia una mujer y empezar a hablar!". Ser rechazado en público resulta particularmente doloroso.

Para evitarlo, muchos tímidos confían en anuncios personales, salas de chateo por Internet y grupos de solteros. Aunque estos contextos pueden ser útiles para descartar a personas incompatibles, también tienen sus desventajas.

Ambientes impersonales

Los ambientes impersonales comprenden salas de chateo por Internet, anuncios personales, computadoras, video u otros servicios de encuentros. Son muy mediáticos y relativamente seguros, porque el riesgo parece mínimo y requieren poco esfuerzo. Pueden proporcionar abundante acceso a una variedad de opciones, ayudan a iniciar contacto, ahorran tiempo y proporcionan una salida exculpadora: usted siempre puede culpar a la agencia de encuentros por haber hecho una mala pareja, si una cita en perspectiva no tiene éxito.

Los ambientes impersonales pueden ser atrayentes porque a menudo ayudan a evitar la torpeza del contacto inicial. Con corresponsales de e-mail o anuncios personales no necesita pensar con la cabeza para mantener una conversación. Puede componer con cuidado sus mensajes. Si se siente inseguro por su apariencia o conducta social, puede crear una nueva persona. En una agencia de encuentros, puede pedir un compañero ideal y otros pueden hacerle creer que son la persona de sus sueños.

Las salas de chateo y los anuncios personales facilitan la eliminación de personas. Puesto que las salas de chateo están organizadas por áreas de interés, puede escribir largo y tendido sobre su tema favorito y es probable que oiga de personas que están igual de enamoradas del asunto. Leer anuncios personales le da un indicio de cómo es la otra persona. Esto es un encuentro de las mentes; los aspectos físicos, psicológicos y sociales de una relación no necesitan comprometerse. En un sentido acorta el período de calentamiento ya que puede sentirse menos ansioso cuando responde a través de un modem o sobre papel.

Estos escenarios impersonales pueden ser aceptables al principio, pero no deberían constituir la única manera de conectarse con potenciales parejas. Con el tiempo tendrá que conocerlos en persona, y si es tímido puede encontrarse en desventaja. No sólo sus expectativas pueden ser demasiado altas respecto de la otra persona (lo cual provoca ansiedad), sino que no puede vivir en conformidad con lo que se ha propuesto ser (lo que provoca más ansiedad aún). El desengaño es para todos los involucrados.

Usted puede creer que un servicio de encuentros está exento de peligro porque las dos partes son solteras y disponibles y el casamentero ha hecho su trabajo, pero esta gente trampea en abundancia. Mara B. Edelman y Aaron C. Ahuvia, de la Universidad del Noroeste, estudiaron servicios de citas por computadora y agencias de casamientos, y comprobaron que pueden ayudar en la búsqueda de una pareja potencial, pero no con interacción y verdadera avenencia. Y aun así hay problemas. El promedio de éxito es de sólo un diez por ciento.

¿Por qué tan bajo éxito? Para empezar, nadie hace voto de sinceridad. Los clientes pueden modificar su presentación; una pareja en potencia puede haber "redondeado" al describirse, o usted puede haber estado inclinado a hacerlo. Además, si es muy selectivo acerca de lo que quiere, es propenso a excluir a muchas personas, lo cual anula el propósito del servicio de encuentros. Trate de ser más imparcial. Puede sentirse gratamente sorprendido.

También puede ocurrir que, al emparejarse con otros, no sepa o no sea capaz de articular qué cualidades desea en una pareja (o puede engañarse y engañar a los otros al decir que el aspecto físico no tiene importancia, cuando en realidad busca a alguien encantador). También puede darse que sus expectativas sean irrealistas, y entonces desiste con demasiada facilidad porque siempre hay algún otro en la "base de datos" con quien probar. En una especie de "efecto shopping", puede desear que su dinero rinda y seguir probando nuevas parejas para un mejor ajuste. Esto puede convertirse en un problema particular para las personas lentas para entrar en calor, y que de todos modos es probable que retrocedan rápidamente.

Las agencias de encuentros no hacen nada para aliviar sus dificultades una vez que usted ha hecho esa primera cita. La mayor parte de ellas se llevan a cabo en contextos de conversación importante: dos personas sentadas a una mesa cara a cara (los cines, al contrario, son un contexto de conversación "light"). Puede que usted tenga problemas para mostrar su intimidad y su ansiedad. Podría moverse demasiado rápido porque es impaciente, o demasiado despacio porque tiene miedo.

Las agencias de encuentros sólo brindan la oportunidad de hacer contacto con una cantidad de individuos, nada más. Ni nada menos. La responsabilidad de convertir ese encuentro en una pareja es suya, si establece y crea intimidad en las formas que he sugerido. Las agencias de encuentros son eficientes para un comienzo, pero lo cierto es que no existe ninguna fórmula para una buena relación o siquiera para encontrar a alguien que le convenga. De acuerdo con un estudio, la mayoría de las personas se fijan en los atributos físicos y pueden pasar por alto variables importantes como la religión, la posición económica, la cultura, la raza, y necesidades sexuales que llegan con el tiempo y la confianza.

Si se siente inclinado a utilizar uno de esos servicios, tal vez le resulten útiles las siguientes sugerencias:

- La honestidad es siempre la mejor política. Usted puede agrandarse todo lo que quiera, pero ¿qué sucede cuando se produce el encuentro real?

- Sopese lo específico contra lo general en la solicitud. La información que obtiene del servicio de encuentros puede ser inadecuada. Le permite empezar, pero es probable que tenga que hacer algunos ajustes. Por ejemplo, dos candidatas dicen: "Me gusta el aire libre", pero la idea que ella tiene el aire libre es un trote suave por el bosque, mientras que la de él es el montañismo y la pesca en aguas heladas. Una persona puede compartir su interés por el teatro, pero diferir mucho de usted en cuestiones religiosas, filosóficas o políticas. Sólo a través de la intimidad puede descubrir estos detalles. Sea realista.

- Sepa qué busca. Si la apariencia en verdad le importa, admítalo. Si busca establecer una relación duradera, otros factores pueden ser más importantes a la larga. El ideal no se encuentra, se construye.

- Espere sorpresas. La gente a menudo hace descripciones

falsas o infladas de sí misma. Una dosis de realidad puede sacudirlo.

- Ponga algo de elegancia en su presentación. Hable de las cosas que son importantes para usted. Señale su entusiasmo por el vegetarianismo o por su trabajo. Cuando horada en lo que lo excita, su pasión tiene éxito. Haga brillar su personalidad. Si tiene sentido del humor, abra una brecha divertida.

- Mencione pronto los asuntos "grandes". La religión, la posición socioeconómica, la educación y otros pueden ser los factores decisivos más importantes.

- Sea realista. Recuerde que sólo un diez por ciento consigue relaciones de largo plazo. Tenga presente que una agencia de encuentros es buena para conocer una gran cantidad de parejas potenciales, pero eso no lo ayuda a manejarse en una cita.

- No tome el rechazo como algo personal. La gente puede rechazar rápido y pasar a la siguiente perspectiva. Puede que usted no tenga tiempo suficiente para causar una primera buena impresión.

Use las agencias de encuentros para reforzar su estrategia normal. Siga invitando a salir por su cuenta y continúe con la práctica de las citas. Siga haciendo saber a sus amigos y conocidos que está interesado en conocer gente. Y siga trabajando sobre sus habilidades sociales. Es la única manera de negociar una relación.

Ambientes semipersonales

Éstos pueden incluir grupos de solos y solas, organizaciones y encuentros en grupo. Usted conoce a la gente cara a cara, pero las parejas no se producen al azar. Los organizadores se esfuerzan por suavizar las presentaciones.

En los ambientes semipersonales, usted tiene la oportunidad de practicar habilidades sociales y conocer a otros en persona (en vez de hacerlo sobre el papel o por vía electrónica). Con frecuencia comparte intereses comunes. Los bailes de solteros y otras actividades grupales a veces son ofrecidos por instituciones religiosas o de otro tipo —grupos de gastrónomos, clubes de caminantes o de esquiadores, asociaciones de estudiantes—, de modo que las personas que conocerá allí pueden encajar de modo más ajustado en su zona de bienestar. Si la organización convoca con regularidad, el período de calentamiento puede ocurrir durante las reuniones de negocios u otras actividades, incluso antes de la reunión de solteros.

Pero concurrir y estar no es bastante. Resta acercarse a los demás. A veces estas actividades, por desgracia, también pueden sentirse como un "mercado de carne". Los más encantadores o positivos conocerán gente, mientras que los más tímidos pueden ser arrastrados a la periferia por la multitud. Además, si la proporción de sexos es desigual, los tímidos del sexo mayoritario tendrán dificultades para ser notados o hacer sus jugadas.

Joan Goldstein, fundadora y directora de Conscious Singles Connection (Conexión de solos y solas conscientes), de Manhattan, organiza reuniones de solteros para individuos interesados en su crecimiento y salud personal, y ha tenido experiencia con cientos de personas solas. Ella advierte que en las reuniones de solteros las personas tímidas tienden a quedarse paradas en los rincones o en las orillas, a la espera de ser abordadas; ello a despecho de que el propósito expreso de la reunión es conocer a otros solteros, y que los asistentes han pagado para entrar. Joan ofrece varias sugerencias valiosas con respecto a la manera de manejarse en estos asuntos con aplomo.

Asígnese una tarea. Comprométase a "hablar" con tres extraños; ni siquiera tienen que ser extraños del sexo opuesto. Si piensa en ello como una tarea y no como que busca el amor de su vida, se le hará más fácil.

Utilice un puntal. Siempre debería tener un punto de apoyo y buscar el de las otras personas, como ser una joya original, una ropa fuera de lo común, un libro, de tal manera que alguien pueda comentarlo sin entrar en terreno demasiado personal. Un puntal le da a alguien la oportunidad de decirle: "¡Caramba, qué bonita corbata!". Y entonces usted puede responder: "La compré cuando estuve en Tuscaloosa". A continuación puede iniciar toda una conversación sobre el tema.

De manera alternativa, si usted es una persona tímida y busca un tema de conversación, y alguien tiene un punto de apoyo, puede decir: "Qué suéter original. ¿Está hecho a mano?" o: "¡Qué libro magnífico! No quería que se terminara nunca".

Involúcrese en el suceso. Esto funciona de maravillas para las personas tímidas. Si tiene que hacer un trabajo en una reunión de solteros, como llevar el registro, pasar las fuentes de sándwiches o ayudar al anfitrión a distribuir folletos, es mucho más fácil conocer gente. En realidad no es "usted" quien se pone en evidencia cuando habla con un extraño. Usted sólo hace un trabajo. Es su papel.

Ambientes personales

La manera más efectiva de conocer gente es a través de un amigo. Sid explicó: "Cuando consigo algo con una mujer, es perfecto. El hielo ya se ha roto porque tenemos un amigo común. Puedo cimentar mi confianza si otras personas que conozco me han hecho "gancho".

Conocer a alguien personalmente es también uno de los métodos más riesgosos. Cuando usted se acerca a alguien por intemedio de un amigo, en una cita ciega, o sólo por impulso, no cuenta con una organización u otro puente para hacer fácil la iniciación. Como admite Sid: "Necesito de todo mi coraje para hacer una llamada telefónica y pedir una cita".

Lo positivo es que uno tiene más control sobre la situación y acepta la responsabilidad por el éxito. Esto a su vez cimenta la autoconfianza, aumenta los acercamientos y amplía la zona de bienestar. Lo negativo, por supuesto, es que podría ser rechazado en persona, lo cual no es una tragedia, pero usted puede exagerar las consecuencias negativas.

Es importante reconocer las ventajas y las desventajas de conocer gente por estos tres caminos. Los ambientes impersonales no son un sustituto del noviazgo. Todavía no ha conocido bien a la persona, y una verdadera relación tiene que nacer de a poco. Los ambientes semipersonales son buenos para ir descartando candidatos y poder entrar en calor, pero no son un fin en sí mismos. Todavía no ha puesto esfuerzo. Los caminos personales son los más efectivos, pero también los más arriesgados, de modo que debe aprender cómo disminuir el riesgo.

Pero cualquiera sea el método que elija para que las cosas marchen, con el tiempo debe hacer una cita en forma personal.

CÓMO HACER UNA CITA

Salir con una posible pareja es una conducta que se aprende como jugar al tenis o andar en bicicleta. Cuanto más lo haga mejor se sentirá. Ya sea para practicar ó "de veras", existen algunas reglas generales de protocolo para hacer una cita:

1. *Pida un número de teléfono.* Es la única manera de continuar el contacto. Funciona bien una simple manifestación como "Me encantó charlar con usted. ¿Le molestaría si la llamo en algún momento?".

Pero una pregunta tan directa puede ocasionarle muchos problemas. Tal vez tema que, si pide un número, parezca demasiado atrevido, o que la otra persona tal vez no esté interesada en darle una cita (por supuesto, la única manera de averiguarlo es preguntar).

¿Qué pasas si ella dice no? Puede mantener su dignidad y un poco de coherencia diciendo: "Está bien. Pero si cambia de opinión, aquí tiene dónde encontrarme". Y le ofrece su propio número telefónico. O puede decir: "Lamento que no pueda ser, pero fue un gusto hablar con usted".

Más tarde puede ser útil determinar por qué la otra persona no mostró interés. Hay muchas razones posibles, y la mayoría no tienen nada que ver con usted. Puede que ella ya esté comprometida, o tal vez esté recuperándose de una relación que no funcionó y aún no está preparada para otra nueva. Tal vez tenga problemas con hijos, miembros de la familia enfermos, u obligaciones de trabajo que le hacen difícil llevar una vida social activa. Tal vez sea terriblemente tímida y no sabe cómo aceptar una invitación sin sentirse abrumada de ansiedad y dudas.

Examine su propia conducta. ¿Se embarcó en una charla intrascendente para enterarse de los intereses de la otra persona? Al prestar atención a las indirectas tácitas, ¿se aseguró de que ella estuviera cómoda durante el encuentro? ¿Monopolizó la conversación con sus proezas en la oficina? ¿Qué lecciones podría extraer de este rechazo?

2. *Llame.* Las personas tímidas muchas veces obtienen el número telefónico de alguien que les gustaría frecuentar, pero después no hacen el seguimiento. Se subestiman y se preguntan si la persona

estaba en verdad interesada o sólo fue cortés. No tiene nada que perder si llama, y mucho si no lo hace. Dé por sentado que la persona está interesada.

Cuando llame, identifíquese. Ubíquese en el contexto de la última conversación y reestablezca la conexión placentera. Hágalo breve. Podría decir: "Hola, ¿Nancy? Habla John Brown. Nos conocimos la semana pasada en el baile de los solteros. Soy el que tenía esa extraña corbata púrpura".

3. *Arregle el encuentro.* El propósito del encuentro inicial es hablar de aquí y de allá. Ayuda a entrar en calor, amplía su zona de bienestar y hace posible el acercamiento.

Para aligerar el peso de una primera cita y hacerla más manejable y menos trascendental, no invite a cenar, al zoológico o a cualquier otro sitio que requerirá un compromiso de más de treinta minutos. Vaya a tomar un café. Proponga que la otra persona elija el lugar, de manera que sea adecuado. Asegúrese de que sea público. Si la conexión no se produce, podrá escapar rápido.

4. *Remate la conversación.* Un simple "espero verla el jueves próximo" será perfecto.

LUCHAR CONTRA EL SÍNDROME DE LA DUDA PREENCUENTRO

La ansiedad puede surgir tan pronto como ha colgado el teléfono. Lo acometen todas las cosas que pueden salir mal. Le preocupa haber cometido un gran error. ¿De qué van a hablar? ¿Qué ropa se pondrá? A esta altura es útil bajar sus expectativas. Recuerde que sólo van a encontrarse para conocerse un poco mejor, no para discutir planes de casamiento.

Haga un reconocimiento previo. Vaya al café unos días antes para familiarizarse con él. Lo ayudará a disminuir la incertidumbre y acortar su período de calentamiento. Estará más relajado, seguro y mejor capacitado para llevar adelante la conversación si se siente cómodo con el entorno. Si hace falta, lea con cuidado el menú. Ordene algo que le permita hablar con conocimiento de causa durante el intercambio de frivolidades. ("Aquí probé una vez café de Sumatra. Es exquisito"). Observe lo que visten y piden otros clientes. Cualquier cosa que haga para minimizar la torpeza inicial será de gran ayuda.

Saber qué sitios suele frecuentar le dirá un poco sobre ella. El reconocimiento previo también ayudará a que su llegada parezca espontánea, ensanchando su zona de bienestar y no estando tan pendiente de usted mismo.

Aumente sus posibilidades de éxito en la conversación pensando de antemano de qué va a hablar. Haga una lista de tópicos que incluya temas que ya tocaron cuando se conocieron. Haga un poco de investigación y meditación. Tal vez pueda efectuar algunas preguntas significativas. Aun cuando no use su lista de temas, lo ayudará a sentirse más seguro y preparado.

Ahora haga un poco de trabajo psicológico sobre usted mismo. Deje de rumiar que la otra persona va a salir con usted sólo por lástima. La peor cosa que puede suceder es que no haya una segunda cita. Piense en ésta como una cita de práctica, y así disipará la importancia que le asigna. Concéntrense en pensar si esa persona le gusta y desearía sumarla a su red social.

Si el invitado es usted, siempre dé una oportunidad a la otra persona aun cuando no sienta una conexión instantánea. Respete que se necesita mucho coraje para invitar a alguien a salir. Si la primera cita es corta, no será mucho sacrificio. Además, puede haberse formado una impresión negativa falsa cuando se conocieron (tal vez la otra persona estaba nerviosa) y cara a cara la encuentre más interesante.

SOBRE LA CITA

Es una buena idea aparecer quince minutos antes para darse tiempo a aclimatarse y entrar en calor. (¡Si los dos son tímidos, puede darse que ambos aparezcan quince minutos antes! Ése podría ser un punto de arranque para la conversación.) Lleve algo para leer mientras espera. También eso puede servir como punto de apoyo. Prepare un saludo para que la charla empiece en el acto. ("Estoy contentísimo de volver a verla. Me dio mucho gusto conocerla en la fiesta.")

Siga las reglas de la charla insustancial bosquejadas en el Capítulo 12. Comience por la preparación. Trate de encontrar un terreno común haciendo preguntas e interesándose en lo que la otra persona dice. Repase su lista de temas si hace falta, y no tenga miedo de los silencios, nunca son tan largos como uno los siente. Equipare niveles de apertura íntima de manera que haya concesiones mutuas. A su invitada puede que no le guste ser interrogada.

No dé por sentado que ella lo evalúa en forma negativa. Reconozca que es probable que también esté nerviosa. Su meta es descubrir si esa persona le gusta. Mantenga sus expectativas en un nivel realista. No trate de ganarse la amistad de su pareja potencial desde el comienzo; pasar un tiempo juntos ya es bastante recompensa.

TERMINAR UNA CITA, EMPEZAR OTRA

Convertir una cita para tomar algo en una invitación a cenar puede ser una transición difícil que requiere mutuo consentimiento. Para determinar si el café evolucionará hacia algo más sustancial, comience por ofrecer una segunda taza. Si ella asiente, quiere decir que desea pasar más tiempo con usted. Si responde: "Oh, para mí es suficiente, pero si usted lo desea, será un gusto quedarme y seguir charlando un rato más", se deduce el mismo significado.

Es más fácil pasar de allí a una cena ligera. A esa altura usted podría decir: "Si tiene que irse, ciertamente lo entenderé. Si no, ¿le gustaría que comamos algo?". Eso implica otra hora o más.

Si la otra persona dice que no puede quedarse, eso no significa que no esté interesada. Usted podría decir: "Me gustaría llamarla otra vez". Ponga un día y hora específicos. Si ella le dice que va a estar lejos del teléfono o fuera de la ciudad, eso indica interés. Si está de acuerdo, llame según lo convenido. Si no hay ningún interés, le da a la persona una salida fácil. Él o ella pueden no levantar el tubo o haber preparado algo para decir. Si no hay ninguna respuesta, deje un mensaje de que volverá a llamar e incluya su número de teléfono como parte del mensaje. Vuelva a llamar. Hay muchas razones —que no tienen nada que ver con usted— por las que ella podría no estar junto al teléfono en el momento convenido.

Si no extiende la cita para tomar algo, déla por terminada según lo convenido, pero pregunte si puede llamarla otra vez. Cuando llame para concertar una segunda cita, dígale que lo ha pasado de maravillas y saque a colación algunos trozos escogidos de la conversación. Restablezca la conexión invitándola a hacer algo que involucre intereses comunes, como ver una película de aventuras, ir a escuchar jazz, o saborear con comida hindú.

Si después de un encuentro desafortunado decide que no quiere ver otra vez a esa persona, explíquele que ustedes dos tienen demasiado poco en común o que no está buscando una relación ya mismo.

Pero si está en duda, déle otra oportunidad y pruebe con una segunda salida.

ADVERTENCIAS GENERALES SOBRE LAS CITAS

Usted debe ser más activo si desea conocer a alguien. He aquí algunas sugerencias más para ayudarlo a tener éxito:

- Tenga expectativas realistas. No espere enamorarse o encontrar su alma gemela en una primera cita.

- Sea paciente y perseverante. Ponga un interés activo en su compañera. Haga preguntas. Persevere. Sepa que lleva tiempo crear armonía con alguien, en especial con una persona atractiva.

- Equipare niveles de apertura íntima. Comente y elabore sobre lo que dice su compañera. Si pone cómoda a la otra persona, usted también lo estará.

- Perciba el lenguaje corporal. Hay más formas de comunicarse que a través de las palabras. El contacto visual es decisivo. Muestra interés y transmite intimidad. Una vez que se ha establecido, el ambiente está preparado para una mejor interacción.

  El contacto apropiado (un repetido y suave roce de una mano) es una forma de expresión. Si la otra persona le permite tocarla sin retirar la mano, puede usar esto para comunicar interés e intimidad. Es un signo de que la relación progresa. Inclinarse más cerca también comunica intenciones. Si se inclina hacia alguien y esa persona se aparta, ha violado una zona de bienestar. Si el otro se mueve hacia usted, la conexión es deseada. Pero eso no significa que se haya establecido la intimidad, sino sólo que la relación progresa.

- Busque señales verbales positivas. Note si la persona menciona relaciones pasadas. (No es un buen signo. La persona todavía puede estar recuperándose de esa relación.) Hablar sobre el presente y asuntos relacionados sólo con usted y hacerle preguntas del tipo "¿Qué opina?", "¿Cómo se siente?", "¿Qué hace?" son manifestaciones de exclusividad y una señal de que la conversación progresa. Busque menos y más cortas pausas y más frases superpuestas en conversaciones espontáneas.

- Sea consciente de sus pensamientos. Sus pensamientos y atribuciones negativos son de cumplimiento propio e impactan en la otra persona.

- El peso recae sobre los hombres, al menos al principio. Pero las mujeres pueden ayudar a los hombres tímidos si son más activas en la conversación y si buscan un terreno común.

LA TIMIDEZ EN LAS RELACIONES ÍNTIMAS

En su mayoría, una vez que las personas tímidas intiman, su timidez deja de impedirles disfrutar de la relación. Pero pueden asomar algunos problemas.

Puede que usted y su compañera experimenten diferentes grados de timidez. Por ejemplo, una estudiante universitaria de dieciocho años me escribió: "Mi novio es muy cordial y se enoja conmigo cuando no quiero ir con él a compartir su vida social. ¡Conoce a muchas personas y siente que yo también necesito hablar con ellas! Me enfurece que quiera cambiarme, pero también me enfurezco conmigo misma. No puedo empezar una conversación con nadie. Me siento mal porque tengo miedo de que piensen que soy orgullosa, pero es sólo que no sé qué decir. A veces no quiero ir a ninguna parte, ni estar con nadie".

Un ama de casa de cincuenta y seis años también tiene dificultades con este asunto: "Nuestra vida social es muy limitada, sobre todo a causa de mis inhibiciones e inseguridades. Por lo general la esposa es la convocante social, y allí es donde nos metemos en problemas, porque es algo que yo no puedo hacer. Salvo mi hermana y su esposo no tengo amigos. Mi marido hace un verdadero esfuerzo por arrastrarme a hacer cosas en las que está involucrado".

Es muy natural que en una pareja uno sea más tímido que el otro. Después de todo, si los dos son igual de tímidos, ¿quién haría la primera movida? Y con frecuencia las personas tímidas quieren salir con gente más sociable porque lo consideran un rasgo simpático; una característica que a ellas mismas les gustaría emular.

Por desgracia, estas diferencias de temperamento pueden causar alguna fricción. Como la estudiante universitaria de más arriba, usted puede sentir aversión o incomodidad con los amigos de su exitoso compañero o sentirse agraviada por tener que obedecer los planes de ellos. O, como el ama de casa, puede ocultarse detrás de su pareja y dejar de hacer esfuerzos sociales. Su pareja puede sentir que usted es un lastre porque nunca quiere estar en sociedad. Si no comparte intereses comunes o si subordina sus necesidades a las de su pareja, ello puede conducir a insatisfacción, resentimiento y dependencia.

Los problemas también pueden surgir en el nivel de la apertura personal, cuando se habla de asuntos íntimos. Revelar sentimientos profundos o detalles sobre la propia vida es difícil hasta para las personas más locuaces. El riesgo de ofender a su pareja o de ser rechazado es enorme. Decir "Te quiero", o "Quiero estar más cerca de ti", o "Cuando dejas en desorden toda la casa me vuelvo loca", puede tener efectos ambiguos y desconocidos. Si usted lo piensa mejor y decide guardarse para sí sus pensamientos, eso disminuye el nivel de intimidad en la relación.

Por último, ser tímido en una pareja puede fomentar dependencia. Es probable que les resulte difícil discutir sus necesidades sexuales y usted puede depender demasiado de su pareja para tomar decisiones sobre contracepción o actividad sexual. Además, cuando usted deja que su pareja haga todo el gasto de la conversación o tome la mayoría de las decisiones, puede perder fe en su capacidad de ser social por su cuenta (esto es cierto sobre todo en la pareja hombre persistente/mujer tímida).

Los problemas de dependencia son más evidentes cuando la gente empieza a noviar después de un divorcio o de la ruptura de una relación de larga data. Deben restaurar conductas de noviazgo que han olvidado por falta de práctica y adaptarse a las nuevas reglas del juego. Y deben renovar una identidad independiente. Si han sido sociables en la relación anterior, no plantearán dificultades agobiantes, pero si dejan que su pareja tome todas las decisiones sociales, podrían pasarlo peor.

ÁRMESE DE CORAJE

Las personas tímidas exitosas han encontrado valor para salir de su capullo y conocer otras. Tal vez sus experiencias le sirvan de inspiración y ayuda.

Una mujer de negocios explicó de qué manera cambió su mente tímida: "Un seminario al que asistí me hizo aceptar que los extraños estaban tan nerviosos con respecto a mí como yo respecto de ellos. Y no había ninguna necesidad de tenerles miedo, puesto que todos estábamos en el mismo bote y necesitábamos conocernos antes de juzgar. Ahora, raras veces tengo problemas, si bien todavía no voy hacia los extraños y les hablo como si nos conociéramos de toda la vida. ¡Pero les hablo!".

Un exitoso estudiante universitario tímido de Nueva Jersey escribió: "Me miro bien, por fuera y por dentro, y me digo que no tengo ningún motivo para sentirme inseguro, y que no puedo permitir que la gente decida mi vida. Ellos no tienen ningún control sobre mí y sobre lo que hago".

Las personas tímidas desafortunadas corren el riesgo de amar y no ser correspondidas. Son solitarias, se sienten no queridas y no queribles, y se subestiman constantemente ("Si sólo hubiera..."). Las personas tímidas exitosas asumen el control, ensanchan sus zonas de bienestar, resuelven el conflicto acercamiento/evitación, ganan valiosa experiencia y encuentran amor. Son perseverantes y tienen paciencia. Entienden que noviar es un proceso, no un acto, y que la intimidad, lejos de ser una experiencia relámpago, crece poco a poco basada en el riesgo, en ensanchar la propia zona de bienestar, considerar a otros, aceptarse y volverse consciente de sí mismo. Todos estos factores hacen posible abrirse a los otros y a uno mismo. Y eso lo convertirá en un exitoso amante tímido.

14

El trabajador
tímido exitoso

A menudo pensamos en el trabajo como un medio para un fin: ganar dinero. Pero un empleo es muchísimo más que un cheque de pago. Puede ayudarlo a ganar conciencia de su propia valía, fomentar su crecimiento personal, aumentar su red social y obtener reconocimiento por su talento. Puede ser una fuente de satisfacción y orgullo.

Puesto que la mayoría de los empleos requieren muchas habilidades, tanto sociales como técnicas, la timidez puede impedir que su desempeño alcance la cima. Esto no tiene nada que ver con la competencia, pero incluye sus dificultades para habérselas con los aspectos personales del trabajo, tan críticos para tener éxito. Muchas personas han compartido conmigo la forma en que la timidez interfiere en su carrera. La historia de Allen es una de las más ilustrativas.

Allen es un ingeniero de treinta y tres años para quien la timidez constituyó un problema particular en su lugar de trabajo: "En mi último empleo —me dijo—, la timidez me afectó de tal manera que tenía miedo de hablar con la gente, hasta con compañeros del trabajo que eran amigos. Evitaba cualquier clase de interacción social con ellos. No quería almorzar con nadie o los evitaba en los pasillos. Con mi jefe o en la gerencia tenía miedo de decir cosas. Me enredaba todo el tiempo en contradicciones".

De hecho, el problema de Allen con las figuras de autoridad lo ponía en más de un apuro.

"Una vez estaba trabajando en un proyecto importante con una persona muy intimidatoria. Se suponía que yo le llevaría el proyecto a eso de las cinco de la tarde. Lo tenía listo, pero no se lo dije porque tenía miedo hablar con él. Al día siguiente me vi en problemas porque él pensó que no lo había terminado. La timidez se inmiscuyó bastante mal en mi trabajo."

Con frecuencia la timidez no es admitida en el lugar de trabajo. Usted puede creer que se trata de algo periférico a los aspectos intelectuales y técnicos del trabajo, pero es un error. Piense en lo que se necesita para avanzar en el mercado de trabajo actual. Los empleados deben ser optimistas y positivos. Se les pide que sean experimentados en sistemas, que sean capaces de negociar y entrevistar. Aquellos que están más dispuestos a explorar el lado social del trabajo —los vendedores de alma, los gerentes y elaboradores de políticas de oficina— tienen más probabilidades de triunfar. Las personas que expresan su opinión son vistas como competentes y líderes. Incluso si sus aportes son mediocres, se roban la película.

"Hice realmente un buen trabajo y me lo reconocieron —explicó Allen—. Pero los únicos empleados que lograron un ascenso fueron los que eran comunicativos, locuaces y sociables. Eso me duele, porque yo no soy así. Me vieron como una persona necesaria para la empresa, pero indigna de cualquier trabajo que requiriera liderazgo."

Una participante de un examen tuvo un problema similar. Ella escribió: "Estoy segura de que he sufrido en lo profesional porque nunca fui una de esas que cantan loas a ellas mismas o lleva un problema a la atención del jefe. De modo que no importa lo mucho que trabaje, estoy segura de que puedo parecer distante, desinteresada y hasta orgullosa a los ojos de mis colegas".

Usted también puede sentirse en desventaja por su tendencia a evitar los aspectos sociales del trabajo. Al no promover sus logros, los demás pueden creer que no sabe jugar en equipo. Una actitud semejante puede llevar a la percepción errónea de que es indiferente a su trabajo y a sus colaboradores.

La timidez también puede impedirle hacer contribuciones voluntarias o salirse de su camino por los otros. Puede refrenarse de hablar en público o comprometerse en otras actividades fuera de su zona de bienestar y rutina en el trabajo. Además, puede dejar de desarrollar relaciones cercanas con su jefe, sus pares o sus subordinados, lo cual puede socavar la lealtad que le profesan.

El objetivo de este capítulo es ayudarlo a comprender de qué manera la timidez afecta la senda de su carrera, el trabajo y las relaciones con colegas, y qué pasos dar para minimizar sus consecuencias más negativas. Piénselo como un mentor sustituto para ayudarlo en su política de oficina.

UN CAMINO PEDREGOSO HACIA LA CARRERA

Las investigaciones indican que por lo general los hombres tímidos demoran en elegir una carrera. Esto puede comenzar aún antes de que salgan al mercado laboral, mientras están todavía en el secundario. Susan Philips y Monroe Bruch, de la Universidad Estatal de Nueva York en Albany, hallaron que los estudiantes tímidos no recibidos tienen tendencia a no buscar la información que necesitan para hacer elecciones inteligentes de carrera. No consultar a mentores, consejeros de carrera, o al centro de empleos del campus, tal vez porque estas iniciativas implican promocionarse ellos mismos. Quizás experimenten un conflicto de acercamiento/evitación con personas que podrían ayudarlos.

También es de suponer que carecen de un "autoconcepto vocacional". Es decir, no saben qué quieren hacer con su vida. Un autoconcepto vocacional confuso se relaciona con una baja autoestima y puede ser producto de una pobre formación de identidad durante la adolescencia.

Tal vez estos estudiantes tímidos no hayan buscado suficiente información para decidirse por una carrera, o no han explorado las diversas tareas y oportunidades que podrían ayudarlos a hacer inventario de sus capacidades. Se quedan rezagados durante esta fase de indecisión porque no están preparados para abandonar la zona de bienestar de la escuela y dar el paso siguiente. Se aferran a la familiaridad de su condición de estudiantes y vacilan en mudarse a la edad adulta.

Por todas estas razones, cuando por fin encuentran empleo, los trabajadores tímidos tienden a ser mayores que sus pares. Pero porque han llegado "a destiempo", a menudo están menos satisfechos en su trabajo. Por otra parte, Absalon Caspi, de la Universidad de Wisconsin en Madison, halló que los demás pueden verlos como menos competentes, enérgicos, ambiciosos o inteligentes que sus pares "a tiempo". Se piensa de ellos que serían gerentes y líderes menos eficientes.

Una vez en carrera, los hombres tímidos suelen ser lentos para avanzar. Pueden persistir en asegurarse sólo empleos inexpugnables en los cuales se sienten a salvo (permanecen en la zona de bienestar), y pueden resistirse a someterse a entrevistas de trabajo (caen víctimas del conflicto de acercamiento/evitación). Con frecuencia los superiores no los tienen en cuenta para los ascensos, a causa de su falta de dinamismo.

Aunque la investigación de Caspi se concentró en hombres, es probable que los mismos problemas surjan para las mujeres tímidas en la población laboral. Por cierto, como me escribió una mujer joven: "En mayo termino la universidad y me da miedo entrar en el mundo real. Pienso que conseguir un trabajo es aterrador. Le tengo mucho miedo a esos primeros meses de torpeza y a no saber cómo comportarme".

Todo esto impacta en la calidad de vida. La insatisfacción, las dudas sobre el propio talento, la falta de realización personal, y quedar a la zaga de los amigos puede hacer que los trabajadores tímidos se sientan mal consigo mismos. Como Allen, se frustran si, a pesar de hacer bien su trabajo, no se les reconoce sus contribuciones. Observan que sus pares avanzan y se sienten dejados de lado. Pueden experimentar una crisis de confianza, desamparo y desesperación, lo cual puede llevarlos a quemarse por completo, al retraimiento social y a problemas personales o conyugales tales como beber, trastornos de comunicación, divorcio, ansiedad y profunda depresión.

Sumadas al espectro de subestimaciones, las consecuencias de la timidez en el lugar de trabajo resultan catastróficas. Las personas tímidas pueden encontrar difícil reaccionar después de haber sido dejadas de lado a causa de su estilo pesimista, su pequeña red social (a través de la cual sabrían de oportunidades de empleo), su pobre desempeño en las entrevistas y su dificultad en general para lidiar con los nuevos desafíos de la vida.

Las siguientes sugerencias pueden ayudarle a vencer los obstáculos de la timidez en el camino de su carrera.

Decida qué quiere hacer, no sólo lo que no quiere hacer. La mejor manera de lograr esto a través de un internado o posición voluntaria en la cual pueda ganar experiencia sin un compromiso total. Si trabaja a tiempo completo, haga tareas voluntarias por la noche, los fines de semana y durante el período de vacaciones. Esto puede sonar duro, pero es mejor que quedarse en un empleo que odia porque no sabe qué otra cosa hacer con su vida.

Busque ayuda profesional. Un consejero de carrera, una oficina de colocación para ejecutivos o una agencia de colocaciones del campus lo ayudarán con el diagnóstico de carrera, perspectivas ocupacionales, listas de empleo, entrenamiento para entrevistas y contactos. (Si no es más un estudiante, muchas veces puede usar las oficinas de colocación de empleos de la universidad mediante el pago de un arancel, o puede buscar información en su asociación de graduados.)

Aumente sus contactos personales a través de una red. Comunique a otros que busca un empleo, asista a reuniones profesionales, únase a un grupo u organización de estudiantes, y hable con personas del campo o áreas relacionadas.

Separe lo personal de lo profesional. No permita que sus inhibiciones personales, como la timidez, interfieran en su carrera. Pregúntese si se resiste a un nuevo empleo porque está en verdad feliz en su trabajo actual o porque tiene miedo de ensanchar su zona de bienestar y salir del conflicto acercamiento/evitación.

Asuma riesgos calculados. Entérese de nuevas posiciones mediante el sondeo social y reuniendo información.

Repiense sus puntos de vista acerca de autopromocionarse. No hay nada malo en ello en tanto lo que diga sea verdad. Si no se autopromociona nadie lo hará por usted. Tenga confianza en su capacidad.

Recuerde que las habilidades sociales lo hacen promocionable. No sólo lo ayudan a conseguir el empleo, sino que también acrecientan sus cualidades de liderazgo y progreso.

DOMAR EL DEMONIO DE LA ENTREVISTA

Otra razón por la cual las personas tímidas arrancan tardíamente en la pista de una carrera puede estar vinculada con su conducta pasiva durante las entrevistas de trabajo. Es posible que piensen: "Si me presento y tengo antecedentes aceptables, no necesito hacer nada más". Se quedan quietos o esperan que el entrevistador los sondee en lugar de promocionarse ellos mismos. Esto puede estar vinculado al temor o al narcisismo tímido, una actitud que da a entender: "Aquí estoy, ¿qué más quiere?".

Están equivocados, por supuesto. Como me escribió un contador tímido: "Nunca conseguí un empleo en una compañía multinacional.

¿Por qué? Tal vez al presentarme no fui lo bastante agresivo, bastante positivo, bastante decidido, bastante listo".

Luchar por un empleo ayuda a conseguirlo.

Tal vez bajo esa actitud pasiva haya temor. La mayoría de las personas tímidas tienen miedo de las entrevistas de empleo porque activan demasiadas alarmas. Por cierto, muchos sostienen que no avanzan en su carrera porque odian el proceso. Una mujer de Nueva Jersey, de veinticinco años, me escribió: "Por evitar esas situaciones perdí una gran cantidad de oportunidades de trabajo. Aplazaba las llamadas telefónicas para concretar una entrevista y finalmente, cuando por fin juntaba coraje para llamar, si lo juntaba, la respuesta era: 'Lo lamento, el puesto ya ha sido ocupado'. Escuché esto demasiadas veces y sé que soy la única culpable, por dejar que mi timidez y mis temores me controlaran".

Es lógico que las entrevistas asusten. El proceso intensifica todas las inseguridades que surgen del hecho de ser evaluado y sentirse el centro de la atención: el foco está sobre usted solo, en su historia y su potencial con la compañía.

Las entrevistas exageran las características negativas de la persona tímida y pueden aumentar su tendencia natural a criticarse. De repente saltan al primer plano la conciencia objetiva, las atribuciones pesimistas, el narcisismo y comparaciones injustas. También asoma el conflicto de acercamiento/evitación; usted debe presentarse y promocionarse, pero está preocupado por la evaluación. Debe hacer alarde de éxitos pasados, pero puede ser difícil si su diálogo interno negativo se interpone. Puede autoanularse, autocensurarse y estar concentrado en usted mismo, de modo que se refrena de alabarse por sus logros. (¡Se está haciendo un cumplido!) Sin embargo, eso es exactamente lo que tiene que hacer en esa circunstancia.

Una entrevista de trabajo también puede forzarlo a interactuar a un ritmo que le resulta incómodo, y entonces no tiene tiempo de entrar en calor para la situación. Es como estar en una cita con una persona desconocida: mucha charla insustancial, preocupación por causar impresión favorable, y evaluación. Si presta demasiada atención a su desempeño o se preocupa por lo que el entrevistador piensa de usted, no puede concentrarse en la situación. Su excitación en aumento puede minar la mayor parte de su energía y embotar su inteligencia.

Tomará tal vez el rechazo como cosa personal, sin determinar si ese empleo le convendría, en primer lugar, o si cumple con los requisitos que la compañía necesita. Por cierto, su ansiedad puede ser tan grande que cree que la exigencia es demasiado alta para que usted la maneje.

Pero como bien dijo mi corresponsal, evitar la oportunidad de una entrevista sólo crea más frustración y desperdicia su talento. No se resigne a una vida de trabajo insatisfactorio sólo porque teme zozobrar durante una entrevista. He aquí las cosas que puede hacer para ayudarse:

- Dése cuenta de que casi todo el mundo odia las entrevistas, sobre todo si quieren el empleo y se presionan para hacerlo bien.

- Haga práctica de entrevistas (similar a practicar citas) para puestos que sólo de manera tangencial le interesan. La práctica lo ayudará a aclimatarse al proceso, y podrá vencer los obstáculos duros sin arriesgar su carrera. Cuanto más practique, más fácil se le hará.

- Asista a seminarios o consulte en una oficina de colocación para ejecutivos, quienes podrán aconsejarle sobre cómo presentarse.

- No deje nada librado al azar. Investigue a la compañía de antemano. Lea sus últimos informes anuales. Busque en las bases de datos de los diarios anécdotas locales o nacionales sobre ella. Verifique si tiene una página en Internet. Llame a personas de su conocimiento que trabajen en una industria emparentada, a fin de preguntarles qué saben sobre la compañía. Averigüe sobre su misión declarada y su cultura corporativa. ¿Qué produce? ¿Quiénes son sus clientes? Todo esto lo ayudará a generar ideas sobre cómo contribuiría para la compañía si consigue el empleo.

- Prepárese para preguntas que puedan hacerle. Escriba las respuestas y ensaye con un amigo. Esté preparado para preguntas personales y también profesionales; por ejemplo: "¿Dónde espera estar de aquí a cinco años?", "¿Cuáles son sus limitaciones?".

- No vacile en preguntar al entrevistador sobre la compañía y el puesto que usted ocuparía. Pregúntese si se sentiría feliz en ese puesto, en lugar de aceptar cualquier empleo que le ofrezcan.

- Piense y verbalice qué lo distingue de otros postulantes: servicio comunitario, asistencia a seminarios para ampliar su preparación, ventas excelentes.

- Durante la entrevista concéntrese en el puesto, no en sí mismo como haría en situaciones sociales.

- Convierta en profesional lo personal (qué aporta al empleo) y en personal lo profesional (por qué prosperará en el empleo).

- Ofrezca información adicional sobre usted mismo al final de la entrevista, si el entrevistador no le hizo las preguntas correctas.

- Mantenga el contacto con el empleador después de la entrevista. Escriba una carta para expresar lo mucho que disfrutó del encuentro y que sigue interesado en el empleo. O llame para hacer una pregunta o agregar información que olvidó dar durante la entrevista. Haga el seguimiento de su solicitud con cierta periodicidad.

- Prepárese para una serie de entrevistas en vez de una sola. El período de calentamiento puede redundar en su beneficio; si consiguió pasar la primera, las entrevistas subsiguientes le parecerán más fáciles. No deje de aceptar una invitación a una segunda entrevista.

- Mantenga expectativas realistas. Puede que no lo contraten de inmediato, y puede que no le ofrezcan un empleo en cada compañía que visita.

- De ser posible, obtenga realimentación de la persona que lo entrevistó, sobre todo si recibe una carta de rechazo. Pregunte por las razones del rechazo y cómo puede mejorar sus posibilidades de conseguir un empleo similar en el futuro.

- Tenga presente que todos los postulantes, salvo uno, serán rechazados para ese puesto. No lo tome como cosa personal.

OPCIONES DE CARRERA TÍMIDAS

"Mi vida profesional, o la falta de ella, se ha visto severamente estorbada por la falta de confianza —me escribió una mujer—. Aun cuando necesitaba y quería trabajar después de casarme, retrocedía ante la sola idea de competir. El único trabajo que fui capaz de conseguir es de medio tiempo, como entrevistadora en una empresa de investigaciones de mercado. Las preguntas están bastante estructuradas."

Las investigaciones indican que las personas tímidas se inclinan por carreras de orientación tecnológica antes que interpersonal y, gracias a la era de la información, estos campos técnicos están en expansión. Pero muchos de estos empleos de alta tecnología son en extremo competitivos. Para progresar, los empleados deben ser muy emprendedores (a fin de atraer clientes) u orientados al servicio (en áreas tales como reparación de computadoras, apoyo técnico, servicio al cliente, desarrollo de página Web).

Sería útil que se pregunte por qué no toma en consideración un empleo en ventas, administración u otros campos relacionados con la gente. ¿Cree que no puede tener éxito en esa clase de trabajo? ¿Son realistas sus expectativas, o sólo el resultado de un diálogo interno negativo y un estilo atributivo pesimista? Al sujetarse a una sola opción, usted se limita. Ser un trabajador tímido exitoso significa tener capacidad para ensanchar su zona de bienestar y buscar opciones de carrera alternativas.

La verdad es que, aun en un campo técnico, necesitará habilidades sociales. De hecho, podemos llamarlas "habilidades técnico-sociales": la capacidad de relacionar información tecnológica en un nivel humano (hacerla accesible para el consumidor promedio). Asimismo, puesto que muchas compañías tecnológicas son grandes, usted puede tener que negociar con colaboradores y una jerarquía comercial. Si trabaja por su cuenta, tendrá que manejarse con el aislamiento (y la posible atrofia de habilidades sociales), o ser lo bastante sociable como para aumentar su base de clientes. ¿Cómo puede apartarse y poner aparte a su compañía si es renuente a cortejar a los clientes y atender a sus necesidades? La comunicación es de rigor.

Es irreal creer que puede evitar a la gente en el trabajo. Las computadoras no son un sustituto para conducir los negocios a la manera antigua: hablar y discutir con la gente. Aunque usted sea un ingeniero, programador de computación, técnico de laboratorio o entrevistador para una compañía investigadora de mercado, necesitará aprender cómo trabajar con gente.

Debido a sus dificultades sociales, puede preguntarse: "Bueno, ¿por qué no puedo dejar de lado el aspecto social del trabajo y comunicarme desde mi casa?". Pero lo que parece una salida fácil no lo es. Tal vez crea que puede confiar en la computadora para que haga la conversación por usted, pero la tecnología hace las reuniones personales mucho más importantes. Cuando trabaja en casa, usted se vuelve más solitario. Tiene poco contacto cara a cara y debe encontrar salidas sociales alternativas. Cuanto más disperso esté el grupo de trabajo, tanto mayor será su necesidad de apoyo social para atravesar los momentos duros y seguir motivado (véase Capítulo 15).

Los empresarios de teleconmutadores deben ser creativos para encontrar maneras de forjar la camaradería y "encarar el tiempo" entre sus empleados: convocar a conferencias semanales, reuniones periódicas de oficina, boletines de empleados, y demás. Los boletines pueden ser más importantes y frecuentes en el momento en que el lugar de trabajo está fragmentado. Si usted es un trabajador independiente, puede que quiera instalar una oficina comunal, de modo de poder ver al mismo grupo de personas todos los días.

No se va a librar de lidiar con otros. Ya sea que trabaje en una gran corporación o solo en su casa, el progreso depende de las habilidades sociales.

HABLAR CON COLEGAS EN EL LUGAR DE TRABAJO

Bien, ya consiguió el puesto soñado. Sin embargo, si desea ganar aceptación y la ayuda que va a necesitar para progresar en su carrera, es vital saber qué decir y cómo abordar la comunicación con los colegas. Muchas de las negociaciones y maniobras para conseguir un puesto tienen lugar junto al refrigerador de agua y antes y después de reuniones importantes, de modo que, si usted está fuera del circuito puede perder la información valiosa que fluye fuera de los canales oficiales. Y en estos días en que la seguridad en el empleo se ha vuelto inestable, los colegas pueden ser competidores. Para su jefe es fácil despedir a alguien que parece no interesarse.

"Dejé de ir a todo tipo de fiestas, hasta a las fiestas de la oficina —me escribió un hombre—. Asimismo, si bien es normal que en el trabajo pueda expresar opiniones relacionadas con la tarea, raras veces hago aperturas puramente sociales (como invitar a alguien a mi casa o incluso sólo ir a almorzar). En las conferencias profesionales no me presento con mi nombre ni asisto al cóctel final, y me oculto detrás de un periódico. Si intento hablar de algo exterior al trabajo con colegas o con mi jefe, me quedo parado, por lo general transpirando a chorros, lo hago corto y abandono la oficina sintiéndome fuera de lugar, inepto y frustrado."

También usted puede necesitar ayuda para navegar en las agitadas aguas del escenario social del trabajo. Puede esperar que otros se acerquen a usted, o no buscar la compañía o el consejo de sus pares. Puede caer fuera del circuito informativo, que es tan importante para lograr que se haga el trabajo, o sentirse aislado al creer que los colegas que ve todos los días son extraños. Puede sentirse incapaz de compartir asuntos personales o profesionales, y el resultado es que su satisfacción en el trabajo declina.

Abrirse a la gente también puede ser un problema para usted. Por supuesto, está el e-mail y los memos en lugar de reunirse cara a cara con los colaboradores y así no tener que comunicar alguna cosa sustantiva. Pero cuanto más dependa del e-mail para comunicarse, menos satisfacción obtendrá. La nueva tecnología puede aumentar el aislamiento social (véase Capítulo 15).

En definitiva, usted se siente como un intruso en el trabajo. Pero sus compañeros son más que simplemente empleados, son una familia. Usted puede necesitar apoyo de ellos, sobre todo si posee una red social estrecha. Para comunicarse con sus colegas:

- Acérquese a ellos en momentos informales: cuando llegan por la mañana a la oficina, a la hora del almuerzo, durante las pausas, después del trabajo.

- De acuerdo con las reglas de la charla intrascendente delineadas en el Capítulo 12, póngase a la par de su grado de apertura íntima, a fin de no mostrarse demasiado personal si la relación es ante todo profesional.

- Busque un terreno común que no tenga nada que ver con el trabajo. Los dos son fanáticos del fútbol, tienen hijos, viven en el mismo barrio, manejan el mismo auto, o hacen jogging. Construya sobre esas conexiones.

- No se detenga en los aspectos negativos del trabajo. Sea positivo y pida consejo cuando no sepa qué hacer en alguna circunstancia.

- Considere a sus colegas como fuentes de apoyo. Son caras familiares y afrontan las mismas cargas que usted todos los días. Con tiempo y paciencia podrá entrar en confianza con ellos.

ENTENDERSE CON FIGURAS DE AUTORIDAD

"Por alguna razón soy tímido sobre todo con figuras de autoridad —admitió Allen—. Supongo que me preocupa que me juzguen y estén en situación de controlar mi bienestar."

Si tiene dificultades para entenderse con figuras de autoridad en cualquier contexto, es probable que hablar con su jefe o gerente le resulte problemático. Ello se origina en el temor a una evaluación negativa. Los supervisores tienen poder —y muchas veces el deber— de evaluar a sus empleados; a causa de un estilo de pensamiento negativo, usted puede dar por sentado lo peor.

Al sentirse intimidado, vacila en acercarse a su director a menos que se vea forzado. Por cierto, su conflicto de acercamiento/evitación estará operando a su máxima potencia con él. Puede preguntarse: "Si le hago una pregunta, ¿mi jefe pensará que soy estúpido o malgasto su tiempo? ¿Cómo puedo pedir retroalimentación, un aumento de sueldo o un ascenso? En esta época de incertidumbre laboral, ¿cómo puedo hacerle saber que mi trabajo es bueno sin parecer un estafador?".

Usted odia que lo escojan o llamar la atención, pero si se niega a relacionarse con su jefe, lo pasarán por alto cuando llegue el momento de los ascensos. Por cierto, puede devaluar sus logros laborales mientras hace contribuciones sociales. Pero tiene que crear armonía con sus superiores para que sus esfuerzos sean reconocidos y demostrar su interés en el empleo. Las sugerencias siguientes pueden ayudar.

- No se intimide por potenciales críticas a sus ideas, sobre todo si otros se apresuran a juzgar.

- Cuando su superior o un colega le pida participación, ofrezca sus servicios. Involúcrese en tantos niveles como pueda.

- Acepte roles de liderazgo cuando sea posible.

- Siga el rastro de su progreso y mande una nota a su gerente para mantenerlo informado. Comunique que toda la empresa está avanzando como resultado de sus esfuerzos.

- Prepárese para las reuniones estudiando por anticipado la agenda. Estará listo para comentar con inteligencia los tópicos que surjan.

- Deje de exagerar el poder de las diferencias y la negatividad. Humanice a su jefe y haga la situación menos amenazadora dándose cuenta de que no está solo en esa situación. Su jefe puede experimentar los mismos sentimientos que usted cuando habla con su superior. Y sus subordinados pueden sentirse intimidados por usted.

- Cuando hable con superiores, concéntrese en el contenido de lo que dice, no en el temblor de su voz. Se le pasará.

Cómo pedir ayuda

Hay muchas buenas razones para pedir ayuda a su jefe o a otros. Su pedido de ayuda puede proporcionar la información que necesita, aumentar su confianza y su zona de bienestar, disminuir su ansiedad, crear armonía con un colaborador, ayudar a iniciar y mantener una relación, y evitar problemas mayores en el camino. Si no sabe cómo pedir ayuda de una manera efectiva y por lo tanto no la recibe, se sentirá contrariado, solo, aislado, sin apoyo y receloso de otros.

Pero las personas tímidas muchas veces tienen dificultad es para pedir ayuda a los demás, sobre todo a sus superiores.

"Siento que, si tengo que pedir ayuda, pensará que no sirvo, que no puedo hacer el trabajo —confesó Allen—. Siempre estoy preocupado por la aprobación de los demás."

Además, usted puede no querer interrumpir a un supervisor que parece ocupado. O puede creer que sus necesidades y preguntas son de poca o ninguna importancia.

Puede acercarse a su jefe (o colega) con un ruego, diciendo: "¿Cuándo podemos hablar de la cuenta de Collins?", o: "Necesito dos minutos de su tiempo. ¿Éste es un buen momento?".

O escriba la pregunta y pida una respuesta. El e-mail o un mensaje por correo oral pueden ser útiles para preguntas sencillas. Sea específico acerca de lo que necesita. Las preguntas no son un signo de debilidad sino un disuasivo para problemas futuros. Por cierto podrá ahorrarse trabajo (y esconderse de su jefe) al llamar la atención sobre un problema potencial. Además, en muchos casos puede no ser culpable si no sabe qué hacer (alerta contra atribuciones internas negativas). La tarea en sí misma puede ser la culpable.

Sea consciente de su ansiedad y diríjala. Reconozca que le resulta difícil iniciar contacto, de manera que arremeta nomás. Cuanto más tiempo vacile, peor será. Lo cierto es que las figuras de autoridad siempre sacan a relucir la timidez de la gente.

Es interesante notar que cuando piden ayuda las personas tímidas exhiben ciertos modelos basados en el sexo. Es difícil para los hombres tímidos pedir ayuda a las mujeres y, a la inversa, es difícil para una mujer tímida pedir ayuda a un hombre. De hecho, las mujeres tímidas son mucho menos propensas a pedir ayuda a sus jefes masculinos que sus colegas más comunicativas. Esto puede afectar el desempeño y el progreso de la mujer. Su colega más sociable puede

aprovecharse de su vacilación y crear una relación más estrecha con
su jefe.

Los hombres tímidos no piden ayuda a las mujeres, sobre todo
cuando otra mujer está en el lugar. De hecho, si un hombre tímido
trabaja en una oficina con muchas mujeres, puede aislarse y reprimir
sus preguntas. ¿Por qué? Tal vez esto tenga relación con los prejuicios acerca del rol de los sexos: puede encontrar difícil admitir que
necesita ayuda de una mujer. O tal vez no desea hacer un mal papel
o desprestigiarse. Puede suponer que causará una impresión negativa si admite que no sabe cómo hacer algo. También tiene que iniciar
el intercambio con un ruego, lo cual piensa que sólo contribuirá a
subrayar sus inseguridades y dudas.

Por desgracia, si usted no pide ayuda puede hacer mal su trabajo
y sentirse abrumado por la evitación, las dilaciones y el estrés. Para
peor, puede perder una buena oportunidad de hacer contacto con el
sexo opuesto. Las preguntas inician el acercamiento y mantienen la
relación. Además, pedir ayuda implica que la otra persona es valiosa,
y eso puede resultar halagüeño para ella.

Recibir realimentación

La habilidad para manejar la realimentación está en la entraña
misma de la capacidad que usted tenga para ganar competencia y
confianza. La realimentación es la mejor manera de entender cómo
usted es percibido por los demás (sobre todo su jefe). Cuanta más
reciba, tanto más progresará su carrera.

Por supuesto, obtener buena realimentación es gratificante:
tómela al pie de la letra cuando solicita esferas de acción en las cuales
puede mejorar. Refuerce las manifestaciones de su jefe sumando a
ellas su propia información. Por ejemplo, puede decir: "Me alegra
que le gusten mis ayudas visuales. Trabajé duro para agregarlas a mis
presentaciones. Es más, hace poco compré un nuevo programa grá-
fico para mi computadora, sólo con ese fin".

La realimentación negativa nunca es fácil, pero refrena de ponerse a la defensiva. No necesita dar explicaciones. Tome nota de los
comentarios para hacerle saber a su jefe que los toma en serio. Haga
preguntas reflexivas de esclarecimiento, como: "¿Qué es eso de que
mi síntesis era inconcluyente o vaga? ¿El final fue demasiado débil?
¿No había ningún procedimiento que el cliente pudiera seguir? Su-

pongo que si algún otro hiciera la misma presentación para mí, yo tampoco sabría cómo proceder."

Muéstrele a su superior que no tiene miedo de discutir defectos u omisiones. Pida más realimentación.

No tome como cosa personal la realimentación negativa —es su desempeño lo que está siendo evaluado, y no usted como ser humano— aun cuando su jefe pueda tratar de hacerlo algo personal. Convierta la realimentación negativa en crítica constructiva generando estrategias alternativas. "La próxima vez haré...". Agradezca a su supervisor por su sinceridad y dígale que más adelante podría tener que hacerle algunas preguntas. Pida una oportunidad para mostrar que toma en cuenta sus comentarios.

No deje que su inseguridad personal tiña su trabajo. Evite generalizaciones como "soy un fracaso", "nunca seré bueno para hacer presentaciones de grupo", o "siempre tartamudearé en esta clase de situaciones". No le tenga miedo a la realimentación, sólo tenga miedo de cometer una y otra vez el mismo error.

HACER PRESENTACIONES

El odio a hablar en público no es prerrogativa del tímido; casi todo el mundo teme hacerlo. A menos que usted tenga un trabajo que lo demanda con regularidad, dirigirse a un grupo está fuera de su normal zona de bienestar. Lo típico es que no nos pongamos en marcha hasta que el discurso no esté casi terminado (somos lentos para entrar en calor), nos sentimos incómodos siendo el centro de la atención (conciencia objetiva de uno mismo), y queremos que nuestro trabajo sea reconocido pero tememos un mal resultado (conflicto acercamiento/evitación). Lo peor es que con frecuencia tenemos que hacer presentaciones frente a figuras de autoridad, lo que intensifica nuestra aprensión. La ansiedad trepa por dentro, de modo que nos demoramos y preparamos de manera inadecuada.

El temor a hablar en público involucra a todo su ser. Desde el punto de vista psicológico, usted se encuentra en un estado de excitación, con todas las incomodidades que ello implica. Pero si el gato le comió la lengua, le resultará muy difícil sonar elocuente.

En el nivel cognoscitivo, puede estar tan confundido que piensa con sentido de catástrofe e imagina lo peor. Estos pensamientos lo abruman, de modo que no se prepara lo suficiente ni piensa bien lo que va a decir.

Puesto que la emoción se define mediante una combinación de rótulo cognitivo y fisiológico, mientras usted habla en público está muy agitado y a eso lo llama ansiedad, o bien puede hacer una atribución favorable y etiquetarlo como excitación y desafío.

Desde el punto de vista de la conducta, el modo como usted rotule sus emociones ejercerá su impacto. Si está ansioso, su presentación puede resultar desarticulada, su discurso incoherente, y su contacto visual limitado. Su información será insuficiente porque se siente abrumado y condenado. Si etiqueta sus emociones en forma positiva, será expresivo, expansivo y entusiasta.

Es interesante cómo la gente respeta al que habla en público, ya que ello desplaza la presión de ella misma. La solución obvia para su desasosiego oratorio es preparación en vez de dilación. Deje el mínimo de chances al azar escribiendo de antemano el discurso, y léalo en voz alta para su familia o en un grabador. Ponga énfasis en el contenido, no en usted. Como experto, se sentirá más confiado y no le preocupará que el momento de las preguntas y respuestas lo tome desprevenido. Si le interesa hacer comprender su mensaje, se concentrará menos en sus manos temblorosas y más en el contenido.

Insertar comentarios o improvisar son las peores estrategias que puedan adoptar las personas tímidas para hablar en público, como bien descubrió un amigo mío, propietario de un negocio de tabaco.

"Hace un tiempo tuve que hablar acerca de fumar en pipa, ante un grupo de personas conocidas —explicó—. Me congelé por completo porque no estaba preparado. Sólo quería improvisar mi discurso sobre el terreno. Pero aunque se trataba de un tema que yo conocía, igual me congelé. Ahora, si bien no escribo mi discurso, al menos pienso bien lo que voy a decir, de modo que sé de qué voy a hablar."

La gente muchas veces piensa que pueden improvisar a fin de no tener que pensar en que deben hablar. Dilatan el discurso para evitar la ansiedad. Esto es contraproducente. Si no tiene nada preparado o ensayado, no tendrá nada que decir y no podrá hacerlo bien. Y una vez puesto en el brete, la conciencia objetiva pone su granito de arena. Tartamudea y balbucea y se congela como le pasó a mi amigo. Hasta las celebridades y comediantes que van a los programas de televisión saben de antemano lo que su anfitrión les va a preguntar.

Saben que la improvisación es difícil cuando uno está bajo presión, y no quieren aparecer como "personas reales" que tropiezan y tartamudean en público.

Algunas formas de ayudarlo a sentirse cómodo ante la perspectiva de hablar en público son:

Aprovechar todas las oportunidades que pueda. Hable en banquetes, en la iglesia o en ocasiones sociales como bodas o festejos, de manera que la conducta se le haga habitual. Proponga hacer un brindis en una comida. Haga de maestro de ceremonias en una escuela, empresa, o en una función de la parroquia, tal como un espectáculo teatral o un banquete de reconocimiento. Presente al orador en un seminario de negocios. Haga observaciones de apertura y cierre en las reuniones. No tienen que ser largas; de hecho es probable que no deban serlo.

Mucha preparación. Al disponer de un gran caudal de información a partir del cual arrancar, se quedará en su zona de bienestar mientras habla. El experto es usted.

Reconocer el terreno. Averigüe lo más que pueda. Pregunte: "¿Quién es mi público? ¿Puedo llevar soportes? ¿Habrá otros oradores? ¿Cuánto tiempo puedo hablar? ¿Habrá una sesión de preguntas y respuestas al final?".

Saludar a los asistentes. Si es posible, salude a algunos de los que van a escucharlo, a medida que entran en el lugar. Esto acelerará su período de calentamiento y le proporcionará personas con las cuales hacer contacto visual durante la presentación.

Crear un aliciente. Se aplican las mismas reglas que en la charla preliminar con un individuo: empiece por el armado de la conversación y después pase a la charla pretópica. Haga una observación que sea general para todo el mundo: una broma sobre el pollo gomoso del banquete, o una anécdota sobre una reunión anterior. Sonría y use el humor para abrir su discurso. Esto anima a todo el mundo, incluso a usted. Cuando su audiencia se ría, usted mantendrá a flote su confianza.

Monitorear la ansiedad. Si se inmiscuye la ansiedad y usted oye que su voz tiembla, recuérdese que está en el período de calentamiento y que el malestar pasará pronto. Haga una pausa, tome un sorbo de agua para recuperar la compostura, respire hondo y continúe. Hasta puede hacer un comentario o una broma sobre su nerviosismo. Ellos entenderán. Y hablar de la cosa ayudará a que desaparezca.

Usar soportes. Diapositivas, proyecciones en general o diagramas lo sacarán de la vista del público. Mientras gesticula y señala hacia la pantalla, no necesitará hacer contacto visual con la audiencia. Leer de materiales preparados ayuda a mantener en marcha su discurso. Una mujer escribía "machetes" en la parte de atrás de las tablillas de diagramas. Aunque en lo esencial leía de ellos, su presentación salía natural. Los soportes generan un proceso más interactivo. La audiencia se involucra tanto con lo visual como con lo auditivo, y algunas personas retienen información con más eficacia de esa manera.

PARTICIPAR EN REUNIONES

"En mi vida profesional me abstengo de participar en discusiones de grupo —me escribió una mujer joven—. Me siento insegura y estúpida. Me obligo a parecer relajada y comunicativa, pero por dentro me arrastro."

Para un tímido puede resultar difícil participar en una conversación grupal. Usted puede creer que su intervención es indigna, o puede tener problemas para hacer preguntas porque teme que los demás piensen que son estúpidas o está perdiendo el tiempo. Si una figura de autoridad conduce la reunión, sus temores pueden verse intensificados, sobre todo si se preocupa por la evaluación. Las reuniones también pueden ser competitivas si todo el mundo rivaliza en imponer sus propios puntos de vista.

Pero el mutismo puede ser interpretado como desinterés o falta de entusiasmo, y puede llevar a aislamiento social. Es útil recordar que las reuniones con colaboradores son un poco más fáciles que con extraños, porque todos comparten un cuerpo de conocimiento y un sentimiento de familiaridad.

Para participar de manera efectiva en una reunión, haga preguntas o comentarios de extensión. Relacione lo que se dice con otros asuntos. Por ejemplo, podría decir: "Ustedes han hablado de que formar equipos es beneficioso para la compañía. ¿Cómo se relaciona eso no sólo con nuestro departamento sino para los otros sectores?". Esto demuestra que usted escucha lo que dicen sus colegas, y a ellos les da oportunidad de clarificar y explayarse sobre sus ideas. Al igual que los niños en el patio de juegos, ofrece algo de valor para generar confianza.

Las sesiones de "lluvia de ideas", en particular, pueden ser de difícil manejo para usted. Es probable que genere ideas con lentitud, porque teme la evaluación y es lento para entrar en calor. Pero no todo lo que diga tiene que ser brillante. Los otros también propondrán planes irrealizables. Ése es todo el objeto de la "lluvia de ideas": generar tantas ideas como sea posible.

La lluvia de ideas implica la cooperación, el aporte y la elaboración de todos. Dado que es necesario compartir tanto, en realidad hay menos evaluación y menos razones para sentirse confundido. De hecho, las sesiones de lluvia de ideas funcionarán (para todos, tímidos o no) si se observan tres reglas:

1. Las ideas deben generarse sin evaluación ni crítica.

2. Las ideas deberían ser elaboradas y ampliadas por los demás.

3. Las ideas deberían estar vinculadas a las ideas de otros.

Si usted es convocado a liderar una sesión de lluvia de ideas, primero fije las reglas básicas para que la gente se sienta a salvo de hacer el ridículo. Las investigaciones muestran que si se evalúa enseguida, la calidad y cantidad de ideas decrece, de modo que sólo permita críticas durante el proceso de "desmalezamiento". Y asegúrese de que todo el grupo obtenga crédito, no sólo el individuo. La propiedad individual de ideas genera competencia y reduce la cooperación y la creatividad. Nadie gana.

RELACIONES PÚBLICAS

Las relaciones públicas son una parte necesaria del mundo de los negocios; proporciona valiosas oportunidades para hacer contactos comerciales en una atmósfera relajada y ayuda a poner caras a los nombres de las personas con las cuales se hacen negocios. El carácter predominante de las relaciones públicas es la ambigüedad, puesto que se trata de una situación seudosocial: ni del todo social ni puramente comercial. El protocolo no es claro. Por lo general la asistencia no es obligatoria, pero se vería mal que alguien no concurriera.

No es de extrañar, sin embargo, que hacer relaciones públicas pueda representar una pesadilla para las personas tímidas: un lugar lleno de extraños, mucha charla intrascendente, demasiadas maniobras para lograr una posición y muchas figuras de autoridad temibles. Por cierto, las personas poderosas que haya allí tienen oportunidad de juzgarlo a usted, no su trabajo. Las conversaciones pueden ser evaluativas y superficiales. Si el evento es breve y usted está atascado en el conflicto de acercamiento/evitación o es lento para entrar en calor, puede que conozca a pocas personas. Además, con frecuencia estas reuniones ocurren al final del día, cuando la energía ha mermado. A veces incluyen alcohol, de modo que puede ser difícil juzgar qué está pasando en realidad. Como está actuando, puede sentirse agotado. Muchas personas tienen aversión a este aspecto de su trabajo, pero deben hacerlo de todos modos.

Para navegar con éxito por estas reuniones de relaciones públicas se requiere una combinación de encanto, agresividad y tacto. Requiere que amplíe su zona de bienestar desde las situaciones sociales a las profesionales. Es muy parecido a las citas y entrevistas, situaciones con las cuales ya está familiarizado. Hacer relaciones públicas no es imposible. A medida que se haga socialmente más comunicativo, lo pasará mejor al tratar de socializar para su trabajo. En una reunión grande hay mucho espacio para mejorar; si no acierta con una persona puede hacerlo bien con alguna otra.

Las siguientes estrategias pueden ayudarlo en esta difícil actividad:

No busque excusas. Su jefe sabrá quién se presenta y está dispuesto a privarse de su tiempo libre para ser parte del equipo.

Nunca subestime el poder de la frivolidad. Si cree que no sabe mantener una charla intrascendente, puede evitarla, pero es necesaria para causar buena impresión y hacer contactos iniciales. Recuerde las reglas de la charla insustancial y encuentre un terreno común con otros. Sea anfitrión e invite a los demás a entrar en su conversación. Retírese con elegancia y diga: "Me encantó hablar con usted".

Haga su propia investigación antes de ir. Las relaciones públicas se hacen menos intimidantes cuando usted sabe qué puede esperar. Averigüe quién asistirá y anótese unas pocas personas con las cuales querrá hablar. Prepare preguntas, temas y anécdotas. Lleve tarjetas profesionales o soportes relevantes.

Establezca contacto. No necesita preocuparse por hablar con una persona toda la noche o cerrar el trato ahí mismo. Haga el seguimiento el día siguiente de una manera con la que usted se sienta cómodo: por teléfono, e-mail, una nota breve.

No beba. Los tragos libres son tentadores, pero si pierde el control y se pone pesado en una ocasión de negocios, causará mala impresión. El licor interfiere con el pensamiento claro.

Circule. Hablar con una persona toda la noche no hace más que frustrar el propósito. Después de que ha hecho contacto, pase a la siguiente persona.

Dése un límite de tiempo. No sentirá tan abrumadora la reunión si se ha comprometido tan sólo por una hora de su vida. Un límite de tiempo también lo ayudará a concentrarse en quién es importante que conozca. Siempre puede extender su tiempo, si lo está pasando bien.

Concéntrese en sus éxitos sociales. En su Diario de la vida de un tímido anote lo que funcionó. Use esa información para acontecimientos futuros.

Cree una zona de bienestar. Lleve con usted a un colega, si eso lo ayuda a sentirse más relajado. Únase a asociaciones profesionales y asista a conferencias y seminarios a fin de acostumbrarse a esas situaciones.

CONVERTIRSE EN UN EXITOSO GERENTE TÍMIDO

La gerencia requiere habilidades personales delicadas al mismo tiempo que se trasmite un sentido de autoridad. En el corazón de un buen estilo gerencial está la comunicación, que usted debe usar para intercambiar información de una manera constructiva. Obtener lo que necesita y explicar lo que desea de sus empleados, y cómo alcanzar los objetivos de su compañía. Estas habilidades lo ayudan a dar y recibir realimentación, a delegar funciones, a tratar de modo eficaz con figuras de autoridad, mediar en disputas y fomentar la expresión creativa entre sus subordinados.

Su posición lo obliga a ser equitativo entre superiores y dependientes. A los que están por encima de usted en la jerarquía, debe hacerles conocer sus necesidades y logros, obtener de ellos los recursos que necesita para que se haga el trabajo, recibir y solicitar realimentación, y merecer crédito donde es debido. Con quienes están más abajo, debe sentirse cómodo para pedir cosas y dar órdenes, transmitir autoridad y ser firme, suministrar realimentación y cimentar camaradería. Debe acercarse a sus empleados con frecuencia, a fin de asegurarse de que hacen su trabajo y para mantener la moral. Para una persona tímida es por cierto una petición difícil de cumplir.

La gerencia es uno de los trabajos más difíciles de acometer para un empleado tímido. Puede encontrarse en desventaja a causa de sus habilidades sociales subdesarrolladas, que amenazan con desgastar la capacidad y el espíritu de cuerpo del equipo. Puede reforzar la inmovilidad de su departamento y con ello crear un modelo nocivo para sus subordinados, ya que negarles la oportunidad de interactuar puede conducir a una pobre moral. La negociación y el tacto también le serán arduos. Si se preocupa en forma negativa por usted mismo, es difícil ser socialmente sensible y percibir los sentimientos de los otros, requisitos, ambos, indispensables en un gerente experto.

Si tiene tendencia a encerrarse en su oficina, no obtendrá buenos resultados de sus empleados pues parecerá distante. Estará abstraído de lo que ocurre en su sector (lo bueno y lo malo), pasará por alto las capacidades y limitaciones de sus empleados, y los demás podrán pensar que usted es riguroso. Terminar proyectos puede resultarle difícil, tanto porque es incapaz de delegar o porque sus empleados hacen promesas huecas. No les entusiasma trabajar para alguien a quien ven como una persona desinteresada y que no se compromete en pequeñas charlas con ellos.

Imbuido de sus propias dudas, evaluaciones negativas e incertidumbre, el gerente tímido también puede tener problemas con ejercer autoridad sobre otros. Puede preocuparse demasiado por los sentimientos de sus empleados y no lo bastante con el trabajo que tienen entre manos. Usted no quiere que tomen las críticas como un asunto personal o que se ofendan de ninguna manera, porque sabe qué mal se siente uno con eso, pero si se muestra sumiso sus empleados pueden aprovecharse.

Para ser un buen gerente, usted tiene que preocuparse no sólo por la línea de fondo sino por generar armonía en su departamento. Tal vez usted crea que está bien comunicarse sólo a través del e-mail, pero sus trabajadores necesitan contacto humano. Organice reuniones después de hora, eventos sociales y retiros. Asegúrese de usar sus habilidades para la charla intrascendente en esas ocasiones. Pruebe hacer seminarios de práctica internos en los cuales usted hace el entrenamiento o delega funciones en rotación, de modo que todos tengan oportunidad de estar en una posición de autoridad o en una subordinada. Proporcione informes regulares de desempeño cada pocas semanas en lugar de cada seis meses. Esto ayuda a entrar en calor y permite a los supervisados aceptar realimentación con más facilidad, porque están acostumbrados a ello. Los informes de desempeño frecuentes le resultarán más fáciles porque son más cortos.

Allen experimentó un intenso conflicto de acercamiento/evitación en cuanto a las posiciones de liderazgo: "Yo quería ser gerente —me explicó—, pero a la vez no deseaba los sentimientos que van acoplados a ellos: cuando me pongo tímido me congelo y no puedo hablar bien; tartamudeo. Quería el empleo y lo evitaba. Fue una lucha interna".

Puede ser útil recordar que, en la mayoría de los casos, ser gerente es sólo una extensión de su viejo trabajo, más unas pocas responsabilidades adicionales.

Hacer peticiones

Las investigaciones han revelado que la mayoría de las personas se consideran ineficaces para persuadir a otros a que hagan lo que ellos quieren. Solicitan lo que sea con temor y expectativas de fracaso. Esto puede convertir a un gerente tímido en un crónico frustrado y desalentado. La dificultad para pedir se convierte en otra profecía de autocumplimiento; sus ideas influyen en su conducta (y la de otros).

Pero hay maneras efectivas de pedir a sus empleados. Cuando le solicite a alguien que desempeñe una tarea, tiene que tener facilidad de palabra, pensar en el objetivo y no en la "imposición", y no puede encararlo con frialdad. He aquí algunas sugerencias útiles:

- Practique en voz alta o mentalmente, de modo que sea fluido.

- Sea específico. Dígale a su subordinado qué desea y cómo quiere que se haga (esto último es de particular importancia para aquellos empleados que son demasiado tímidos para pedir información).

- Fije una fecha máxima u otro límite, y apéguese a ello con coherencia. Informe a los empleados las consecuencias de retrasarse. De ser necesario, cumpla con su advertencia.

- Ponga de relieve la importancia de la tarea y qué espera de sus empleados.

- Explique el contexto de la tarea, de modo que los empleados puedan encararla por sí mismos y entiendan el propósito último del trabajo.

- Descomponga el encargo en tareas más pequeñas.

- Programe los momentos en que va a estar disponible para escuchar consultas, pero mencione que controlará el progreso de la tarea con periodicidad.

- De ser necesario haga recordatorios o pedidos de seguimiento.

- Pida datos sobre los proyectos durante los momentos informales en la oficina: cuando llega el personal, antes y después del almuerzo, al final del día.

- Aprecie los aportes de sus empleados y, si es posible, agradézcales por escrito.

Obtener realimentación

Así como puede ser difícil recibir realimentación, también puede resultar igualmente dificultoso darla. Para tener la seguridad de que su subordinado está listo para escucharla, notifíquelo por anticipado y esté preparado para hablar a la hora fijada. Sea específico en cuanto a sus necesidades y cómo él puede satisfacerlas. Determine un horario. Haga un resumen escrito de la conversación y pida un acuse de recibo. Cuanto más concreto sea, más fácil será el proceso.

Haga que la realimentación sea de comportamiento y no personal. En lugar de decir: "Usted es un descuidado", diga: "Usted necesita un método más específico para tratar con el cliente". En vez de: "No ha sido claro", aconseje: "Tal vez más ayuda visual y un sumario previo le darán más claridad a sus ideas". Si habla acerca de cómo se equivocó el empleado, ofrezca sugerencias correctoras. No expondrá sus quejas y nada más; obtendrá resultados. Estipule maneras de actuar alternativas de modo que su empleado tenga pautas. Contrapese la realimentación negativa con elogios. Dé a su empleado una oportunidad de mejorar y mantenga las líneas de comunicación abiertas.

Cómo manejar a un empleado tímido

Como persona tímida usted sabe reconocer la timidez en un empleado. Sea sensible con los muchos aspectos que él debe enfrentar. Como resultado de su conflicto de acercamiento/evitación es posible que vacile entre hablar con usted o expresarse en voz alta durante las reuniones. Puede que necesite guía, pero no la busca.

Hay maneras con las que usted puede ayudar:

- Pida opinión a los empleados que raras veces son locuaces, y hágales saber que los valora y pueden confiar en usted.

- Varíe las formas de comunicación. No se atenga sólo a comentarios escritos. Use mensajes por e-mail, teléfono y memos, pero también encuéntrese cara a cara con los empleados tímidos. Varíe el lugar: su oficina, el escritorio de su empleado, durante el almuerzo. Esto demuestra que usted está dispuesto a hablar en cualquier momento y en casi cualquier circunstancia. Siga la realimentación verbal con una confirmación escrita o electrónica, o realimentación escrita con una llamada telefónica o contacto personal. Esto ayuda a quitarle al empleado tímido la costumbre de comunicarse en forma exclusiva vía e-mail. Lo que usted hace es modelar nuevas conductas.

- Respete el período de calentamiento. Al principio, un empleado tímido puede resistirse al cambio. Persevere y déle tiempo para adaptarse.

- Abra las líneas de comunicación. Aliente a los empleados tímidos a que le hagan conocer sus necesidades.

- Sea un tutor: lleve a un empleado tímido a visitas de venta, de modo que tenga un ejemplo para emular.

- Admita que la timidez puede influir sobre el desempeño de un empleado. Sus habilidades con la gente —y no su capacidad con el trabajo— pueden limitarlo.

El refuerzo positivo hace milagros con los empleados tímidos... con el tiempo. Ellos se clasifican de manera más favorable luego de un éxito. Sin embargo, las investigaciones han demostrado que necesitan más de un único éxito y más estímulo que sus colegas no tímidos para sentirse seguros. Tal vez ven el primer logro como una casualidad o producto de la buena suerte. Tal vez sean lentos para aceptar la idea de que lo están haciendo bien. Siga alentando a los empleados tímidos con realimentación positiva, y con el tiempo usted y ellos cosecharán los premios.

UNA ÚLTIMA PALABRA SOBRE LOS TRABAJADORES TÍMIDOS EXITOSOS

Las relaciones en el trabajo no son distintas de las que ocurren en otros campos de su vida. Se aplican las mismas reglas. A medida que usted se vuelve más exitoso socialmente, sus habilidades se trasladarán con facilidad a su lugar de trabajo. Si es tímido en el trabajo pero relajado con amigos, convierta en amigos a sus colaboradores y colegas. Mediante la misma prueba, las lecciones que aprenda en el trabajo podrá transferirlas a su vida personal. Si es seguro en el trabajo pero no en una fiesta, piense en la fiesta como un empleo. Entérese de lo que se espera, prepárese, haga preguntas, establezca contactos.

Allen encontró una manera de salir de su timidez en el lugar de trabajo. Por consejo de un psicólogo, recurrió a "actividades de cognición positivas": "Cada vez que tenía un pensamiento negativo, lo escribía y después escribía un pensamiento positivo en su reemplazo. Al principio no funcionó, en realidad tenía que haber funcionado, pero no lo hice lo suficiente. Entonces perseveré y me volví coherente, y al final funcionó. Me obligué a participar en situaciones en las que no había estado antes. Cuanto más lo hacía, más fácil me resultaba. De ese modo mi confianza creció".

En la actualidad Allen ocupa un puesto como ingeniero de ventas: "No sólo tengo que salir y conseguir nuevos clientes, sino también mantener los clientes que ya tenemos".

Eso requiere habilidades con la gente y Allen parece haberlas adquirido.

"Mucha gente piensa que no hay cura para la timidez —continuó—. Pero no se dan cuenta de que lleva tiempo vencer el problema. La timidez y la ansiedad son hábitos que se construyen a lo largo de años y años. Uno no puede cambiar eso de la noche a la mañana. Lleva años desaprenderlo. Estoy orgulloso de haber llegado tan lejos como lo hice."

15

El exitoso ciudadano global tímido

Jonathan trabaja desde su casa. Se ocupa de negocios de importación y exportación para una multinacional, en su mayor parte con Asia, y trata con sus clientes a través del teléfono, el fax y la computadora.

Armado de unas cuantas latas de cerveza y varios sándwiches, Kevin pasa su tiempo libre, los viernes por la noche, después del trabajo, navegando por Internet de un sitio al otro.

Candace enfila hacia la entrada de autos de su edificio de departamentos, activa la puerta automática del garaje sin abandonar el vehículo, entra en su departamento, pide comida china a domicilio, enciende el televisor y se prepara para una larga noche en casa sin tener que hablar con alma alguna.

Todas estas personas llevan una vida solitaria y tímida. Sus experiencias nos enseñan no sólo de qué manera impacta la timidez en nuestra conducta individual, sino también sobre la timidez en nuestra sociedad. En este capítulo exploraremos las muy diferentes actitudes hacia la timidez en distintas culturas y cómo la sociedad occidental, a través de la fragmentación y el uso de la tecnología, parece reforzarla y aumentarla.

TIMIDEZ Y CULTURA

La timidez impacta en nosotros más allá de nuestra identidad personal o nuestras relaciones interpersonales. Porque es un rasgo de la personalidad, existe en todo el mundo. Resulta interesante comprobar, sin embargo, que no se la define o experimenta de la misma manera de una cultura a otra, sino que varía de cultura a cultura y entre grupos étnicos o geográficos dentro de cada cultura. Algunas sociedades fomentan la timidez, mientras que otras la desalientan. La timidez, aunque universal, es sin embargo un fenómeno relativo, ligado a la cultura.

¿Cómo distinguir el rol de la timidez en la propia cultura? Es difícil sin un punto de referencia externo. Sólo se puede entender la propia sociedad en relación con otras. Los investigadores, por lo tanto, han estudiado el modo en que otras culturas ven la timidez y de qué manera la estimulan o no entre sus miembros. Han podido rastrear las raíces de la timidez hasta las pautas atribucionales (cómo son caracterizados el fracaso y el éxito), las normas sociales (qué se considera aceptable en términos de espacio personal o cortesía social), y las ideologías (si la cultura premia al grupo o al individuo) dentro de cada sociedad.

EL ROL DE LA ATRIBUCIÓN

En sus estudios sobre distintas culturas comparadas, Philip Zimbardo comprobó que existen diferentes niveles de timidez entre las diferentes poblaciones étnicas estudiantiles que analizó en la Universidad de Stanford. Los estudiantes de origen japonés y los de Taiwan mostraron de modo consistente los niveles más altos de timidez, mientras que los estudiantes judíos expresaron los más bajos.

Basado en estas pistas, Zimbardo viajó a Japón, Taiwan e Israel para estudiar a los estudiantes universitarios en su ambiente nacional. Sus investigaciones locales revelaron diferencias culturales mayores aun que las que se hicieron evidentes en el estudio de los Estados Unidos. En Israel sólo el 30 por ciento de los estudiantes en edad universitaria manifestaron ser tímidos; mientras que el 60 por ciento de los de Japón y Taiwan admitieron ese rasgo.

Mediante conversaciones con colegas y padres extranjeros, Zimbardo pudo ahondar en las raíces culturales de la timidez. Una de las claves era el estilo atribucional. Como usted recordará del Capítulo 6, la atribución es la manera en que explicamos una conducta, a nosotros mismos y hacia los otros. Zimbardo examinó de qué manera los padres acumulaban culpa o elogio por el desempeño de sus hijos. Cuando un hijo se esfuerza y fracasa en una tarea, ¿a quién se censura? Cuando un hijo hace un esfuerzo y tiene éxito, ¿quién es alabado?

Halló que en Japón, si un hijo hace bien las cosas, sus padres se arrogan el mérito. También les corresponde a sus abuelos, maestros, preceptores, y hasta a Buda. Si sobra algún elogio, sólo entonces lo recibe el hijo. Pero si el hijo fracasa, es del todo responsable y no puede culpar a nadie más. Domina la creencia en el "no puedo ganar", de modo que los hijos de esa cultura no corren riesgos ni intentan hacer nada que llame la atención. Como dice un proverbio japonés: "La uña que sobresale se quiebra".

De esa actitud cultural resulta un estilo interpersonal bajo. Los hijos es probable que sean recatados y tranquilos. Hacen poco por llamar la atención y tienen muchas menos probabilidades de hablar o actuar en reuniones sociales. (De hecho, los estudiantes asiático-americanos obtienen las notas más bajas en estudios relativos a la tendencia a comportarse de manera que los hagan destacarse o parecer únicos en su género.)

Los hijos israelíes crecen con un estilo atribucional opuesto. Si un hijo se esfuerza, será recompensado independientemente de cuál fue el resultado. Piense en el término yiddish *nachas*, que significa obtener gran placer y orgullo de los logros del hijo. Si un hijo se esfuerza por fabricar una cometa, sus padres experimentan *nachas* y comentan lo gran pequeño ingeniero que es. Si la cometa no vuela, los padres culpan al viento. Si un hijo hace un esfuerzo y fracasa en una justa competitiva, los padres y otros podría reprochar al instructor por el entrenamiento deficiente. En un entorno con tanto apoyo, el chico siente que el fracaso le cuesta poco y de ese modo está dispuesto a correr riesgos.

Con un sistema donde reina tanta confianza es probable que una persona desarrolle *chutzpah*, la audacia que anima a aventurarse más, con o sin talento. Los niños educados en semejante sistema de valores son más aptos para hablar en voz alta en clase o para invitar a alguien a bailar en una fiesta sin sentirse abrumados de timidez. Por supuesto, esto no quiere decir que no haya chicos judíos tímidos, porque con certeza la timidez existe en todos nosotros. Es una apuesta segura, sin embargo, que un israelí tímido no será considerado tímido en Japón.

EL ROL DE LAS NORMAS SOCIALES

Un francés no lo pensaría mucho para saludar a un amigo varón con un beso en cada mejilla, mientras que un norteamericano se horrorizaría ante la sola idea. Los individuos de la Costa Este u Oeste de los Estados Unidos pueden sentirse más libres de abrazar a un nuevo conocido u ofrecer un poco de intimidad que aquellos que viven en zonas más conservadoras, como el Sur profundo o el Medio Oeste. Estas normas sociales son las reglas no escritas de una sociedad, destinadas a facilitar y gobernar las interacciones sociales cotidianas. Normas que incluyen conductas tales como dejar espacio personal y contacto visual, tocarse, y adherir a un cierto grado de apertura íntima. Cada cultura tiene sus propias reglas, y éstas varían de un área geográfica o subcultura a otra.

La psicóloga de Harvard Nancy Snidman estudió normas sociales en relación con la crianza de los hijos en Irlanda y en los Estados Unidos. No encontró ninguna diferencia en el grado de reactividad del sistema nervioso en bebés de cuatro meses en ambas culturas, pero a los cinco años los niños irlandeses no hablaban mucho y tampoco eran tan ruidosos como los norteamericanos.

La diferencia reside en las normas culturales expresadas a través de la crianza de los hijos. Si se usaran normas norteamericanas de conducta social como medida de comparación, los chicos irlandeses normales serían calificados de tímidos. Pero en su propia cultura, con sus propias normas, no lo son. Mediante una prueba similar, los niños irlandeses podrían percibir a los norteamericanos como rústicos.

De la misma manera, estudios de niños hispanos han revelado que a los que crecieron en culturas caribeñas se los estimula para que sean sociables y expresivos, mientras que a aquellos educados en hogares del Perú incaico se les enseña a ser callados y reservados.

A veces las normas sociales difieren entre grupos étnicos dentro de una misma cultura, y eso puede causar confusiones en la relación. Consideremos la cuestión del contacto visual, que, de acuerdo con los expertos, a menudo es responsable de problemas entre blancos y negros en los Estados Unidos. William Ickes, de la Universidad de Texas en Arlington, explica que los negros consideran "descortés, provocador o irrespetuoso mantener contacto visual con la persona que está hablándole, mientras que los blancos tienden a calificar de evasivo, desatento o irrespetuoso a quien no lo hace". Como resultado de estas normas sociales diferentes, tanto los afroamericanos como los caucásicos pueden experimentar su interacción visual como "en cierto modo torpe e incómoda".

Es fácil malinterpretar lo que otros sienten, si usted basa la lectura de los mensajes no verbales en sus propias normas sociales en lugar de hacerlo en las de ellos.

EL ROL DE LAS IDEOLOGÍAS

Las normas culturales se relacionan con la conducta, pero la ideología remite a una filosofía subyacente de la cultura. Por cierto, las atribuciones y normas derivan de una ideología de la cultura. Han sido identificados dos ideologías diferentes: una que subraya la importancia del grupo y otra que enfatiza lo individual.

Colectivismo

Hace unos años, cuando los negocios en Asia fracasaron a causa de una caída en la economía, los ejecutivos de las corporaciones quebradas se pasearon frente a sus compañías insolventes llevando, a la manera de los hombres-sándwich, enormes cartelones sobre los cuales habían escrito sus disculpas personales. ¿Cuál era la causa de que un ejecutivo se declarara personalmente responsable por una ruina financiera cuyas raíces se hallaban en las políticas del gobierno? La ideología cultural de esos países es de colectivismo, y esa filosofía explica una conducta que puede parecer extraña a quienes no están familiarizados con ella.

En una cultura colectiva, el grupo es más importante que el individuo, la gente debe cooperar para mantener unida a la sociedad, y la comunicación se limita a mantener el statu quo. La expresión de deseos y necesidades del individuo se suprime si entra en conflicto con los deseos del grupo. El bienestar de la familia, de la ciudad natal, del empleador y del país está por encima de las libertades individuales. Este tipo de cultura aparece con frecuencia cuando el espacio físico es limitado: a la gente le preocupa ofender porque es tan fácil ofender.

Un individuo cuida de preservar sus relaciones con esas instituciones, ya que cuando llama la atención sobre sí, queda mal no sólo él sino también su red social. La gente huye de las controversias para no poner en aprietos a la propia familia.

En las culturas colectivas se fomenta la timidez y sus características conexas, tales como la modestia, que mantienen fuertemente unido el tejido social. Los individuos se reprimen de emitir opinión, estallar de ira o hacer valer sus necesidades, a menos que el grupo los aliente a ello, y el grupo rara vez los alienta a menos que beneficie al grupo. Los individuos son callados a fin de ahorrar a su grupo una atención adversa por parte de los demás.

La vergüenza —remordimiento por haber violado las normas del grupo— es una emoción notoria en esas culturas. La conducta negativa lleva vergüenza a familias, empleados, clientes, compatriotas. Un ejecutivo de una línea aérea, por ejemplo, llorará en público y ofrecerá su cabeza tras la caída de un avión, y pondrá énfasis en lo mal que lo hace sentir llevar desgracia a su compañía y a la nación.

En las culturas colectivas la gente actúa con timidez, no porque le preocupe la autoevaluación (como ocurre entre los occidentales), sino porque teme la evaluación extendida. Puede pensar: "Si lo hago mal en esta fiesta, la gente pensará que mis padres no me educaron bien", en lugar de: "La gente pensará que soy un estúpido".

Hemos visto en el trabajo del doctor Zimbardo que los japoneses experimentan en alto grado lo que llamamos timidez. Como he anotado, esto proviene de atribuciones internas negativas, pero también del uso de la vergüenza o *haji* para regular la conducta pública. *Haji* es central para la forma en que los japoneses organizan su sociedad, e implica la sensación de ser siempre observado por los "ojos de otras personas". Hace que uno se sienta inferior y disminuye las posibilidades de salirse de los límites. Los "ojos" evalúan siempre a los miembros de la sociedad para impedirles que rompan tabús. Son simbólicos de un aumento de la conciencia objetiva, la comparación social y las evaluaciones.

Los japoneses obedecen las reglas de ser más reservados. Calificamos su conducta de tímida porque su reticencia y actitud cohibida parecen timidez para nosotros. En verdad, lo que ellos perciben como turbulento y demasiada conducta social, para nosotros puede ser cordialidad.

Con su estilo disciplinario las madres japonesas inculcan y alientan esa actitud en sus hijos a muy temprana edad. En vez de decir que una determinada conducta es "mala", una madre japonesa regañará a su hijo manifestando que su conducta le acarreará vergüenza y que los demás lo ridiculizarán por ello. De esto, los niños aprenden que los demás siempre están observando y evaluando su conducta.

De hecho, la timidez en forma de restricción es tan deseable, que las madres japonesas manifiestan que pueden detectarla en sus infantes de cinco meses, y tratan de alentarla en sus hijos. Este entrenamiento temprano lleva a una fuerte lealtad a la familia, a la escuela o la corporación. Usted no querrá avergonzarlos actuando en contra o rebelándose.

Porque están tan orientados hacia lo colectivo en lugar de lo individual, es probable que los japoneses sufran de inseguridad del ego o falta de una apropiada identidad independiente. Esto puede llevarlos a ser más pasivos o reprimidos, pero también más amables y más flexibles. La vergüenza mantiene a raya a los individuos al fomentar malos sentimientos respecto de ideas independientes, hacer su propio camino en el mundo, o abandonar a un empleador.

Los japoneses mitigan su identidad incierta de varias maneras. Dependen de algún grupo —familia, escuela, compañía, equipos deportivos— para que les proporcione un sentido de identidad. Son muy conscientes del status y perciben agudamente que son objeto de evaluación. Y se someten y luchan por alcanzar la perfección a fin de no dejar ningún espacio a la crítica.

Los norteamericanos tímidos también son muy conscientes del status y también luchan por el perfeccionismo.

En la India, el concepto de vergüenza no está tan desarrollado como el de la modestia y la timidez. A las mujeres indias se las alienta a que cultiven la *layjia,* o modestia, para hacer y mantener relaciones. De la misma manera, se las desalienta a expresar enojo, que desbarata las relaciones. Esta actitud sumisa mantiene intacta la sociedad, puesto que sólo pocas personas pueden dar órdenes o manifestar su hostilidad. La restricción emocional y la vestimenta recatada mantienen a las mujeres en su "lugar" tradicional. En estas sociedades colectivistas se fomenta el mutismo.

Individualismo

En contraste con las sociedades colectivas, donde las necesidades personales están subordinadas al grupo, los miembros de las sociedades individualistas ponen más énfasis en ellos mismos. Las personas se identifican en base a factores internos (intereses personales, progreso individual y rasgos de personalidad como timidez o agresividad), en lugar de hacerlo por su participación en un grupo. Pueden emitir su opinión sin ningún escrúpulo de que pueden avergonzar a su familia, su ciudad o su empleador.

Gary, un hombre joven de Idaho, decidió ser cocinero en lugar de hacerse cargo de la granja familiar como deseaban los suyos. Tal cosa avergonzaría a una familia en una cultura colectiva. Pero en una sociedad individualista, Gary puede manifestar su personalidad y no sentirse tan preocupado por lo colectivo. Con todo, en esta sociedad no basta con saber quién es uno. También debe actuar de conformidad con ese autoconvencimiento del yo. La autoafirmación es principalísima, y se otorga gran importancia a que una persona siga su propio camino sin restricciones del grupo.

La culpa se convierte en el sentimiento predominante. Constituye un sentido de falla personal y significa que se ha violando una norma interna en vez de una norma de grupo. Cuando usted se siente culpable, parece compelido a explicar o dar razones de sus defectos. El fracaso personal lleva a atribuciones defensivas —explica lo que pasó culpando a otros ("fui una víctima")— o a atribuciones pesimistas —se culpa a sí mismo ("algo que falta en mí provocó que pasara esto")—. Las personas tímidas echan mano de lo segundo.

En las culturas individualistas, donde se espera que los miembros sean independientes y audaces y pavimenten su propio camino, se desalienta la timidez.

Los Estados Unidos son el ejemplo más claro de una sociedad individualista. Nuestra cultura fue establecida sobre el principio de que el individuo tiene derecho a buscar su propio concepto de la felicidad: cualquier cosa, desde practicar una religión hasta defender sus ideas o abandonar su ciudad natal por otra. Nuestros padres fundadores fueron rechazados por sus creencias religiosas, de modo que pasaron muchas penurias para asegurarse la libertad de que todos puedan expresar sus opiniones. Hoy valoramos la audacia y la individualidad. A los "conversadores" se los percibe como influyentes y se los convierte en modelos. Asignamos un galardón especial a la capacidad verbal, el coraje y la sinceridad.

La timidez es parte de la condición humana, de modo que siempre un cierto número de personas se sentirán tímidas sin importar en qué cultura viven. Lo que difiere es la forma en que esas personas interpretan su timidez, en gran manera debida a influencias culturales. Por ejemplo, si usted es tímido en Japón o India puede sentirse perfectamente a sus anchas, puesto que la cultura de esos países apoya y fomenta esa conducta. Sin embargo, como la timidez es mal vista en nuestra sociedad, si usted es tímido puede creer que no vive de acuerdo con la norma o el ideal. No lleva a la práctica con audacia lo que hay en su yo íntimo, como la mayoría de los exitosos de nuestra sociedad, personas como John F. Kennedy o Donald Trump. A causa de que su identidad puede ser incompatible con el ideal cultural, es más probable que tenga sentimientos negativos y dolorosos respecto de su timidez. La creencia de que no encaja en los modelos de nuestra cultura disminuye su autoestima.

Además, puesto que las redes sociales son indefinidas y transitorias, con frecuencia se deja a las personas tímidas sin zonas de bienestar estables ni la seguridad de miembros de la familia o amigos de larga data para que las apoyen. Como me escribió un vendedor minorista que anda por sus tempranos treinta años: "Las situaciones personales son más embarazosas de lo que deberían. Hace poco me mudé a otro estado, sin ninguna familia ni amigos. Me está resultando en verdad difícil hacer nuevos amigos sin la base de bienestar social que me proporcionaban mis amigos en casa".

Si usted es tímido, puede que no sea tan seguro y positivo como se alienta a la gente a que sea. La ansiedad viene de tener que correr riesgos sin las pautas de un grupo, fuente natural de apoyo en una sociedad colectiva pero que dolorosamente puede faltar en una sociedad individualista.

EL MEJOR DE AMBOS MUNDOS

¿Puede construirse una cultura en base a gente tan pendiente de ella misma? Creo que existe algo así como demasiado individualismo. A nuestra sociedad le iría mucho mejor con una integración de individualismo y afinidad social. Creo que deberíamos fomentar más interés social y de ese modo anclar nuestra identidad en lo que compartimos con los demás: compromiso comunitario, afiliaciones étnicas y acción pro social. Los intereses comunes nos vinculan.

Lo que sigue son maneras de usar lo mejor de esta cultura dentro de la familia o grupo de amigos.

Encomie los éxitos. A nivel personal, no considere sólo los fracasos, concéntrese en lo que hace bien. Cuando educa a sus hijos o trata con sus empleados, reconozca sus logros.

Minimice el fracaso. Aprenda a reencuadrar el "fracaso" como una experiencia de aprendizaje para usted mismo. Ofrezca apoyo social a otros, en particular en momentos de frustración.

Fomente la toma de riesgos moderados. Ensanche lentamente su propia zona de bienestar, y aliente a otros a que hagan lo mismo, encomiando el éxito y minimizando el fracaso.

Aumente la tolerancia a la ambigüedad. La ambigüedad viene con el cambio y la expansión de su zona de bienestar. Comprenda que, al principio, intentar nuevas actividades implicará frustración y confusión para usted y los demás. Sea paciente.

Acepte la diversidad. Si usted va a convertirse en un exitoso ciudadano global tímido, debe estar dispuesto a exponerse a nuevas ideas, nuevas personas y nuevas situaciones. A nivel cultural, es importante que se percate de que hay una extensa cuota de diferencias individuales. Aprenda a tolerar y aceptar la diversidad no sólo en usted (tanto la buena como la desfavorable información sobre usted mismo), sino también en otros.

Ser tímido en una sociedad individualista es un desafío, pero no se trata de ceder a la presión para convertirse en un extrovertido. Sólo porque los demás son rudos y bulliciosos, usted también debe serlo. En lugar de practicar el individualismo —concentrarse en uno mismo—, creo que es aconsejable practicar lo que el eminente psicólogo Gordon Allport llamó "personalismo": comprender la naturaleza única, operatividad y expresión de su personalidad dentro de la cultura y cómo puede serle más útil.

Conocer cómo las ideologías y las normas culturales influyen en su timidez, y expresarla a su manera propia y única, hará más fácil para usted vivir una exitosa vida de tímido. Usted no tiene que ser el alma de la fiesta para pasarla bien. Puede resultar más "personalista" hablar con una amplia variedad de personas en la fiesta, en vez de tratar de que todo el mundo se concentre en usted, que es lo que haría el extrovertido.

POR QUÉ LA TIMIDEZ VA EN AUMENTO

Los estudios han mostrado que, entre 1975 y 1992, la timidez en los Estados Unidos aumentó. A pesar de esta oleada, sin embargo, se hace cada vez más difícil ser tímido. La arremetida hacia el individualismo se ha intensificado en los Estados Unidos a lo largo de los últimos cincuenta años. Las normas han cambiado de una sociedad anclada en la estabilidad y continuidad a otra acechada por la transición y la inestabilidad. Hay más "autoafirmación voluntaria", creciente preocupación por uno mismo y menos por los otros, además de mayor narcisismo. Nos apartamos de definirnos en términos de roles formales y amplios valores sociales, y nos volvemos hacia nuestras necesidades y rasgos íntimos.

Dado que mostramos menos interés en mantener la tradición, hemos sufrido la pérdida de la familia y de vecindarios estables. A medida que nuestra vida se hace más inestable e incierta, tendemos a mirar sólo nuestro propio interés personal. Nos volvemos más rudos, más coléricos, menos tolerantes.

Además, nuestra sociedad se está fragmentando. Más personas viven solas (en 1940, sólo el 8 por ciento de todos los hogares consistían en una sola persona, mientras que hoy esa condición alcanza al 25 por ciento). Las parejas se casan más tarde, tienen menos hijos, se divorcian más rápido y les importa poco mudarse a través de todo el país. La fragmentación se filtra en nuestra vida cotidiana. Nuestras relaciones más pasajeras engendran aislamiento social.

La suburbanización también disminuye la conexión. La gente se muda a los suburbios para encontrar estabilidad, previsibilidad y comunidad, pero hoy viven en receptáculos homogéneos: comunidades cerradas, subdivisiones planificadas y complejos de condominios donde desaparece la diversidad. Los barrios se balcanizan en la medida en que la gente retrocede a zonas de bienestar de uniformidad. Tal segmentación es un ejemplo de las personas que viven solas en forma colectiva. Cuando el crimen y las drogas de la vida ciudadana se cuelan hacia esas comunidades prístinas, los residentes se aíslan más y huyen hacia los espacios abiertos de Montana y Wyoming.

No sólo las viejas redes sociales se marchitan, sino que también debemos establecer otras nuevas con rapidez. Pocas personas viven todavía en las comunidades en las que se criaron. La falta de una red social sólida (zona de bienestar) puede aumentar la timidez, al menos en forma temporánea. El derrumbamiento de las normas sociales significa que el nivel de incertidumbre es elevado y que crece la timidez.

Piense en lo que sucede cuando usted asiste al casamiento de un viejo amigo. Es probable que conozca a muchos de los invitados, y se sentirá cómodo respecto de cómo se espera que se comporte. Contraste esto con ir por primera vez a un restaurante en el barrio al que acaba de mudarse. No conoce a los mozos, no se siente inclinado a hablar con extraños (a menos que sea muy gregario), y está todo el tiempo comparando su conducta con la de otros. La incertidumbre hace improbable que se sienta lo bastante relajado como para iniciar una conversación y ganar un nuevo amigo.

En el clima social de hoy hacemos amistades con las que no siempre podemos contar; hasta nuestros nuevos amigos pueden mudarse a otra parte. Una y otra vez nos las habemos con personas que entran y salen de nuestra vida.

Además, podemos toparnos con más gente en los medios de comunicación que en la vida real. Por cierto, los medios se han convertido en el engrudo que mantiene unida a la sociedad. Pero la comparación social puede tergiversarse si perdemos de vista a nuestros pares. En la televisión sólo vemos los extremos, las estrellas más populares del momento. Nos comparamos con ellas y nos sentimos inferiores. Hasta en el más remanido de los programas de televisión, nadie busca las palabras para expresarse, puesto que recitan un diálogo escrito y pulido de antemano. Cuando balbuceamos en la vida real, nos acusamos de ser menos ingeniosos y articulados que quienes viven sus dramas en la pantalla. Nos volvemos descontentos con nuestra familia y nuestros amigos... Nadie nos viene bien.

Las telecomedioas promedio se basan en un humor agresivo y humillante. Esto conduce a una disminución de la paciencia y la urbanidad; olvidamos que los demás tienen sentimientos. A medida que nuestra cultura se vuelve más fragmentada y despersonalizada, se hace más fácil tornarse violento y desagradable.

Aunque las mujeres han recorrido un largo camino en la creación de opciones para ellas mismas (pueden ser tradicionalistas o bien independientes), para un gran número de hombres no existen tantas alternativas. Se ha hablado mucho de que los hombres deben estar "en contacto con sus sentimientos" y no deben simular que son invulnerables (la mayor parte de los hombres tímidos encajan en esta categoría), pero lo cierto es que esta clase de hombres reciben poco respeto de sus pares, de algunas mujeres y de los medios de comunicación en general.

Si las personas tímidas aceptan estas normas culturales, pueden pasarla mal. No "se hacen valer" sino que se hunden cada vez más hondo en su timidez cuando se encuentran perdidas en esta sociedad agresiva. Se atascan al basar su identidad en atributos personales (como hacen otros en nuestra sociedad), pero son incapaces o renuentes a afirmarse en las formas en que se espera que lo hagan. Mientras los demás se hacen más vocingleros, más rudos y más impacientes, a los tímidos se los priva del recato y del período de calentamiento adecuado que necesitan. En estos tiempos caóticos, pueden sentir culpas que a los demás no alcanzan (no viven de conformidad con sus propias normas). Cuando una persona se vuelve grosera e irritable, en lugar de pensar que la sociedad está en descomposición, se culpa a sí misma y se siente inadecuada.

Cuanta más fragmentación vemos, mayor es el número de personas tímidas. El derrumbe las hace ansiosas y conscientes de sí mismas, se modo que evitan a los demás y se apartan. Cuando el clamor se hace más tumultuoso, los más fuertes se hacen más ruidosos, pero las personas que son reservadas se vuelven más calladas. La fragmentación divide.

EL ROL DE LA TECNOLOGÍA

La gente no piensa en la timidez y la tecnología como cosas relacionadas, pero lo están. Reflexionemos sobre mi propia experiencia mientras escribía este libro en soledad. Dentro de la pequeña zona de bienestar de mi estudio, en pijama y escuchando mi música favorita, tenía mi computadora, fax, teléfono y e-mail... Todo lo que necesitaba. Es decir, todo salvo contacto humano. Cuando, en este mundo aislado, recibía llamadas telefónicas no relacionadas con el trabajo, descubría que saboreaba el contacto. Me enganchaba en pequeñas charlas intrascendentes aun cuando eran innecesarias para la tarea que tenía entre manos. Cuanto más pensaba en esto y leía sobre adelantos técnicos, más me daba cuenta de cómo nuestra sociedad tecnológica puede promulgar y reforzar la timidez.

Dado que nuestra cultura nos aísla cada vez más y obstruye nuestra tendencia a acercarnos a los demás, la desconfianza crece.

Nos volvemos más competitivos y menos aptos para interesarnos en nuestra comunidad. Por consiguiente, podemos pasar más tiempo de ocio relacionándonos por vía electrónica... una salida aparentemente segura.

La supuesta ausencia de concienciación, el anonimato, la capacidad de "conocer" más gente o de limitar la interacción personal a Internet parecen en verdad facilitar a los tímidos el contacto social. Puesto que usted no se acerca a nadie "en persona", es fácil evitar la ansiedad que le causa el temor al rechazo y el conflicto acercamiento/evitación. Si es lento para entrar en calor, puede esconderse en el chateo electrónico sin cooperar, y sin embargo sentir que ha hecho contacto con otros. También puede comunicarse on-line pero demorar el encuentro en persona. Puede elegir con quién hablar y atenerse a su tópico favorito en el sitio de chateo de su elección, a fin de permanecer a salvo oculto en su zona de bienestar.

Sin embargo, lejos de ser la panacea para las personas tímidas, la tecnología es un arma de doble filo. Es fácil ocultarse detrás de Internet y usarlo como una excusa para evitar a la gente. Cuando esto ocurre, la habilidad social puede declinar y el contacto personal se hace más difícil. Por cierto, atenerse a la tecnología limita el contacto con otros, y esto tiene además implicaciones para nuestra cultura. Despersonaliza, lo cual puede llevar a más hostilidad. Los usuarios de las computadoras tienden a ser más abiertos on-line y perder la paciencia con quienes no son tan rápidos. Es fácil rechazar o "quemar" a alguien cuando usted no sabe quién es.

Un potencial más inquietante aún es lo que yo llamo "limpieza electrónica". On-line, usted puede eliminar, borrar o simplemente ignorar la entrada de aquellos con los cuales no está de acuerdo o son distintos. Es fácil si sólo constituyen un nombre. Pero eso lleva a una pérdida de tolerancia a la diversidad y la ambigüedad. Muy parecida a la limpieza étnica, la limpieza electrónica crea un ambiente que excluye a las personas diferentes. No hace falta ninguna negociación o compromiso. Es más fácil evitar que acercarse, restringir la zona de bienestar que agrandarla. Pero el acercamiento, la negociación y la expansión de las zonas de bienestar crea urbanidad y sentido comunitario.

La tecnología es aceptable mientras usted la use para "suplementar" su contacto personal. No es una muleta, y no debería ser más importante que salir y estar con gente. Recuerde que vencer la timidez no significa sólo ser capaz de hablar con extraños. También significa ser lo bastante libre como para mantener relaciones estrechas, y eso sólo puede lograrlo en persona.

La influencia de la tecnología puede manifestarse de tres maneras: encapsularse, telecomunicarse y recurrir a las telecitas. Echémosles una mirada más detallada.

Encapsulamiento

El encapsulamiento tiene lugar cuando usted satisface la mayor parte de sus necesidades en casa, con televisión en pantalla grande, películas por el sistema "pagar por ver" o videos, chateo por Internet, entrega de alimentos y shopping por Internet.

Por desgracia, cuando usted satisface todas sus necesidades dentro de su casa pierde la espontaneidad del contacto social. Sus habilidades sociales pueden debilitarse y su tolerancia a la frustración decrece. Puede mostrarse grosero con un camarero, hablar en el cine o volverse muy impaciente si tiene que esperar en una fila. Puede olvidarse de tomar en cuenta las necesidades de los demás.

Si ya tiene tendencia a evitar situaciones sociales, puede creer que encapsularse es una solución viable para sus problemas. Lamentablemente no existe ningún sustituto para el contacto humano. Usted todavía desea con vehemencia la compañía de otros. Pero cuantas más personas se refugien en su casa, menos oportunidades sociales tendrá. Además, si está aislado todo el día (ya sea en casa o trabajando con gente taciturna), el encapsulamiento no ofrece ningún respiro para el agobio de la vida cotidiana. Le hace falta más equilibrio.

Encapsularse es bueno sólo cuando se trata de retirarse ocasionalmente de las exigencias del mundo. Como ya lo señaló Carl Jung, debemos buscar un equilibrio entre lo interior y lo exterior, entre la introversión y la extraversión. Si usted ha estado trabajando todo el día solo, necesitará balancear esa situación con algo de vida social. Por el contrario, si durante toda la jornada estuvo tratando con público, por la noche necesitará retirarse.

Asimismo, si otros se han vuelto más impacientes como consecuencia de su propio retiro en el hogar, pueden no concederle tiempo para entrar en calor en una situación social. La atención se reduce si nos acostumbramos a satisfacer nuestras necesidades de inmediato.

La solución obvia es apagar la computadora. Tomar aguda conciencia del equilibrio que uno posee en su vida. Una noche por semana de encapsulamiento es suficiente, no lo estire a seis o siete. Quédese en casa, si está embarcado en una actividad constructiva como hablar con su familia, llamar por teléfono a amigos y leer, pero mirar televisión o navegar por Internet durante horas todas las noches son esfuerzos pasivos que pueden interferir con el contacto social.

¿Cómo saber si uno está muy metido en su capullo? Conteste las siguientes preguntas:

- ¿Compra productos a través de Internet porque detesta ir a negocios atestados?

- ¿Tiene más contacto mediático (p. ej. mirar televisión, navegar la red, o usar cajeros automáticos) que contacto personal?

- ¿Cuándo fue la última vez que salió a dar un paseo por el barrio después de cenar en lugar de sentarse frente al televisor?

- ¿Sabe más sobre la vida de algunas celebridades que sobre los miembros de su familia?

- ¿Espera que las películas salgan en video en lugar de ir a verlas en el cine?

- ¿Tamiza sus llamadas telefónicas?

- ¿Prefiere pedir comida hecha que comer en un restaurante?

- ¿Ve la socialización como algo estresante en vez de estimulante?

Cuantas más respuestas afirmativas dé a estas preguntas, más comprometido está en el proceso de encapsulamiento. Sería hora de arrancar el enchufe.

Telecomunicación

Los verdaderos telecomunicadores trabajan en casa en soledad. Se comunican en su mayor parte por teléfono, modem o fax. Tienen su propio horario y van a la oficina sólo en ocasiones, para alguna reunión importante, una crisis o una fiesta de aniversario. También pueden trabajar en una oficina pero llevan a cabo sus proyectos solos o con personas que están físicamente ausentes.

Si bien la telecomunicación resulta conveniente en pariencia, también presenta inconvenientes para las personas tímidas. Si usted ya está encapsulado o es un evitativo social, puede reducir el valioso pequeño contacto humano que recibe todos los días. Si su zona de bienestar se ha endurecido en el pequeño espacio de su oficina hogareña, puede ponerse ansioso cuando vea gente. Además, si sólo se comunica en persona cuando se trata de una crisis, no hay ningún período de calentamiento y ello puede empeorar una situación de por sí ya estresante. Por otra parte, los telecomunicadores suelen carecer de un sentido de comunidad: cuando surge un problema, no hay nadie a su alrededor para darles una mano. Y al jefe le resulta más fácil regañar a caras poco conocidas.

Al igual que el encapsulamiento, la telecomunicación es una mala estrategia para las personas tímidas. Las habilidades sociales declinan cuando se está fuera de contacto con los demás. En las reuniones con los "compañeros" de trabajo, usted debe mostrarse excepcionalmente agresivo para hacer conocer sus necesidades. Cuanto menos tiempo pase con otras personas, menos seguro se vuelve y tanto más importante es el tiempo que pasa con ellas. En verdad, podría entrar solo en un pánico telecomunicativo, perder interés por la vida social o actividades fuera de su casa. He aquí las señales:

- Depresión de grado inferior. No se siente "competente" para salir con otras personas o cuidarse. El ejercicio, la higiene personal y hasta la salud se deterioran.

- Renuencia a probar nuevas actividades. Prefiere mirar televisión a probar un nuevo restaurante o concurrir al teatro.

- Pérdida de concentración y mal manejo del tiempo. Es fácil dejar que la semana de trabajo se deslice hacia el fin de semana si no tiene horarios regulares o si se demora hasta justo la fecha de entrega.

- Soledad. Puede aislarse si no conoce a otras personas con su mismo horario.

- Panorama social pesimista. Es difícil entablar conversación con los otros si se ha pasado el día solo, y en especial si ve la interacción social como algo dificultoso y desagradable, o si los demás no pueden referirse a lo que usted hace en su aislamiento. No hay chismes de oficina.

- Falta de ejercicio. ¿Para qué preocuparse si nadie lo ve?

- Aumento del tiempo recreativo en soledad. Mira más televisión, pasa horas navegando en la Internet, y así sucesivamente.

- Beber. Puede beber para vencer la soledad y el aburrimiento, o para luchar contra la depresión.

Habérselas con un pánico telecomunicativo puede ser difícil si usted es tímido, porque tendrá que hacer un gran esfuerzo para lograr y satisfacer su necesidad de contacto humano. La telecomunicación de medio tiempo puede ser una solución viable. Implica ir a una oficina sobre una base regular, digamos una vez por semana. Allí entra en contacto con otros trabajadores de su especialidad. Esto funciona bien porque las personas que trabajan en casa se vuelven solitarias y necesitan compartir espacio, equipo e intercambios regulares con otros.

He aquí algunas otras estrategias para habérselas con la telecomunicación.

- Programe una actividad social por día. Asegúrese de salir. Almuerce en un restaurante, tome una clase, vaya al mercado o al banco, encuéntrese con un amigo por la noche.

- Incorpórese a una asociación profesional. Puede ayudarlo

en lo personal y en lo profesional al ampliar los contactos profesionales así como también su zona de bienestar.

- Encuéntrese con su gerente o sus clientes con la mayor frecuencia posible. No es suficiente comunicarse por e-mail o hablar por teléfono.

- Si dirige a personas que trabajan en su casa, asegúrese de que aumenta el contacto cara a cara con ellas. Mantenga reuniones semanales, establezca un horario telefónico regular, publique más a menudo los boletines de sus empleados, y programe frecuentes reuniones sociales.

Telecitas y teleamistades

Las telecitas y las teleamistades tienen lugar cuando la mayor parte de su contacto interpersonal se realiza a través de sitios de chateo por Internet, e-mail, boletines de noticias, navegación al azar por la red, o juegos interactivos de representación de roles.

Lo positivo es que puede animarse a comunicarse con gente una vez liberado de la preocupación que va unida a la ansiedad social por causar una buena impresión. Es más fácil trabar conocimiento con quienes por lo general están interesados en los mismos tópicos que usted. Puede "filtrar" a las personas en base a sus temas favoritos o si confía en un servicio computarizado de formación de parejas. Tiene tiempo para ordenar sus ideas en e-mail, y de ese modo decir exactamente lo que desea.

Lo negativo es que los sitios de chateo pueden ser mercados de carne electrónica similares a un simple bar. Y la habilidad que tienen algunos para engañarlo es mucho mayor por la red que en las reuniones cara a cara (los hombres pueden hacerse pasar por mujeres y viceversa, la gente puede mentir respecto de su edad, etcétera). Además, si confía en esas "relaciones" para satisfacer sus necesidades sociales, puede pensar, erróneamente, que son amistades reales. En verdad, los camaradas de Internet no son camaradas que saldrán con usted. Una vez que apaga la computadora, está otra vez solo.

No hay sustituto para un compañero real, vivo. Además, cuando usted ve a alguien en persona al que sólo había conocido on-line, la timidez puede volver. Puede que tenga que experimentar el conflicto acercamiento/evitación y el período de calentamiento todo de nuevo.

La verdad de la cuestión es que las personas tímidas lo son hasta por Internet. Se "esconden" en sitios de chateo, leen los mensajes de otros, sin aportar los propios. Esta conducta manifiesta todas las características típicas del tímido en la vida real: esperar y rondar, entrar en calor, acercamiento/evitación, observación pasiva y comparación social. A menudo unas pocas personas dominan la conversación y las otras luchan por ingresar sus mensajes.

¿Por qué hay gente que está al acecho en sitios de chateo? Sospecho que por las mismas razones por las que son tímidas en persona. En los sitios de chateo uno debe meterse rápido en el tema, antes de que la conversación pase al tópico siguiente. Puede sentir ansiedad por su desempeño si teme que podría ser rechazado ("quemado"). Otros pueden tener baja tolerancia para quienes no escriben rápido, y no sienten ningún remordimiento por rechazar a alguien puesto que ninguna conexión personal está en juego. Y es fácil abandonar un sitio de chateo si no se está interesado en el tópico o no se desea gastar energías en involucrarse. Si no hay ninguna razón para quedarse y entrar en calor, usted sólo evita y ronda. Además, saltar de un sitio de chateo a otro es fácil.

La gente es la gente, no importa cuál sea el medio. Siempre habrá charla superficial y evaluaciones. Es fácil mentir cuando sólo hay un nombre en la pantalla para ser identificado, y pueden perderse en el anonimato del ciberespacio. También puede darse que usted sea más vulnerable si se toma en serio estas relaciones, porque los amigos vía Internet pueden parecer más reales que los de la vida real. Y si navega la red en exceso, puede estar "engañando" o negándole tiempo y afecto a su compañero en la vida real.

Mire en perspectiva su compromiso con la gente que conoció on-line. Las probabilidades son que no hará conexiones duraderas. Puede que sea capaz de encontrar a alguien con quien chatear o una respuesta, pero nada más. Concéntrese en establecer lazos con quienes está en contacto personal diario.

CREAR INTERÉS SOCIAL

A medida que todos estos asuntos del ciberespacio se hagan más comunes, ¿cómo se comportará la nueva generación; aquellos que han crecido con la tecnología desde temprana edad? ¿Serán capaces de lograr habilidades sociales si pasan tanto tiempo solos? ¿Qué ocurrirá con quienes no saben cómo es ponerse en una fila en el banco o trabajar con un grupo de personas en una oficina?

Puede que carezcan de las habilidades sociales de la generación más vieja, y sean más impacientes con los más lentos: los tímidos. Puede faltarles un sentido de pertenencia a una comunidad más grande y dedicarse más tiempo a pasatiempos solitarios como los juegos de computadora o las mascotas electrónicas. Pueden ser llevados más fácilmente a pensar que los amigos de Internet son personas en las cuales pueden confiar.

La solución es crear un sentido de comunidad y, en palabras de Alfred Adler, "interés social": el desarrollo de un yo sano a través de la ayuda y la preocupación por los demás. Si usted lleva a cabo tareas voluntarias, no sólo se ayuda a no pensar constantemente en sus propios problemas, sino que también toma en cuenta las necesidades de los otros.

Dado que la generación más vieja subraya la importancia de acercarse a los otros, nuestros hijos se beneficiarán con el ejemplo. La generosidad a través del interés social ayuda a la comunidad y a nuestros hijos.

SER UN EXITOSO CIUDADANO GLOBAL TÍMIDO

Cuando una persona se encuentra entre gente de diferentes culturas y razas, empieza a sentirse más conspicua, más consciente de sí misma, tal como se destaca un pulgar lastimado de los otros dedos. De hecho, su conducta se hace más cautelosa y reservada. Los que son mayoría parecen vigilar lo que hace y atribuirle más responsabilidad por algún resultado negativo. Por cierto, sea tímida o no, una vez percibida como parte de una minoría la persona se vuelve tímida situacional. Abandona sus zonas de bienestar y se siente inquieta.

Caí en cuenta de esto cuando una amiga me contó su experiencia en un local de manicuría de Los Ángeles atendido por un grupo de jóvenes mujeres vietnamitas. Mientras Louise, mi amiga, y otra clienta —una extraña— esperaban que se les secara el esmalte, las seis manicuras comenzaron a charlar animadamente entre ellas en su lengua nativa. Parecían relajadas y felices en su pequeño enclave. La otra clienta se volvió hacia Louise y le dijo en un susurro:

"Aquí yo me siento poco menos que si estuviera en un país extranjero". Su malestar era evidente.

Louise, con un ademán hacia las mujeres asiáticas, replicó: "Apuesto a que la mayor parte del tiempo ellas se sienten igual que usted en este momento".

Comprender cómo se entrelazan las personas de diferentes culturas se hace cada vez más importante a medida que la comunicación y la movilidad se abre a todos nosotros para tomar contacto con la gente de los demás países. Pero no hace falta buscar entre diferentes culturas para entender esta circunstancia. Si usted es la única mujer en una oficina llena de ingenieros varones, la única persona incapacitada en una clase de personas sanas, el único negro en un restaurante lleno de blancos, el único adolescente en un grupo de amigos de sus abuelos, es probable que también se sienta incómodo y tímido. Creerá, tal vez con razón, que todos los ojos están fijos en usted, y reaccionará de conformidad volviéndose cauteloso, autoevaluativo y pendiente de usted mismo. Está en la naturaleza humana hacerlo así, pero éstas son también las características de una persona tímida.

La psicóloga social Kay Deaux, de la Universidad de Nueva York, comprobó que en esas situaciones las personas practican el arte de "reamarrar": conectarse con otros individuos de la misma mentalidad para crear una nueva zona de bienestar. Un estudiante mexicano que asiste a una universidad con predominio de jóvenes norteamericanos, por ejemplo, podría unirse a un club latino. Un empleado transferido a otra ciudad podría buscar su comunidad religiosa o una sucursal de su empresa. Inmigrantes recién llegados viven en las proximidades de otros connacionales y forman bolsones étnicos: Little Italy, Chinatown, Germantown, Little Saigon, el Lower East Side en Manhattan.

Estas asociaciones no constituyen fines en sí mismas, pero sirven como escalones en el proceso de adaptación hacia una ulterior asimilación. Ayudan a que un individuo haga la transición a una cultura más grande y aceleran el proceso de calentamiento. Los que llegaron antes explican las reglas de la sociedad dominante a los recién llegados y les muestran cómo adaptarse. Pronto los emigrados empiezan a mezclarse. El estudiante del club latino, por ejemplo, con el tiempo se sentirá lo bastante cómodo como para incorporarse a un grupo sin orientación étnica, dedicado a la ciencia política o la literatura, e ingresará en su nueva cultura sin restricciones.

Esta dinámica intercultural —la necesidad de sentirse cómodo en situaciones embarazosas que provocan ansiedad— nos ayuda a entender por qué los individuos limitan sus zonas de bienestar y se vuelven exclusivistas. Todos deberíamos tener conciencia de estos impulsos humanos naturales. Si usted se encuentra en la mayoría, sea comprensivo con la incomodidad de otros. Y si está en la minoría, dése tiempo para adaptarse. Una exitosa persona tímida del mundo es capaz de cambiar con relativa facilidad de un contexto cultural al siguiente, basada en este conocimiento.

A medida que el mundo se hace más veloz, la gente tiende de manera natural a retraerse y evitar a los demás. Pero si es un exitoso ciudadano global tímido, puede que no necesite hacer eso. Porque comprende los conceptos básicos de su personalidad tímida —acercamiento/evitación, la zona de bienestar y el período de calentamiento lento—, está en mejor posición que muchos otros para habérsela con todos estos cambios, en forma personal y también en su cultura. Y reconocerá cómo incorporar tales fundamentos en el mundo siempre cambiante que lo rodea.

Epílogo

Este libro no se refiere tan sólo a la timidez. Trata acerca de vivir una vida exitosa y plena, rebosante de concienciación, aceptación y confianza en uno mismo. En lugar de convertirlo en un extrovertido, mi objetivo ha sido que el lado negativo de su timidez no siga limitando más sus opciones. Nunca dije que usted tuviera que cambiar, sólo afirmé que necesitaba hacer mejores elecciones que le reportarán grandes recompensas potenciales.

La exitosa vida de un tímido no debería ser diferente de la de cualquier otro. Todos los procesos sobre los que hemos hablado —timidez de la mente, del cuerpo, del yo; lentitud para entrar en calor, zonas de bienestar limitadas y conflicto acercamiento/evitación— son principios fundamentales de la naturaleza humana. Parecen ser aspectos más salientes sólo para las personas tímidas.

Estos procesos son fluidos y dinámicos. Cambian constantemente dentro de usted y de su mundo. Pero ahora que ha comprendido la dinámica subyacente de la timidez, está bien preparado para esos cambios. De hecho, porque se ha concienciado, porque se acepta y tiene confianza en usted mismo, puede salir mejor librado que muchas personas no tímidas que carecen de estos poderes.

Recuerde que el cambio personal no llega fácil ni rápidamente. Usted debe ser realista, paciente y perseverante. Su situación puede empeorar antes de mejorar, mientras experimenta los dolores crecientes inherentes a la expansión de la zona de bienestar. Pero no debe tenerle miedo al cambio porque ahora comprende cómo son sus reacciones y se adapta a ellas. Ahora goza de la bendición de ser consciente de usted mismo en lugar de sentirse confuso; de aceptarse en vez de autocriticarse; de tenerse confianza en lugar de dudar de usted mismo. Si surgen nuevas dificultades en su vida, puede contar con las cuatro íes —la estrategia fundamental para resolver problemas— para que lo ayuden en su camino.

A esta altura usted ha adquirido mucha información sobre su propia timidez y cómo lo afecta en todos los momentos de su vida. El paso siguiente es llegar más allá de su propia zona de bienestar y usar lo aprendido para ayudar a otros con su timidez. En este libro me he referido a usted, pero puede sustituir la palabra por las de amigo, colaborador, cónyuge, hijo, vecino, compañero de clase, pariente. Comparta estas ideas con otros, junto con su nueva capacidad de concienciación, aceptación y confianza en usted mismo. Muéstreles el valor de una exitosa vida de tímido.

Al leer este libro, usted se ha facultado para ayudar no sólo a sus seres queridos tímidos sino también a otras personas a lo largo y a lo ancho del mundo. Los intereses sociales, el voluntariado y el servicio a su comunidad lo ayudarán a salir de su propia zona de bienestar y de los confines de su timidez y entrar en la zona de bienestar del mundo. Y ayudarán a otros en sus propias vidas.

Como me escribió una exitosa mujer tímida:

> He descubierto que la mejor manera de vencer la timidez es dar el primer paso y enfrentar el temor que ocasiona la timidez. No es fácil; todavía el corazón me late tan rápido y fuerte que casi siento que la persona que está a mi lado puede oírlo palpitar. Me ofrezco voluntariamente para presentaciones y me involucro en proyectos que me gustan. Algo interesante fue comprobar que no fui tímida durante mi trabajo voluntario para el campeonato mundial de fútbol soccer. Creo que la razón es porque hice algo de corazón. De modo que tal vez la manera de vencer la timidez sea hacer algo que a uno realmente le gusta, y poco a poco la timidez disminuirá por la acción en sí misma.

Sabio consejo, por cierto.

Espero que *El libro de la antitimidez* haga posible que usted salude al mundo en sus propios términos. Nunca subrayaré bastante el valor de las habilidades sociales, las cortesías mundanas y la charla insustancial. Ellas lo ayudan a relacionarse con otros con más elegancia, pero también ayudan a que la sociedad funcione con más suavidad. Hacen que la gente se sienta más cómoda. Cuando una persona no está ansiosa o angustiada, puede comportarse con mucha más naturalidad en lugar de estar a la defensiva. Vivir una exitosa vida de tímido es bueno para usted y para quienes lo rodean. Convierte al mundo en un lugar mejor.

He sabido de muchas personas que se las entienden con éxito con su timidez. No tratan de ser extrovertidas, pero son conscientes de ellas mismas e incorporan su timidez en su vida. Dejemos que le sirvan de inspiración con sus propias palabras:

He sido agudamente consciente de mi timidez durante toda mi vida. Vi cómo mi hermana mayor atravesaba un increíble período doloroso en la adolescencia. Nunca socializó como era debido y hasta el día de hoy tiene problemas con la gente. He hecho un esfuerzo consciente para hacerme valer en situaciones. Cuando conozco a una persona nueva, trato de preguntarle sobre ella misma y sondearla, o trato de encontrar terreno común con ella. Encuentro que tratar de extender la mano a otra persona tímida es mucho menos intimidatorio que tratar de entablar conversación con los estentóreos.

En general mi técnica consiste en anunciar mi nerviosismo y pedirle a la otra persona que sea benévola conmigo por mi tímidez. Como es natural, nadie me cree, pero me quita mucha presión de encima y me permite evaluar la situación.

Vencí mi timidez cuando me di cuenta de que soy una persona inteligente y podía hablar y dar mi opinión sin que me hicieran callar.

Me digo: A las personas que no son tímidas también las rechazan. El fracaso en una fiesta no hará que la gente me desprecie. Es probable que la gente no note nada raro. No parezco más ridículo o excéntrico que cualquier otro. Muchas otras personas también son tímidas. Trato de recordar mis buenas cualidades, y el hecho de que algunas personas me quieren.

Traté de vencer la timidez incorporándome al coro de la iglesia, y terminé cantando las partes de solista. Me obligué a presentarme a otras personas de la escuela e iniciar conversaciones. Tomé una clase de oratoria y efectué varias presentaciones en otras clases.

Unirme al equipo forense del colegio secundario me ayudó a sentirme cómodo con la gente y conmigo mismo. Se conocen muchas personas diferentes y se tiene oportunidad de charlar en una atmósfera de baja presión. Otra cosa fue mi empleo de verano. Trabajé como cajera en un puesto de comida. El solo hecho de hablar con distintos clientes todos los días me mostró lo fácil que es iniciar una conversación. Siento que ahora soy sólo el diez por ciento de lo tímida que era hace cinco años.

Cuando usted dé vuelta esta última página, recuerde: esto no es el final de *El libro de la antitimidez* sino sólo el principio de su exitosa vida de tímido. Buena suerte, cuídese, y manténgase en contacto.

Atentamente,
Dr. Bernardo J. Carducci,
Director

The Shy Life Enrichment Institute
P.O. Box 8064
New Albany, IN 47151-8064
www.carducci.com/shylife